고사
성어

고사
성어

한국 고전신서 편찬회

홍신문화사

　최근의 경향을 보면 한문 사용국인 동양의 세 나라, 곧 본고장인 중국을 비롯하여 한국·일본에서도 '한문'에 대한 인식이 달라지고 있다. 중국에서는 이른바 '문자개혁'으로 간체자(簡體字)를 사용하고 있으며, 우리 나라와 일본에서는 '한문 제한' 등 교과과정에서 차츰 한문이 사라지고 있다.

　그러나 한문이 우리의 고전을 이해하는 데 필요하고 '외국어'라는 관념을 넘어 우리의 '언어화'된 부분도 적지 않기 때문에, 앞으로 많은 세월이 흐르더라도 그 가치효용은 무시할 수 없을 것이다. 이것이 바로 이 '고사성어'를 엮어 펴내게 된 배경이다.

　'고사성어'는 그 대부분이 우리의 생활감정이 되어 선인(先人)들의 생각이 우리의 생활 속에 이어지고 있다. 또 그 중의 대부분은 우리 말로 토착화(土着化)되어 속담으로 사용되고 있다.

　그런 의미에서 이 책은 점점 사라져가는 격언과 속담의 의미를 추적하는 데도 도움이 될 것이고, 자기도 모르게 한문 소양을 기르는 데 많은 힘이 되리라 믿는다.

ㅈ

ㅊ

佳人薄命 ❖ 가인박명

出典 : 소식(蘇軾)의 시 박명
가인(薄命佳人)

가인(佳人)이란 임금과 같이 귀한 사람을 가리키는 경우
도 있으나 일반적으로는 미인과 마찬가지로 용모가 아름
다운 여자를 일컫는다. 따라서 이 성어는 여자의 용모가
너무 빼어나면 운명이 기박하다는 뜻이다.

| 풀이 | 박명가인이라는 시는 칠언율시(七言律詩)로 되어
있다.

雙頰凝酥髮抹漆　　　두 뺨엔 굳은 젖, 머리털엔 옻을 발랐는데
眼光入簾珠的白樂　　　눈빛은 발로 들어와 구슬처럼 또렷하구나
故將白練作仙衣　　　원래 흰 깁으로 선녀의 옷을 만들고
不許紅膏汗天質　　　붉은 연지로 타고난 바탕을 더럽히지 못한다
吳音嬌軟帶兒痴　　　오나라 말소리는 귀엽고 부드러워 아직 어린데
無限間愁總未知　　　한없는 인간의 근심은 전혀 알지 못한다
自古佳人多薄命　　　예로부터 가인은 대부분 박명이라지만
閉門春盡楊花落　　　문을 닫고 봄이 다하면 버들 꽃도 지고 말겠지

이 시는 작자가 항주(杭州), 양주(楊州) 등의 지방 장관으
로 있을 때 우연히 절간에서 나이 삼십이 이미 넘었다는
어여쁜 여승(女僧)을 보고 그녀의 아리따웠을 소녀시절을

생각해 보며 미인의 운수가 기박함을 쓴 것이다.

요즘 이 말은 미인단명(美人短命)의 뜻으로 많이 쓰이고 있는 듯하나 '박명'이란 반드시 수명의 짧음만을 가리키는 것은 아니다. 소동파의 시에도 보이는 것같이 무언가 순탄치 못한 것이나 그렇게 되지 않을까 하는 불안을 표명한 것뿐으로 미인은 불행해지기 쉽다는 것이 원래의 뜻이다.

물론 단명도 불행의 하나이기는 하겠지만, 수명의 장단과는 관계없이 평탄치 못한 인생 행로를 가리킨 말이라고 보아야 하겠다.

苛政猛於虎 ❖ 가정맹어호

가정(苛政)이란 관리들의 가렴주구(苛斂誅求)를 뜻하는 말로서, 이는 곧 포악하고 무분별한 정치제도는 그것이 백성에게 미치는 해독으로 보아 백수의 왕인 호랑이보다도 더 무섭다는 뜻이다.

| 풀이 | 천천히 가고 있는 수레 위에 공자(孔子)가 온화한 얼굴로 점잖게 앉아 있었다. 그리고 공자를 중심으로 몇 사람의 제자가 따르고 있었다.

태산이 한결 높이 솟아 있고, 근처는 죽은 듯 고요했다. 사람의 왕래도 드문 곳이었다.

出典 : 〈예기(禮記)〉 단궁편 (檀弓篇)

가정(苛政) : 가혹한 정치.
가렴주구(苛斂誅求) : 가혹하게 세금을 징수하며, 무리하게 재물을 빼앗음.

일행은 문득 여인의 울음소리가 정적을 깨고 들려오는 것을 들었다. 그 울음소리는 앞에 있는 묘지에서 들려오는 듯했다. 공자는 놀라 몸을 일으키고 귀를 기울였다.

생각한 대로 한 부인이 길가에 있는 세 개의 초라한 무덤 앞에서 울고 있었다. 그 울음소리는 비통하고도 애절해서 사람의 가슴을 찌르는 듯했다.

공자는 그대로 지나칠 수가 없어 수레 위 횡목(橫木)에 몸을 기대어 여인에게 경의를 표하고 난 다음 제자인 자로(子路)를 시켜 까닭을 묻게 했다.

"왜 그다지 슬프게 우십니까? 거듭해서 슬픈 일이 생기신 모양이군요."

"그렇습니다. 이 근처는 참으로 무서운 곳입니다. 예전에 저의 시아버님이 호랑이에게 해를 당해 돌아가셨는데 곧이어 저의 남편도 해를 당해 세상을 떠났습니다. 그런데 이제 또 아들까지 잡아먹혔답니다."

"그렇게 위험한 곳이라면 왜 다른 곳으로 떠나지 않습니까?"

"아닙니다. 위험하긴 해도 이곳에 살고 있으면 마구 뜯어 가는 세금을 재촉받을 걱정은 없습니다."

공자는 이 말을 듣고 깊이 느끼는 바가 있어 동행하는 제자들에게 말했다.

"잘 들어 두어라. 가정은 호랑이보다 무서운 것이다."

刻舟求劍 ❖ 각주구검

칼이 물에 빠지자 뱃전에 칼자국을 내어 표시해 두었다가 나중에 배가 움직인 것은 생각지도 않고 표시해 두었던 뱃전 부근에서 칼을 찾는다는 뜻으로, 어리석고 미련하여 융통성이 없음을 비유한 말이다. 같은 뜻의 고사성어로 수주대토(守株待兎)가 있다.

出典 : 〈여씨춘추(呂氏春秋)〉찰금편(察今篇)

| 풀이 | 춘추전국시대에 초나라 사람이 한 자루의 칼을 소중히 껴안고 양자강을 건너고 있었다. 그런데 여러 사람들의 재미있는 이야기에 정신이 팔려 배가 강 한복판쯤에 이르렀을 때 그만 소중하게 껴안고 있던 칼을 물에 빠뜨리고 말았다.

"앗, 큰일났다!"

사나이는 외치며 뱃전에서 몸을 일으켰으나 칼은 이미 물속에 깊숙이 가라앉고 말았다. 당황한 사나이는 허리춤에서 주머니칼을 꺼내 칼이 떨어진 부분의 뱃전에 자국을 내어 표시를 하고 의아하게 생각하는 사람들을 향해 껄껄 웃으며 말했다.

"내 칼이 여기서 떨어졌거든. 하지만 표시를 해놓았으니까 이제 안심이야."

얼마후 배가 언덕에 닿았다. 사나이는 곧 표시해 놓은 뱃전에서 물속으로 뛰어들어 칼을 찾아보았다. 그러나 배는 사나이가 칼을 떨어뜨린 곳에서 이동되어 있었으므로,

칼이 그곳에 있을 리가 없었다. 사람들은 "배에 표시를 해서 칼을 찾는다(刻舟求劍)."고 하면서 그의 어리석음을 비웃었다.

肝膽相照 ❖ 간담상조

出典: 한유(韓愈)의 〈유자후묘지명(柳子厚墓誌銘)〉

한유(韓愈) : 당(唐) 덕종(德宗) 때의 문학자. 정치적으로는 불우하였으나 당송팔대가(唐宋八大家)의 한 사람으로 꼽힘. 자는 퇴지(退之).

유종원(柳宗元) : 당나라의 문인으로 당송팔대가의 한 사람. 자는 자후(子厚).

간과 쓸개를 드러내 보인다는 뜻으로, 서로의 마음을 터놓고 격의없이 친하게 사귐을 일컫는 말이다.

┃ 풀이 ┃ 당(唐)나라 중기의 문인 한유(韓愈)는 맹교(孟郊)나 가도(賈島)와 같은 좋은 친구를 많이 사귀고 있었는데, 아마도 생애에 여러 번 직면했던 곤경 속에서 참된 우정과 그렇지 못한 것을 구별할 수 있는 능력을 몸에 익혔던 결과일 것이다. 〈유자후묘지명(柳子厚墓誌銘)〉에서는 먼저 유종원(柳宗元)의 선조의 사적부터 설명하고 그 사람됨과 재능과 정치가로서의 업적을 칭찬하고 나중에는 그 우정의 두터움을 찬양하였다.

유종원이 소성의 부름을 받아 유주자사(柳州刺史)로 임명되었을 때 중산(中山) 사람인 그의 친구 유몽득(劉夢得) 또한 파주자사(播州刺史)로 전출(轉出)될 예정이었다. 그 말을 들은 유종원은 울면서 말했다고 한다.

"파주란 형편없는 변방 지방으로 도저히 몽득 같은 사람이 살 곳이 못된다. 노령인 모친을 모시고 부임할 수도 없을 테고 또 그 사실을 어떻게 모친에게 알릴 수 있겠는가. 난처해할 것을 차마 볼 수가 없다. 간청을 하여 몽득 대신 파주행을 지원해야겠다. 물론 무거운 책망을 듣겠지만 그것은 각오한 바이다."

한유는 계속해서 다음과 같이 쓰고 있다.

"사람이란 난처했을 때 비로소 진정한 절의가 나타나는 법이다. 평소에 안일하게 마을이나 도시에 살고 있으면서 서로 그리워하고 서로 기뻐하며 잔치나 놀이에 서로 부르고, 큰소리도 치고 억지 웃음소리를 내며 서로 사양하며 손을 잡고 간과 쓸개를 드러내 보이고(肝膽相照), 태양을 가리켜 눈물을 흘리며 맹세를 하되, 살든 죽든 가리지 않고 배신하지 않겠다고 할 때는 자못 그럴듯하다. 그러나 일단 머리카락 한 올 만큼의 이해관계라도 얽히면 이번에는 눈을 부라리고 언제 보았느냐는 듯이 모른 척한다. 함정에 빠진 사람을 손을 내밀어 구해 주기는커녕 도리어 상대를 밀어 떨어뜨리고 위에서 돌을 던지는 흉내까지 내는 자가 이 세상 도처에 있다."

간청(懇請) : 간곡히 청함, 또는 그러한 청.
책망(責望) : 잘못을 들어 꾸짖음, 또는 그 일.

절의(節義) : 절개와 의리.

改過遷善 ❖ 개과천선

지나간 허물을 뉘우치고 새롭게 착한 사람이 되는 것을 뜻한다.

出典 : 〈진서(晉書)〉 본전(本傳)

괴걸(怪傑) : 괴이한 재주가
있음, 또는 그런 사람.

| 풀이 | 진(晉) 혜제 때 양흠(楊羨) 지방에 주처(周處)라고 하는 괴걸(怪傑)이 있었다.

주처의 아버지 주방(周紡)은 동오(東吳) 파양(鄱陽) 태수를 지냈으나 불행히도 주처가 어렸을 때 세상을 떠났다. 주처는 아버지의 가르침과 보살핌을 잃은 뒤부터 점점 외곬으로 빠져 하루 종일 하릴없이 방탕한 생활을 하며 지냈다. 또 남달리 몸이 강인하고 힘도 보통 사람이 도무지 따르지 못할 정도여서 걸핏하면 남을 두들겨 팼기 때문에 마을 사람들은 그를 두려워하지 않는 자가 없었다.

주처는 철이 들어감에 따라 자신의 과오를 깨닫고 '지난 허물을 과감히 고치어 새로운 사람이 되겠다(痛改前非 重新做人)'고 굳은 결심을 하였다. 그리고는 어느 날 마을 사람들에게 이렇게 말했다.

"지금 세상이 태평하여 모두들 의식주에 대한 걱정없이 잘 사는데 왜 여러분들은 나만 보면 얼굴을 찡그리오?"

이때 어느 대담한 마을 사람이 대답했다.

"세 가지 해로움도 제거하지 못했는데 어찌 태평을 논할 수 있겠나?"

"세 가지 해로움이라고요?"

주처는 이상히 여겨서 물었다.

교룡(蛟龍) : 모양이 뱀과
같고 넓적한 네 발이 있다
고 믿었던 상상의 동물. 물
속에 살며 큰 비를 만나면
하늘에 올라 용이 된다고
한다.

"남산에 있는 사나운 호랑이, 장교(長橋) 아래에 있는 교룡(蛟龍), 그리고 주처 자네를 합하여 세 가지 해로움이라 하는 걸세."

주처는 그 사람의 말을 듣고는 더욱더 바른 사람이 되

어야겠다는 각오를 했다. 그리고 자신있게 대답했다.

"제가 반드시 그 세 가지 어려움을 제거할 것입니다."

마을 사람들은 주처가 삼해(三害)를 없애겠다는 말을 듣고는 마음속으로 다행한 일이라고 여기면서 모두 기뻐했다. 두 호랑이가 싸우면 반드시 하나가 상하는 법인즉, 세 가지 해로움을 다 없앨 수는 없을지라도 한두 가지 해로움은 없앨 수 있을 것이므로 모두 그를 격려했다.

그리하여 주처는 칼을 차고 남산에 올라가 맹호(猛虎)를 잡아 죽였고, 다시 장교 아래의 물에 뛰어들어 교룡과 싸움을 벌였는데, 사흘 밤낮이 지나도 주처는 돌아오지 않았다. 마을 사람들은 주처가 교룡에게 잡아먹혔다고 모두 손을 들어 환호하며 어쩔 줄을 몰라했다.

그러나 주처는 악전고투 끝에 교룡을 죽이고 살아 돌아왔다. 이를 본 마을 사람들은 별로 반갑게 여기지 않았다. 주처는 아직도 자기에 대하여 마을 사람들이 미움을 품고 있음을 깨닫고 허물을 고쳐 착한 사람이 되겠다는 마음의 각오를 더욱더 굳게 다졌다.

그래서 그는 정든 고향을 등지고 동오에 가서 대학자 육기(陸機)와 육운(陸雲) 두 형제를 만나보고 솔직담백하게 말했다.

"전에 저는 나쁜 짓을 헤아릴 수 없이 많이 했습니다. 그러나 이제부터는 뜻을 세워 착한 사람이 되려고 합니다. 하지만 너무 늦은 감이 있어 두렵습니다."

"자네는 나이가 아직 젊네. 굳은 의지를 가지고 지난 허

육기(陸機) : 중국 진(晋)나라의 문인. 화려한 시부(詩賦)의 명인으로, 조식(曹植) 이후의 제1인자로 꼽힌다. 육운(陸雲)은 그의 동생임. 자는 사형(士衡).

물을 고쳐 새로이 착한 사람이 된다면 자네의 앞길은 무한한 것일세."

하고 육운이 격려를 했다.

이때부터 주처는 뜻을 세워 동오에서 글을 배웠다. 이후 주처는 십여 년 동안 품덕(品德)과 학문을 닦고 익혀 마침내 유명한 대학자가 되었다.

蓋棺事定 ❖ 개관사정

出典 : 두보(杜甫)의 군불견 간소혜(君不見簡蘇徯)

관 뚜껑을 덮고 난 뒤에야 안다는 뜻으로, 사람은 죽고 난 뒤에야 올바르고 정당한 평가를 할 수 있다는 말이다.

| 풀이 | 두보가 사천성(四川省) 동쪽 기주(夔州)의 깊은 산골로 들어가서 가난하게 살고 있을 때, 역시 그곳에 와서 살며 실의에 찬 나날을 보내고 있는 친구의 아들인 소혜(蘇徯)란 사람에게 편지 대신으로 보낸 한 편의 시이다.

君不見道邊廢棄池　　그대는 보지 못하였는가 길가에 버려진 못을
君不見前者摧折桐　　그대는 보지 못하였는가 앞서 꺾여 넘어진 오동나무를
百年死樹中琴瑟　　　백년 뒤 죽은 나무가 거문고로 쓰이게 되고
一斛舊水藏蛟龍　　　한 섬 오랜 물은 교룡을 품기도 한다
丈夫蓋棺事始定　　　장부는 관을 덮어야 일이 비로소 결정된다
君今幸未成老翁　　　그대는 아직 다행히 늙지 않았거늘
何恨憔悴在山中　　　어찌 원망하리오, 초췌히 산속에 있는 것을

21

심산 궁곡은 살 곳이 못 되노니
벼락과 도깨비와 미친 바람까지 겸했노라

深山窮谷不可處
霹靂魍魎兼狂風

擧案齊眉 ❖ 거안제미

밥상을 눈 위로 받들어 올린다는 말로, 아내가 남편을 지극히 공경함을 일컫는다.

出典 : 〈후한서(後漢書)〉 일민전(逸民傳)

| 풀이 | 후한서(後漢書)의 일민전(逸民傳)에 나오는 양홍조(梁鴻條)를 요약해 보면 다음과 같다.

자(字)가 백란(伯鸞)인 양홍은 부풍군 평릉현의 사람으로 집은 비록 가난하였으나 절개가 곧았다. 같은 현의 맹가(孟家)에 맹광(孟光)이라는 딸이 하나 있었는데 몸이 비대하고 얼굴이 못생긴데다 피부까지 검었다. 그러나 힘은 돌절구를 들 정도로 세었다(同縣孟氏有女 肥醜而黑 力擧石臼).

절개(節槪) : 옳은 일을 지켜 뜻을 굽히지 않는 굳건한 마음이나 태도.

나이 서른이 되었는데도 혼처(婚處)를 가리고 가려서 좀처럼 시집을 가려 하지 않자 걱정이 된 부모가 그 이유를 물었다.

혼처(婚處) : 혼인하기에 알맞은 자리.

"양백란님 같은 훌륭한 분이라면 시집가겠습니다."

처녀는 잘라 말했다. 양홍이 그 말을 전해 듣고 정식으로 그녀에게 청혼을 했다. 그렇게 하여 결혼을 하였는데 7일이 지나도록 양홍이 새색시에게 손을 대지 않자 새색시가 침대 아래에서 무릎을 꿇고 애원하였다.

"소문을 듣자니 당신께서는 이상이 높으셔서 어느 누구의 청혼도 거절하였다 하더이다. 그러나 지금 겨우 저를 선택하여 주셨는데 저의 어디가 마음에 드시지 않는지요?"

양홍이 대답했다.

"나는 누더기를 입고 함께 산으로 들어가서 살아갈 여자를 원했던 것이오. 그런데 지금 그대는 아름다운 비단옷을 입고 분을 바르고 눈썹을 그리고 있소. 그러한 여자는 내가 바라던 사람이 아니오."

그러자 새색시가 말했다.

"이것으로 당신의 마음을 시험하고 싶었습니다. 비단옷 외에 막 입을 수 있는 옷도 준비하여 왔습니다."

그러고는 다시 머리를 아무렇게나 돌려 묶고 무명옷을 입고 실과 바늘을 가지고 나왔다. 양홍이 크게 기뻐하며 별명을 짓기를 덕요(德曜)라고 하였다.

그들은 둘이서 패릉의 산속으로 들어가 밭을 갈고 베를 짜면서 살았다. 그러나 양홍이 왕실을 비방하는 시를 지어 장제(章帝)에게 쫓기게 되자 성과 이름을 바꾸고 오(吳)나라로 건너갔다.

오나라에 이르자 고백통(皐伯通)이라는 명문 대가를 찾아가 방앗간의 품팔이를 하며 지냈다. 저녁에 돌아오면 아내가 밥상을 차리고 기다렸다가 양홍의 앞으로 나오는데 눈을 아래로 깔고 밥상을 눈썹 높이로 들어 바쳤다(每歸 妻爲具食 不敢於鴻前仰視 擧案齊眉).

백통은 그것을 보고 이상한 사람이라고 생각하였다.

"아내를 저처럼 다루고 있는 것을 보니 저 날품팔이는 보통 사람이 아니다."

백통은 양홍 일가를 자기의 집안에 들어와 살게 하였다. 그렇게 하여 양홍은 수십 편의 책을 저술할 수 있었다. 양홍이 죽자 백통은 그를 오나라의 요리(要離) 곁에 묻었다.

"요리는 의절(義節)의 선비요 양백란은 고고(孤高)의 선비이다. 나란히 묻길 잘하였다."

양홍의 장례가 끝나자 그의 처자(妻子)는 다시 부풍으로 돌아갔다.

고고(孤高) : 홀로 세속에 초연하여 고상함.

乾坤一擲 ❖ 건곤일척

하늘과 땅을 한 번에 내던진다는 뜻으로 천하를 잃느냐 얻느냐, 죽느냐 사느냐와 같이 사생결단을 건 최후의 한 판 승부를 일컫는다.

出典 : 한유(韓愈)의 시 과 홍구(過鴻溝)

| 풀이 | 홍구(鴻溝)는 지금의 하남성(河南省) 고노하(賈魯河)로 진(秦)이 멸망한 뒤 천하가 통일되지 않고 있을 때, 초(楚)의 항우(項羽)와 한(漢)의 유방(劉邦)이 이곳에 선을 긋고 천하를 나누어 가졌다. 이 시는 당시를 추억한 것이다.

용은 피로하고 호랑이는 곤하여 천원을 서로 나누니
모든 백성들이 성명을 보존하였다
누군가가 한왕에게 군사와 말을 돌이키길 권하며

龍疲虎困割川原
億萬蒼生性命存
誰勸君王回馬首

眞成一擲賭乾坤　　　　　　　진실로 천하를 건 한판의 도박을 벌였구나

항우와 유방은 진의 타도를 위해 서로 협력하였으나 그 목적이 이루어지자 천하의 패권을 놓고 겨루게 되었다.

항우가 반란군을 토벌하고 있는 틈에 한왕 유방이 군사를 일으켜 관중(關中) 땅을 병합해 버렸다.

최초로 관중을 평정한 자가 관중의 왕이 된다는 의제(義帝)의 공약이 무시되고, 관중에 누구보다 먼저 들어갔음에도 불구하고 항우에 의해 파촉(巴蜀)의 왕으로 봉해진 것이 유방의 최대 원한이 되었다.

의제(義帝) : 초나라 회왕(懷王)의 손자인 심(心)을 말함. 항우가 심을 앞세워 초나라를 부흥시키고 인심을 모았으나 유방에게 패하고 의제도 암살되어 멸망하였다.

바야흐로 관중을 수중에 넣은 유방은 우선 항우에게 다른 뜻이 없음을 알려 놓고, 서서히 힘을 길러 후일 관외로 진출할 기회를 노리고 있었다.

이듬해 봄, 항우는 제(齊)와 연전했으나 항복시키지 못했다. 바로 그때가 적절한 시기라고 생각한 유방은 초의 의제를 위해 상을 치르고 역적 항우를 토벌할 것을 제후들에게 알림과 동시에 66만의 군사를 이끌고 초로 공격해 들어가 도읍 팽성을 빼앗아 버렸다.

연전(連戰) : 연속하여 싸우는 것.

항우는 이 소식을 듣고 군사를 몰아 팽성 주변에서 한군을 여지없이 격파해 버렸다. 유방은 겨우 목숨만 건진 채 영양(榮陽)까지 도망쳤으나 적의 손에 아버지와 부인을 남겨 놓는 등 비참한 결과를 남겼고, 영양에서 다소 기세를 회복했으나 재차 포위당해 거기서도 겨우 탈출하는 꼴이 되고 말았다.

그후 유방은 한신이 제나라를 손에 넣음에 이르러 겨우 세력을 증가시키고, 또 관중에서 병력을 보급받아 여러 차례 초군을 격파시켰으며, 팽월(彭越)도 양(梁)에서 초군을 공격하여서 항우는 각지로 전전하게 되었다. 게다가 팽월에게 식량 보급로까지 끊겨서 진퇴양난의 궁지에 몰리고 말았다.

마침내 항우는 유방과 화평을 맺고 천하를 양분하여 홍구에서 서쪽을 한으로, 홍구에서 동쪽을 초로 하기로 한 다음 유방의 아버지와 부인을 돌려보내기로 했다.

때는 한(漢)나라 4년, 기원전 203년이었다. 항우는 약속이 되었으므로 군사를 이끌고 귀국했으며, 유방도 철수키로 하였으나 마침 그것을 본 장량(張良)과 진평(陳平)이 유방에게 진언했다.

"한은 천하의 태반을 차지하고 제후도 따르고 있으나, 초는 군사가 피로하고 식량도 없습니다. 이것이야말로 하늘이 초를 멸망시키려는 것으로, 굶주리고 있을 때 없애 버려야 합니다. 지금 공격하지 않으면 호랑이를 길러 후환을 남기는 결과가 됩니다."

그래서 유방은 결심을 하고 이듬해 초군을 추격하여 드디어 한신, 팽월 등의 군사와 함께 항우를 해하(垓下)에서 무찌르고 천하의 패권을 잡았다.

한유는 장량과 진평이 한왕을 도왔던 이 공업을 홍구 땅에서 회상하며 이것이야말로 천하를 건 큰 도박이라고 읊었던 것이다.

한신(韓信) : 중국 한(漢)나라 고조(高祖)의 대장(大將)으로 한나라 창업 3걸의 한 사람. 고조의 통일 대업을 도와서 초(楚)왕에 봉함을 받았으나 후에 제후 억멸책(抑滅策)에 의해 피살되었음.

장량(張良) : 중국 전한(前漢)의 건국 공신. 유방의 모신(謀臣)으로 '홍문(鴻門)의 회(會)'에서 공을 세우고 항우를 무찔러 한나라 통일 후에 유후(留侯)에 책봉되었다. 한나라 창업 3걸의 한 사람.

공업(功業) : 큰 공로. 공적이 뚜렷한 큰 사업.

格物致知 ❖ 격물치지

出典 : 〈대학(大學)〉 팔조목
(八條目)

양지(良知) : 사람이 날 때
부터 가지고 있는 지능. 양
명학에서는 마음의 본체를
말함.

사물이 지니고 있는 이치에 우리의 인식이 도달하여 지(知)에 이르는 것, 또는 의지가 존재하는 사물이 움직이는 모양을 살펴 그 부정을 바로잡고 양지(良知)를 발휘하는 일을 뜻한다.

| 풀이 | "예전에 밝은 덕을 천하에 밝히려고 하는 사람은 먼저 그 나라를 다스리고, 그 나라를 다스리려는 사람은 먼저 그 집안을 정돈하고, 그 집안을 정돈하려고 하는 사람은 먼저 그 몸을 닦고, 그 몸을 닦으려고 하는 사람은 먼저 그 마음을 바르게 하고, 그 마음을 바르게 하려는 사람은 먼저 그 뜻을 정성스럽게 하고, 그 뜻을 정성스럽게 하려고 하는 사람은 먼저 아는 것을 극진히 해야 할 것이니 이것은 사물의 이치를 연구하는 데 있다(古之欲 明明德於天下者 先治其國 欲治其國者 先齊其家 欲齊其家者 先修其身 欲修其身者 先正其心 欲正其心者 先誠其意 欲誠其意者 先致其知 致知在格物)."

이상은 대학의 팔조목에 나오는 말이다.

주자(朱子)는 격물치지를 이렇게 설명했다.

"세상 만물은 나무 한 그루, 풀 한 포기에 이르기까지 모든 것이 이치를 지니고 있다. 이 이치를 하나씩 하나씩 추구해 들어가면 마침내 세상 만물의 표리와 정표, 조잡한 것들을 다 밝혀낼 수가 있다. 다시 말하면 격물의 격

(格)은 도달한다는 뜻이니 격물이란 곧 사물에 도달한다는 말이다. 치지란 만물이 지닌 이치를 추구하는 궁리(窮理)와도 같은 뜻으로 세상 사물에 이르고 이치의 추궁으로부터 지식을 쌓아 올려서 지(知)를 치(致)한다는 것이다.”

궁리(窮理) : 일을 처리하거나 밝히기 위해 깊이 생각함. 깊이 연구함.

結草報恩 ◈ 결초보은

풀을 엮어서 은혜를 갚는다는 뜻으로 죽어서까지도 은혜를 잊지 않고 갚는 것을 말한다.

出典 : 〈춘추좌씨전(春秋左氏傳)〉 선공(宣公) 15년조(年條)

| 풀이 | 춘추시대 때 진(晋)나라에 위무자(魏武子)라는 사람이 있었다. 그에게는 사랑하는 첩이 있었으나 그들 사이에는 자식이 없었다. 무자는 병이 들자 아들인 과(顆)를 불러 말했다.

“반드시 다른 곳으로 시집 보내도록 하여라.”

그러나 병이 악화되자 이번에는 이렇게 말했다.

“죽여서 함께 묻어 다오.”

아버지가 돌아가시자 위과는 그녀를 다른 곳으로 시집 보내면서 말했다.

“병이 심해질 적에는 머리가 혼란을 일으키게 마련이다. 나는 병세가 악화되기 전의 아버님 말씀에 따르는 것이다.”

그후 선공(宣公) 15년 7월에 진(秦)의 환공(桓公)이 진나

역사(力士) : 뛰어나게 힘이
센 사람.

라를 쳐서 군대를 보씨(輔氏)에 주둔시켰다. 이 보씨의 싸움에서 위과는 진의 이름난 역사(力士) 두회를 사로잡았다. 한 노인이 두회의 발 앞에 풀을 엮어서 걸려 넘어지게 했으므로 그를 잡을 수 있었던 것이다(及秦晋之戰 魏顆見老人結草 以坑社回 回躓而顚遂獲之).

그날 밤 위과의 꿈속에 그 노인이 나타나서 말했다.

"나는 그대가 시집 보내 준 여자의 아비되는 사람이오. 내가 은혜를 갚은 것이외다(我而所嫁婦人之父也 爾從先人治命 餘是以報)."

傾國之色 ◈ 경국지색

出典 : 〈한서(漢書)〉 이부인
전(李夫人傳)

한 나라를 위태롭게 할 정도의 미색이란 뜻으로, 아름다운 여인을 이르는 말이다. '경국'이라고도 한다.

| 풀이 | 한무제(漢武帝)를 모시고 있는 가수(歌手) 중에 이연년(李延年)이란 자가 있었다. 음악적 재능이 풍부하고 노래와 춤도 유명하여 신곡을 만들거나 편곡을 할 때마다 사람들을 감동시켰으므로 무제의 총애를 한몸에 받고 있었다. 그는 황제 앞에서 춤을 추며 노래했다.

北方有佳人
絕世而獨立

북방에 어여쁜 사람이 있어
세상에서 떨어져 홀로 서 있네

한 번 돌아보면 성을 기울게 하고   一顧傾人城
두 번 돌아보면 나라를 기울게 했다   再顧傾人國
어찌 경성 경국을 모르리오마는   寧不知傾城與傾國
어여쁜 사람은 두 번 다시 얻기 어려우리   佳人難再得

무제는 노래를 듣고 나서 한숨을 내쉬며 말했다.
"아아, 세상에 그런 여인이 정말 있을까?"
"연년에게는 누이동생이 있거든요."
무제의 누이인 평양공주(平陽公主)가 귀엣말로 속삭였다.
무제는 곧 연년의 누이동생을 불러들였다. 그녀는 더없
이 예뻤고 춤도 능숙했다. 무제는 곧 그녀에게 완전히 마
음이 사로잡히고 말았다.
　경국(傾國)이란 문구를 쓴 예는 아주 많아 이백(李白)의
〈악부청평조(樂府淸平調)〉에 '명화경국양산환(名花傾國兩
相歡)'이 있고, 백거이(白居易)의 〈장한가(長恨歌)〉의 첫 구
절은 "한왕 색을 중히 여겨 경국을 생각한다."라고 했다.
경국의 본뜻은 '나라를 위태롭게 한다.'로 〈사기〉의 항우
본기(項羽本紀)를 보면 항우에게 부모 처자가 사로잡혀 있   **변설**(辯舌) : 입담 좋게 말
어서 고조(高祖)가 난처해하는 것을 후공(侯公)이 그 변설   을 잘하는 재주.
로 되찾아왔을 때 고조가 한 말로서 "이는 천하의 변사이
다. 그가 있는 곳은 그 변설로 나라를 기울게 한다."라고
했다. 따라서 이연년의 노래도 '경국' 자체가 미인이란
뜻을 포함시킨 것은 아니지만 이백, 백거이의 시에서는
완전히 미인의 뜻으로 쓰이고 있다.

敬遠 ❖ 경원

出典 : 〈논어(論語)〉 옹야편
(雍也篇)

'공경하나 이를 멀리한다.'는 뜻으로, 공경하면서도 그
것에 친숙해지지 않는 것을 나타냈으나 오늘날에 와서는
겉으로는 존경하는 척하면서 실제로는 꺼리고 피하는 것
을 말한다.

❙ 풀이 ❙ "군자는 괴, 력, 난, 신을 말하지 않는다(子不語怪
力亂神)."

괴이(怪異) : 이상 야릇함.
무용(武勇) : ① 무예왕 용
맹. ② 싸움에서 용맹스러
움.

'군자는 괴이(怪異)와 무용(武勇)과 세상의 어지러움과
신에 대해서 말하지 않았다.'는 뜻으로(힘과 난은 그 문치사
상에 기본을 두고 있으나) 괴와 신이란 초월자에 대해서 따
르는 이외의 태도를 하지 않는다는 말이다. 더구나 공자
는 이와 같은 태도야말로 바로 지(知)라고 확신하였다.

제자인 번지(樊遲)가 지에 대해서 물었다. 공자가 말하
기를 "자기 자신이 해야 할 일에만 노력하고, 귀(鬼)나 신
(神)은 공경하면서 멀리해 둔다. 이렇게 하는 것이 지라고
할 수 있다(樊遲問知 子曰 務民之義 敬鬼神而遠之 可謂知矣)."
라고 하였다.

여기에서 귀신(鬼神)이라 함은 죽은 조상을 말하는 것으
로, 옛 제도나 고인의 학문을 뜻한다. 또 "귀신을 공경하
면서 멀리해 둔다."란 공경하면서도 그것에 친숙해지지
않는 것, 요컨대 신에 의존하지 않는 것을 뜻하며, 바로
여기에서 공자가 초월자의 객관적 공정성에 대해서 절대

31

적으로 신뢰함을 엿볼 수 있다.

鷄肋 ❖ 계륵

닭의 갈비뼈는 먹을 만한 곳이 없는 부위이나 그렇다고 버리기에는 아깝다. 즉 그리 도움은 못 되나 버리기에는 아까워서 이러지도 저러지도 못하는 난처한 상황을 뜻한다.

出典 : 〈후한서(後漢書)〉 양수전(楊修傳), 〈진서(晉書)〉 유령전(劉伶傳)

| 풀이 | 삼국 정립시대(三國鼎立時代)가 나타나기 1년 전, 즉 후한 헌제(獻帝)의 건안 24년의 일이다. 익주(益州)를 점령하여 차지한 유비(劉備)는 한중(漢中)을 평정시킨 다음, 위(魏)의 조조(曹操)를 맞아 역사적인 한중 쟁탈전(漢中 爭奪戰)을 벌이고 있었다.

싸움은 수개월에 이르렀다. 유비의 병참은 후방 근거지의 제갈량이 확보하고 있는 데 반해 조조는 병참이 혼란에 빠져 도망병이 속출하고 전진도 수비도 불가능한 상태였다.

그러던 어느 날 저녁 조조에게 닭국이 바쳐졌다. 조조는 먹자 하니 먹을 것이 없고 버리자 하니 아까운 닭의 갈비가 꼭 자기의 처지와 같다고 생각되었다.

이때 그의 장수 하우돈이 야간 군호를 하달해 달라고 하기에 조조는 무심코 '계륵'이란 명령을 내렸다. 부하들은 무슨 소리인지 몰라 어리둥절해할 뿐이었다.

그런데 주부(主簿)인 양수(楊修)는 조조의 이 명령을 듣

삼국 정립시대(三國鼎立時代) : 중국 후한(後漢) 말기에 촉(蜀)·위(魏)·오(吳)가 솥발과 같이 서로 대립한 시기.

병참(兵站) : 군대에서 군사 작전에 필요한 물자의 보급 관리 및 처리 등을 담당하는 병과.

귀환(歸還) : 돌아옴, 특히 전쟁터에서 돌아옴.

늑골(肋骨) : 흉곽을 구성하는 뼈.

유령(劉伶) : 중국 서진(西晉)의 사상가. 자는 백륜(伯倫). 장자의 사상을 실천하고, 만물을 모두 동일하다고 보고, 신체를 토목(土木)으로 간주하여 의욕의 자유를 추구하였다.

자 혼자서 부지런히 장안으로 귀환할 준비를 하기 시작했다. 모두들 놀라 그 까닭을 묻자 양수는 이렇게 대답했다.

"닭의 갈비뼈는 먹을 만한 데가 없다. 그렇다고 버리기도 아깝다. 한중을 이에 비유했으므로, 왕께서는 귀환하기로 결정하신 것이다."

과연 조조는 위의 전군을 한중에서 철수시켰다.

계륵은 몸이 마르고 약한 데 비유해서 쓰이기도 한다. 닭의 늑골같이 골격이 빈약한 몸이란 뜻이다. 〈진서〉 유령전(劉伶傳)에 이런 이야기가 있다.

죽림칠현 중에서도 주도의 우두머리였던 유령(劉伶)이 술에 취해 어떤 사람에게 시비를 걸었다.

상대가 소매를 걷어붙이고 주먹을 휘두르며 덤벼들자, 유령은 천연덕스럽게 말했다.

"워낙 닭의 갈비뼈 같은 빈약한 약골이라 그쪽 주먹을 받아낼 수 있을는지."

그러자 상대는 자기도 모르게 웃음을 터뜨리며 때리는 것을 그만두고 말았다.

鷄鳴狗盜 ⊗ 계명구도

出典 : 〈사기(史記)〉 맹상군전(孟嘗君傳)

닭의 울음소리를 잘 내고 개의 흉내를 잘 내어 좀도둑질을 잘한다는 뜻으로, 한 가지 기술에 능한 미천한 사람을 말한다. 또 아무리 미천한 사람이라도 자기 나름대로의 장점과 특징을 지니고 있음을 의미한다.

| 풀이 | 전국시대 말기, 기원전 330년 경에서 기원전 260년 경까지는 진(秦)의 세력이 차츰 동쪽의 육국(六國)을 압도해 간 시기였는데, 육국측에서도 갖은 방법을 다하여 이에 항거했을 것은 당연한 일이다. 그래서 당시의 실권자들은 인재의 초치(招致)에 온갖 열의를 기울였다.

특히 제(齊)나라의 맹상군은 식객을 우대한 것으로 유명하여 설사 범죄자라 할지라도 일기일예(一技一藝)에 뛰어나기만 하면 모두 받아들이니, 그의 문중은 항상 3천 명을 헤아렸다고 한다.

제민왕(齊湣王) 25년(기원전 299년)에 맹상군은 왕명으로 진(秦)나라에 가게 되었다. 진의 소왕은 맹상군의 사람됨을 보고 자국의 재상으로 삼으려 했다. 그러나 강경한 반대 의견에 부딪치고 말았다.

"맹상군은 당대의 어진 사람이며, 또 제나라는 왕국입니다. 국정을 맡게 되면 반드시 자기편 제나라의 이익을 생각하고 진나라를 나중으로 미룰 것이니 위험합니다."

이리하여 소왕은 재상으로 삼는 것을 포기하고 맹상군을 잡아 가두어 기회를 보아 암살하려고 했다.

이를 안 맹상군은 소왕의 애첩에게 사람을 보내어 석방토록 힘써 주기를 부탁했다. 그러자 애첩은 "그대가 가지고 있는 호백구(狐白裘)가 탐이 난다."고 했다. 맹상군은 원래 값이 수천금이나 되는 천하 일품인 호백구를 가지고

육국(六國) : 중국 전국시대 각지에 할거(割據)한 제후 중에서, 진나라를 제외한 초(楚)·연(燕)·제(齊)·한(韓)·위(魏)·조(趙)의 여섯 나라.

초치(招致) : 불러서 오도록 함.

호백구(狐白裘) : 여우의 겨드랑이 흰털로 만든 고급스런 옷.

왔었는데 진나라에 와서 그것을 소왕에게 바쳤기 때문에 그 요구에 응할 수가 없었다. 그래서 다른 식객 등과 의논을 거듭했지만 이렇다 할 묘안이 나오지 않았다.

이때 말석에서 좀도둑의 명수라는 사나이가 나서서 말했다.

"제게 맡겨 주십시오."

사나이는 한밤중에 개의 흉내를 내면서 궁중의 창고로 숨어들어가 용케도 호백구를 훔쳐 가지고 나왔다.

이것을 애첩에게 바치자 애첩은 소왕에게 간청하여 맹상군을 석방했다.

석방된 맹상군은 곧 진나라에서 탈출하려고 위장을 한 후 한밤중에 함곡관(函谷關)에 도착했다.

한편, 소왕은 뒤늦게 맹상군을 석방한 것을 후회하고 그를 찾았으나 이미 떠난 뒤였다. 왕은 곧 역마를 보내어 뒤쫓게 했다.

맹상군은 함곡관까지 왔으나, 관법(關法)에 의해 첫닭이 울기 전에는 문을 열어 사람을 보내지 않으므로 곧 추격대가 뒤쫓아올 것을 두려워하지 않을 수 없었다.

식객 중에 닭울음소리를 잘 내는 자가 있어 그가 흉내를 내자 근처의 모든 닭들이 따라서 함께 울게 되었다. 마침내 관문이 열리고 맹상군 일행은 쉽게 탈출할 수 있었다.

일행이 탈출한 직후 추격대가 관문에 도착했으나 이미 떠나간 뒤였으므로 되돌아가지 않을 수 없었다.

위장(僞裝) : 적의 눈을 속이기 위해 장비나 복장·행동 따위를 거짓으로 꾸밈, 또는 그 수단.

역마(驛馬) : 각 역참에 갖추어 둔 말. 관용의 교통·통신기관이었음.

季布一諾 ❖ 계포일낙

계포가 승낙한 한마디의 말이란 뜻으로 일단 약속을 한 이상 꼭 지킨다는 것을 말한다. 금락(金諾)이라고도 한다.

出典 : 〈사기(史記)〉 계포전 (季布傳)

| 풀이 | 초(楚)나라 사람인 계포는 젊었을 때부터 협기 있는 사람으로 알려져 '좋다(諾)' 하고 한 번 말을 한 이상은 그 약속을 반드시 지켰다. 훗날 서초(西楚)의 패왕 항우(項羽)가 한(漢) 나라의 유방(劉邦)과 천하를 걸고 싸웠을 때, 초나라 대장으로서 유방을 여러 차례에 걸쳐 괴롭혔으나, 항우가 망하고 유방이 천하를 통일하자 목에 천금의 현상금이 걸려 쫓기는 몸이 되었다. 그러나 그를 아는 자는 감히 그를 팔려고 하지 않았으며, 도리어 그를 고조(高祖)에게 천거해 주었다. 덕택에 사면되어 낭중(郎中)이란 벼슬에 있다가 다음 혜제(惠帝) 때는 중랑장(中郎將)이 되었다.

협기(俠氣) : 대장부다운 호탕한 기상.

고조(高祖) : 유방(劉邦).

흉노의 선우(單于)가 당시 권력을 한손에 쥐고 있던 여태후를 깔보는 불손하기 짝이 없는 편지를 조정에 보내온 적이 있었다.

선우(單于) : 흉노가 자기들의 추장을 높여 부르는 칭호로, 넓고 크다는 뜻임.

격노한 여태후는 곧 장군들을 불러들였다. 그러자 여태후의 총애를 한몸에 받고 있던 상장군 번쾌(樊噲)가 나서며 말했다.

"제가 10만 병력을 이끌고 흉노놈들을 무찔러 버리겠습니다."

번쾌(樊噲) : 중국 한(漢)나라 때의 장수.

여태후의 안색만을 살피고 있던 무장들은 이구동성으로,

"그게 좋은 줄로 아룁니다."

하고 맞장구를 쳤다. 그때였다.

"번쾌의 목을 자르라."

대갈(大喝)하는 자가 있었다. 그는 다름아닌 계포였다.

"고조 황제께서 40만이란 군대를 거느리시고서도 평성(平城)에서 그들에게 포위당하신 적이 있지 않았는가. 그런데 지금 번쾌가 말하기를 10만으로 요절을 내겠다고? 이거 정말 큰소리도 이만저만이 아니군. 다른 사람은 모두 눈먼 장님인 줄 아는가. 진(秦)이 망한 것은 오랑캐와 시비를 벌인 데서 진승(陳勝) 등이 그 허점을 노리고 일어섰기 때문이다. 그들에게서 입은 상처가 오늘까지도 아직 다 아물지 않고 있는데 번쾌는 상(上)께 아첨을 하여 천하의 동요를 불러일으키려는 자다."

모두들 얼굴이 새파랗게 질렸다. 계포의 목숨도 이제 끝장이라고 생각했다. 그러나 여태후는 화를 내지 않고 회의를 마친 후 다시는 흉노 토벌을 입에 담지 않았다.

또 초나라 사람으로 아첨을 잘하고 권세욕과 금전욕이 강한 조구(曹丘)라는 자가 있었다. 황제의 숙부인 두장군(竇長君)을 찾아가 계포한테 소개장을 써달라고 말했다.

"계장군은 자네를 좋아하지 않는 모양이야. 가지 않는 편이 좋지 않을까."

두장군이 애써 말렸으나 그는 억지로 졸라 소개장을 얻

대갈(大喝) : 큰 소리로 꾸짖음.

동요(動搖) : ① 흔들려서 움직임. ② 어수선하고 떠들썩하여 갈팡질팡함.

37

은 다음 편지로 찾아가 뵙겠다는 생각을 알려놓고 방문했다. 계포가 상투끝까지 화가 치밀어 기다리고 있을 때 찾아간 조구는 인사가 끝나자 입을 열었다.

"초나라 사람들은 황금 백 근을 얻는 것은 계포의 일낙(一諾)을 얻는 것만 못하다고 말하는데 도대체 어떻게 해서 그렇게 유명하게 되셨습니까? 원래 우리는 동향인이기도 하므로 제가 당신의 일을 두루 선전하고 다니면 지금은 겨우 양(梁)과 초나라 정도밖에 알려지지 않고 있습니다만, 머지않아 당신의 이름은 천하에 퍼질 것입니다."

그렇듯 못된 사람으로 취급하던 계포도 기분이 좋아져 조구를 빈객으로서 극진히 대접했다. 이 조구로 인해 계포의 이름은 더욱더 천하에 널리 알려지게 되었다.

빈객(賓客) : 귀한 손님, 점잖은 손님.

股肱之臣 ❖ 고굉지신

다리와 팔뚝에 비길 만한 신하라는 뜻으로 임금이 가장 가까이하며 신임하는 중신(重臣)을 일컫는 말이다.

出典 : 〈서경(書經)〉 익직편 (益稷篇)

| 풀이 | 순임금이 말했다.

"신하들이여, 옆에 있으면서 도와주오. 옆에서 어려울 때 도와주는 사람이 참된 신하로다."

우가 그 말을 받았다.

"옳으신 말씀입니다."

순임금은 차분한 어조로 다시 말을 이었다.

"그대들과 같은 신하들은 짐의 팔다리요 눈과 귀로다. 내가 백성들을 돕고자 하니 그대들도 힘써 도와 달라. 내가 위엄을 온천하에 떨치려 하니 그대들이 대신해 달라(臣作朕股肱耳目 予欲左右有民 汝翼 予欲宣力四方 汝爲). 나에게 어긋남이 있을 때는 나를 보필하여 규정(規正)해 달라. 내 앞에서 순종하는 척하고 물러간 후에 쓸데없는 소리를 할 것이 아니라 직접 충고해 달라. 그리고 동료들을 서로 공경하여 예의에 어그러짐이 없도록 하라. 관리들은 백성들의 뜻을 나에게 전하는 것이 임무이니 올바른 이치를 세상에 크게 선양(宣揚)토록 할 것이며, 잘못을 뉘우치는 자가 있으면 받들어 등용하고 그렇지 않은 자에게는 철퇴를 가해 나라의 위엄을 보이도록 하라."

이와 같이 순임금은 신하들이 자신을 잘 보좌하여 제도와 형벌에 대해 힘써 줄 것을 당부했다.

선양(宣揚) : 널리 떨침.

철퇴를 가하다 : 호되게 처벌하거나 큰 타격을 주다.

鼓腹擊壤 ❖ 고복격양

出典 : 〈18사략(十八史略)〉 1권의 요제조편(堯帝條篇)

배를 두드려 박자를 맞추면서 격양놀이를 한다는 뜻으로, 백성들이 그와 같이 태평함을 즐기므로 바로 그 시절이 태평성대라는 뜻이다.

성군(聖君) : 덕으로 나라를 다스린 어질고 훌륭한 임금.

| 풀이 | 천하의 성군(聖君)으로 꼽히는 요(堯)임금이 천하

를 통치하기 시작한 지 50년이 지난 어느 날, 너무나도 평화스러워 요의 마음에는 도리어 불안이 일었다.

"도대체 천하는 지금 진정으로 잘 다스려지고 있는 것일까? 백성들은 나를 천자로 받드는 것을 진정으로 원하고 있을까?"

요는 그것을 자기 눈으로 직접 보고 귀로 확인해 보리라 생각하고, 어느 날 눈에 띄지 않는 옷차림을 하고 몰래 거리로 나섰다. 어느 네거리를 지날 때, 한 무리의 어린이들이 서로 손을 잡고 놀면서 이런 노래를 부르고 있었다.

우리 백성 살리심이
임의 덕 아님 없네
제 자신도 모르는 체
임의 덕 따르나니

立我丞民
莫匪爾極
不識不知
順帝之則

어린이들의 순진무구한 노랫소리는 요임금의 가슴속 깊이 스며들었다.

요임금은 만족스러웠으나 갑자기 또다른 의문이 머리를 스쳤다.

"하지만 어린아이들의 노래치고는 다소 지나친 점이 있지 않은가? 혹시 어른들이 그렇게 시킨 것이 아닐까?"

다시 걸음을 옮겼으나 어느덧 거리 끝까지 와 있었다. 무심코 곁을 보니 백발노인 한 사람이 음식을 우물거리면서 격양놀이를 하는데, 배를 두드려 박자를 맞추면서 즐겁게 하고 있었다.

격양놀이 : 옛날 중국에서 하던 유희의 하나.

日出而作
日入而息
鑿井而飮
畊田而食
帝力何有於我哉

해 뜨면 일하고
해지면 잠들며
우물을 파서 마시고
밭 갈아서 먹나니
임금의 덕 따위야 무엇하리오

이번에야말로 요임금의 마음은 구석구석까지 환하게 밝아졌다.

"이제야 마음이 놓이는구나. 백성들이 아무런 불안도 없이 배를 두드리며 격양놀이 등으로 자기들의 생활을 즐기고 있으니, 이것이야말로 정치가 잘되어 가고 있다는 증거가 아닌가."

선정으로 인해 백성들이 태평을 구가하고 있지만 누구 하나 그 점을 의식하지 못하는 것이야말로 이상적 통치인 것이다.

高枕安眠 ※ 고침안면

베개를 높이 베고 편안한 잠을 잔다는 뜻으로, 무척 마음이 한가하고 여유가 있어 아무런 근심이 없는 상태를 말한다.

出典 : 〈사기(史記)〉, 〈전국책(戰國策)〉

| 풀이 | 전국시대 중엽, 소진(蘇秦)과 장의(張儀)가 활약하던 때의 일이다.

소진은 합종(合從)을 외치며 진 이외의 6개국이 동맹하여 진(秦)에 대항할 것을 설득했다. 장의는 연횡(連衡)을 제창하여 여섯 나라가 각각 동맹해서 진을 따르기를 주장했다.

장의는 진의 무력을 배경으로 이웃 나라들을 침략했다. 진혜왕(秦惠王) 10년, 장의는 스스로 위(魏)를 침략한 것을 시발로 위의 재상이 되었다. 뿐만 아니라 위양왕(魏襄王)과 애왕(哀王)에게 연횡을 따를 것을 권했으나 받아들여지지 않았다. 그래서 진은 본보기로 삼아 한(韓)을 토벌하여 8만의 군사를 죽임으로써 제후들을 떨게 했다. 장의는 그 기회를 잡아 다시 애왕을 설득했다.

우선 위는 천리사방도 없고, 병졸도 30만을 넘지 못하는 약국이란 것을 지적하며 열국의 통로가 될 가능성이 많다는 것과 남은 초, 서는 한, 북은 조(趙), 동은 제(齊)와 국경을 이웃해서 그 어떤 나라와 동맹을 맺는다 해도 다른 나라의 원한을 사게 되므로, 그런 방법은 사분오열(四分五裂)이라고 설득했다. 그런 다음 합종을 비난하여, 형제의 맹방이라 한들 친형제끼리도 금전상의 다툼이 생기는 것을 보면 합종이란 허울 좋은 사기라고 말하며 진을 섬기지 않으면 어떻게 될지 아느냐고 위협했다.

계속해서 이번에는 진을 섬기면 어떤 이로움이 있는지 아느냐고 달랬다. 진을 섬기면 곧 초와 한은 감히 움직이지 못한다, 초와 한의 걱정이 없어지면 대왕은 베개를 높이 베고 누울 수 있으니 반드시 근심이 없어질 것이다, 또한 진의 목적은 초에 있으므로 위와 함께 초를 공격하자

합종(合從) : 진나라에 대항하여 한, 위, 조, 연, 제, 초의 여섯 나라가 동맹하여 대항해야 한다는 주장.

연횡(連衡) : 진이 그 동쪽의 여섯 나라(한·위·조·연·제·초)와 횡(橫)으로 화평 조약을 맺어야 한다는 주장.

맹방(盟邦) : 동맹을 맺은 나라.

고 설득했다. 여기에서 '고침안면'이란 성어가 유래했다.

古稀 ❖ 고희

出典 : 두보(杜甫)의 〈곡강
(曲江)〉

'예로부터 드물다.'는 뜻으로 70세를 고희라고 한다.

| 풀이 | 당(唐)나라의 수도 장안(長安)의 동남쪽 끝에 곡강
(曲江)이란 연못이 있었다. 연못 남쪽에는 부용원(芙蓉苑)이
란 궁원이 있었는데 경치가 아름다워 봄에는 꽃을 관상하
는 장안 시민들로 붐볐다. 이 곡강 변에서 두보가 몇 수의
시를 남겼다. 그의 대표작 가운데 하나인 〈곡강이수(曲江二
首)〉라는 시 중 하나를 보면 고희라는 말이 나온다.

朝回日日典春衣   조정에서 돌아오면 날마다 봄옷을 전당잡혀
每日江頭盡醉歸   하루같이 강가에서 만취해 돌아온다
酒債尋常行處有   술빚은 예사로서 도처에 있고
人生七十古來稀   인생 칠십은 예로부터 드문 것이라

이 시에시의 '인생칠십고래희'린 전해져 내려오는 속언
이 아닌가도 생각된다. 어쨌든 이 말은 두보에 의해 훌륭
히 정착되어 어느 때는 애감을 자아내게 하지만, 보기 드
문 나이에 달한 것을 축하하는 뜻으로 쓰이게 되었다. 70
세를 고희라고 하는 것도 여기에서 비롯되었다.

曲學阿世 ❖ 곡학아세

바른길에서 벗어난 학문으로 세상에 아첨한다는 뜻으로, 평소의 자기 신조나 소신, 철학 등을 굽혀 시세에 아첨함을 말한다.

出典:〈사기(史記)〉 유림전(儒林傳)

| 풀이 | 원고생(轅固生)은 전한(前漢) 4대 경제(景帝) 때의 학자였는데 특히 시경에 밝아 박사로 임명된 적이 있었다. 그런데 5대 무제(武帝) 때에 다시 부름을 받게 되었다. 그러나 이 강직한 노학자가 나타나게 되면 맥을 출 수 없게 될 엉터리 학자들이 어떻게든 황제의 뜻을 되돌려 보려고 고생의 험담을 늘어놓았다.

"저 늙은이는 아무런 쓸모도 없습니다. 시골에서 지내게 내버려두어 손자들이나 돌보게 하는 것이 좋을 것입니다."

하지만 무제는 그 중상(中傷)을 물리치고 고생을 등용하였다. 고생과 함께 산동의 공손홍(公孫弘)이라는 소장 학자도 부름을 받았다. 공손홍은 늙어빠진 영감이라고 무시하는 눈초리로 고생을 대했으나 고생은 조금도 개의치 않고 이렇게 말했다.

중상(中傷): 사실 무근의 악명(惡名)을 씌워서 남의 명예를 손상시키는 일.

"지금 학문의 도가 어지러워서 속설이 유행하고 있네. 이대로 방치해 두면 유서깊은 학문의 전통이 마침내는 사설(邪說) 때문에 참모습을 잃게 될 것이야. 자네는 다행히도 젊고 학문을 좋아하는 선비라고 들었네. 부디 올바른 학문을 힘써 공부하여 세상에 펴주게. 결코 자기가 믿는

사설(邪說): 사람의 마음을 흐리게 하는 잘못된 설.

속물(俗物) : 교양이 부족하고 야비한 사람. 속된 일에만 마음이 이끌리는 사람.

학설을 구부려 세상의 속물들에게 아부하지 말게나(公孫子務正學以言 無曲學以阿世)."

이 말을 들은 공손홍은 절조를 굽히지 않는 고생의 훌륭한 인격과 풍부한 학식에 감동되어 크게 뉘우치고 무례를 사과한 뒤 그의 제자가 되었다.

강직(剛直) : 굳세고 꼿꼿함.

또 고생의 강직하고 숨김없는 성격을 드러내 주는 다음과 같은 일화가 있다.

경제의 어머니인 두태후(竇太后)는 아주 열렬한 노자파(老子派)였다. 하루는 박사 고생을 불러 물었다.

"그대는 노자를 어떻게 생각하는가?"

"노자는 머슴이나 노예와 같은 보잘것없는 인물입니다. 그러니까 그가 말한 것은 다 멋대로 떠들어댄 말에 지나지 않습니다. 적어도 천하를 논하는 인물이 문제시할 가치가 있는 책이 아닙니다."

격노(激怒) : 몹시 세차게 성을 냄.

이 말에 격노한 태후는 고생을 산돼지 우리 안에 넣어서 물려 죽도록 했다.

경제도 유교에 대해서는 별로 이해가 없는 터였지만 그래도 지나치다고 생각했는지 예리한 칼을 고생에게 주어 산돼지를 찌르고 목숨을 건질 수 있게 하였다. 이 말을 전해 들은 태후는 더 이상 고생을 벌하지 않았다.

空中樓閣 ◈ 공중누각

공중에 떠 있는 누각이란 뜻으로, 근거나 현실적 토대가 없는 가공(架空)의 사물이나 뼈가 없는 이야기나 글을 지칭하는 말이다.

| 풀이 | 심괄(沈括)이 지은 〈몽계필담〉이란 책에 다음과 같은 기록이 있다.

"등주(登州)는 사면이 바다로 둘러싸여 있는데 늦은 봄부터 여름까지 저 멀리 수평선 위로 누각들이 줄을 이은 도시가 보인다. 이 고장 사람들은 이것을 해시(海市)라고 이른다(登州四面臨海 春夏時 遙見空際 有城市樓臺之狀 土人謂之海市)."

그 뒤에 청(淸)나라 적호(翟灝)는 그가 지은 〈통속편(通俗篇)〉 속에 심괄의 이 글을 수록한 다음 "지금 말과 행동이 허황된 사람을 가리켜 공중누각이라고 하는데 바로 이것을 말하는 것이다(今稱言行虛構者曰空中樓閣 用此事)."라고 기록하였다.

참된 바가 없거나 비현실적인 이야기 또는 문장을 '공중누각과 같다.'고 하는 말이 이미 청나라 시대부터 쓰여지고 있었음을 이 기록으로 알 수 있다.

出典 : 심괄(沈括)의 〈몽계필담(夢溪筆談)〉

심괄(沈括) : 중국 북송(北宋)의 정치가. 자는 존중(存中). 벼슬이 한림학사(翰林學士)에 올랐으나 뒤에 수주(秀州)로 좌천되었다. 천문(天文)·방지(方志)·율력(律曆)·음악·의약 등 많은 학문에 통달했다.

管鮑之交 ❖ 관포지교

出典 : 〈사기(史記)〉 관중열전(管仲列傳)

중국 제(齊)나라 때 관중(管仲)과 포숙아(鮑叔牙)의 두터운 우정을 얘기한 것으로, 친구 사이의 우정이나 교우 관계를 뜻한다.

| 풀이 | 관중(管仲)은 영수(潁水) 근처에서 출생했다. 포숙아(鮑叔牙)하고는 죽마지우(竹馬之友)로, 두 사람은 무엇을 하든 같이했는데 포숙아는 관중의 뛰어난 재능에 항상 탄복했다. 관중은 집안이 가난했기 때문에 곧잘 포숙아를 속였다. 그러나 포숙아는 한 마디의 불평도 하지 않았을 뿐더러 끝까지 우정을 버리지 않았다.

얼마 후, 포숙아는 제(齊)나라의 공자(公子) 소백(小白)을 섬기게 되었고, 관중은 공자 규(糾)를 섬기게 되었다. 소백이 즉위해서 환공(桓公)이 되자 경쟁자였던 규는 싸움에 져서 살해되고 관중은 잡히어 갇힌 몸이 되었다. 그래서 포숙아는 관중을 등용하도록 환공에게 신언했다. 그리하여 관중은 제나라 국정을 맡게 되었고, 환공은 패자(覇者)가 될 수 있었다. 제후를 규합해서 천하를 하나로 통일할 수 있게 된 것은 사실 관중이 솜씨를 보였기 때문이었다.

후에 관중은 이렇게 술회하고 있다.

"나는 일찍이 가난했을 적에 포숙아와 함께 장사를 하였는데 이익을 나눌 때면 나는 몫을 더 많이 가지곤 하였으나 포숙아는 나를 욕심쟁이라고 말하지 않았다. 내가

술회(述懷) : 마음속에 품고 있는 회포(懷抱)를 말함.

47

가난한 것을 알고 있었기 때문이다.

또 그의 명성을 올리게 하기 위해 계획한 일이 도리어 그를 궁지로 몰아넣는 결과가 되었으나 그는 나를 어리석은 자로 취급하지 않았다. 시운에 따라 이롭고 이롭지 않은 것이 있는 줄을 알고 있었기 때문이다. 또 나는 몇 번이고 벼슬길에 나갔으나 그때마다 쫓겨나고 말았다. 그러나 그는 나를 무능하다고 하지 않았다. 내가 시운을 타고 있지 못한 것을 알고 있었기 때문이다. 또 싸움터로 나갔을 때마다 도망쳐 왔으나 나를 겁쟁이로 취급하지 않았다. 그는 내게 늙은 어머니가 있음을 알고 있었기 때문이다.

시운(時運) : 시대나 때의 운수.

공자 규가 후계자 다툼에서 패했을 때 동료인 소홀(召忽)은 싸움에서 죽고 나는 잡히어 욕된 몸이 되었는데 그는 나를 파렴치하다고 하지 않았다. 내가 작은 일에 부끄러워하지 않고 공명을 천하에 알리지 못하는 것을 부끄러워하는 줄 알고 있었기 때문이다. 나를 낳아 준 이는 부모이지만 나를 알아주는 이는 포숙아이다."

공명(功名) : ① 공을 세워 널리 알려진 이름. ② 공을 세워 널리 이름을 떨치는 일.

세상 사람들은 관중의 현명함을 칭찬하기보다 오히려 포숙아가 정확하게 사람을 알아보는 눈이 밝은 것을 더 칭찬하였다 한다.

刮目相對 ❖ 괄목상대

눈을 비비고 다시 보며 상대를 대한다는 뜻으로, 얼마

出典 : 〈삼국지(三國志)〉 오

지(吳志) 여몽전주(呂蒙傳注)

동안 못 보는 사이에 상대가 깜짝 놀랄 정도의 발전을 보임을 일컫는다.

정립(鼎立) : 여기서는 세 세력이 서로 대립하는 것을 뜻함.

전공(戰功) : 전쟁에서 싸운 공훈. 싸움에서의 공로.

| 풀이 | 삼국이 정립(鼎立)하여 격렬한 대립을 계속하고 있던 무렵 오(吳)나라 손권(孫權)의 부하로 여몽(呂蒙)이라는 장수가 있었다. 아주 무식한 사람이었으나 전공(戰功)을 세워 계속 승진하여 마침내 장군이 되었는데, 어느 날 손권이 그에게 공부를 하도록 충고했다.

얼마 후 손권의 부하 중 가장 학식이 뛰어난 노숙이 여몽을 찾아갔다. 여몽과는 오랜 친구 사이였던 노숙은 이야기하는 사이에 여몽의 박식함에 깜짝 놀라고 말았다.

"언제 그렇게 공부했는가? 이렇게 학식이 대단하니 예전에 오(吳)의 시골 구석에 있던 여몽이 아니로군(至於今者 學識英博 非復吳下阿蒙)."

그러자 여몽은 이렇게 대꾸했다.

"선비는 헤어진 지 사흘이 지나면 눈을 비비고 다시 대해야 할 정도로 달라져 있어야 하는 법이라네(士別三日 卽 更刮目相對)."

巧言令色 ◈ 교언영색

出典 :〈논어(論語)〉학이편(學而篇), 양화편(陽貨篇)

교언(巧言)이란 남의 비위에 거슬리지 않는 교묘한 말이요, 영색이란 좋은 얼굴빛으로, 소인배들의 교묘한 수단

49

과 아첨을 일컫는 말이다.

| 풀이 | 공자(孔子)는 학이편에서 "교묘한 말과 아첨하는 얼굴빛에는 인(仁)이 적다(巧言令色鮮矣仁)."라고 하였고, 양화편에서도 "교언영색선의인"이라 한 뒤,

"나는 자줏빛이 붉은 빛을 뺏는 것을 미워하고, 정나라 음악이 아악(雅樂)을 어지럽힌 것을 미워하며, 약삭빠르게 둘러대는 말이 나라를 뒤엎음을 미워한다(惡紫之奪朱也 惡鄭聲之亂雅樂也 惡利口之覆邦家者)."라고 하였다. 여기서 이구(利口)란 교언(巧言)과 상통하는 말이라고 할 수 있을 것이다.

이구(利口) : 말을 교묘하게 잘함. 말이 많으나 알맹이가 없음.

위영공편(衛靈公篇)에서는 "교묘하게 꾸며대는 말은 덕을 어지럽히고 작은 일을 참지 않으면 큰 계획을 어지럽힌다(巧言亂德 小不忍則亂大謀)."고 하였다. 반면에 자로편(子路篇)에서는 "강직하고 의연하고 질박하고 입이 무거운 것은 인(仁)에 가깝다(剛毅木訥近仁)."라고 하여 상대적으로 교언영색선의인을 설명하고 있다. 그러므로 교언영색의 상대어로 강의목눌(剛毅木訥)을 들 수가 있다.

가장 바람직한 인간 관계란 적당히 앞에서 교언영색하고 뒤에서 손가락질하는 그런 관계가 아니라 서로 공통점을 찾아 향상되도록 자극을 주고 격려하면서 부단히 절차탁마(切嗟琢磨)하는 것이다. 그런 뜻에서 공자가어(孔子家語)에 있는 다음 어구는 특별히 되새겨볼 만하다.

"좋은 약은 입에 쓰나 병에 이롭고, 충고의 말은 귀에

절차탁마(切嗟琢磨) : '옥돌을 자르고 줄로 쓸고 끌로 쪼고 갈아 빛을 내다'라는 뜻으로, 학문이나 인격을 갈고 닦음.

거슬리나 행하는 데에 이롭다(良藥苦於口而利於病 忠言逆於
耳而利於行)."

膠柱鼓瑟 ❖ 교주고슬

기둥(비파나 거문고의 기러기발)을 풀로 붙여 놓고 거문고
를 탄다는 뜻으로, 어떤 규칙에 얽매여 변통(變通)을 모르
는 것, 또는 고집불통을 비유하는 말이다.

| 풀이 | 조나라 명장 조사(趙奢)에게 괄(括)이라고 하는
아들이 있었다. 그는 어릴 때부터 병서에 밝아 가끔 아버
지와 용병(用兵)에 관해 토론을 하면 오히려 아버지가 이
론에 몰리곤 하였다. 조사의 부인이 아들의 총명함을 보
고 장군의 집에 장군이 났다면서 기뻐하자 조사는 이렇게
타일렀다.

"전쟁이란 생사가 달린 결전으로 이론만 가지고 승부가
결정되는 것은 아니오. 철없이 이론만 가지고 가볍게 이
러니저러니 하는 것은 장수로서 가장 삼가야 할 일이오.
앞으로 괄이 장군이 된다면 조나라는 큰 변을 당하게 될
터이니 오히려 걱정이오."

그 뒤 진나라가 조나라를 침략해 왔다. 명장 염파가 나
가 싸웠으나 싸움은 조나라에 불리하게 전개되었다. 염파
는 힘이 모자라는 것을 알자 진지를 굳게 다지고 방어에

出典 : 〈사기(史記)〉 염파
(廉頗) 인상여열전(藺相如
列傳)

변통(變通) : 그때그때의 상
황에 따라 융통성 있게 일
을 처리함.

염파(廉頗) : 중국 전국시대
조(趙)나라의 훌륭한 장수.
인상여(藺相如)와 문경지교
(刎頸之交)를 맺어, 조에 이
두 사람이 있으므로 해서 진
나라가 감히 넘보지 못했다.

힘을 기울였다.

그러자 진나라는 첩자를 들여보내 헛소문을 퍼뜨렸다.

"진나라 사람들은 조사의 아들 조괄이 조나라 대장이 되면 어쩌나 하고 겁을 먹고 있다. 염파는 이제 늙어서 싸움을 회피만 하고 있기 때문에 조금도 두렵지가 않다."

이 헛소문에 귀가 솔깃해진 조나라 왕은 염파 대신 조괄을 대장에 임명하려 했다. 그때 인상여가 반대하고 나섰다.

"대왕께서 이름만 듣고 조괄을 쓰려 하시는 것은 마치 기둥을 아교로 붙여 두고 거문고를 타는 것과 같습니다. 괄은 그의 아버지가 전해 준 책을 읽었을 뿐으로 때에 맞추어 변통할 줄을 모릅니다(王以名使括 若膠柱而鼓瑟耳 括徒能讀其父書傳 不知合變也)."

그러나 임금은 인상여의 말을 듣지 않고 조괄을 대장에 임명했다. 조괄은 대장이 되는 그날로 자기가 알고 있는 병서의 가르침에 따라 전부터 내려오는 군령들을 전부 뜯어 고쳤다. 그리고 참모들이 말하는 작전과 의견을 하나하나 병법을 들어 반박하고 자기 주장대로만 밀고 나갔다. 그러다가 결국 조괄은 대참패를 당하고 조나라를 큰 위험에 빠지게 했다.

狡兎死良狗烹 ❖ 교토사양구팽

교활한 토끼가 잡히면 충실한 사냥개가 삶겨져 먹힌다

회피(回避) : ① 몸을 피하여 만나지 않음. ② 책임을 지지 않고 꾀를 부림.

인상여(藺相如) : 중국 전국시대 조나라의 명신(名臣). 염파와 문경지교를 맺어 함께 조나라를 융성하게 했다.

군령(軍令) : 군사상의 법령이나 형벌.

出典 : 〈사기(史記)〉 회음후

는 뜻으로, 쓸모가 없어지자 언제 그랬냐는 듯 없애버림을 말한다.

| 풀이 | 초패왕(楚覇王) 항우(項羽)가 망하고, 천하는 한(漢)에게 돌아갔다. 한왕 유방(劉邦)이 제위에 올라 한고조가 되었다. 그 이듬해의 일로서 조서가 제후에게 내려졌다.

"짐은 이제부터 운몽포(雲夢浦)로 유행(遊幸)한다. 그대들은 수행채비를 갖추고 초(楚)의 진에 모여라."

여기에는 까닭이 있다. 당시 한신(韓信)이 초왕으로 봉해져 있었으나 그 한신의 밑에는 항우의 용장이었던 종리매(鍾離昧)가 있었다.

그 전 싸움에서 종리매 때문에 여러 번 고전을 한 고조는 한신에게 그를 체포할 것을 명했으나, 전부터 종리매와 친교가 있던 한신은 도리어 그를 숨겨주고 있었다. 이 사실을 상소한 자가 있었으므로 고조는 진평(陳平)의 책략에 따라 유행을 구실로 제후의 군을 소집한 것이다.

사태가 이렇게 되자 한신은 '나에게는 아무런 죄도 없다.'고 생각하고 자진해서 배알하려고 했다. 그러자 약삭빠른 가신이 한신에게 속삭였다.

"종리매의 목을 가지고 배알하시면 폐하도 기뻐하시고, 주군께서도 우려하실 사태가 없어지실 것입니다."

옳다고 생각한 한신은 그 말을 종리매에게 했다. 그러자 종리매는 "고조가 초를 침범하지 못하는 것은 자네 밑에 내가 있기 때문이네. 그런데 자네가 나를 죽여 고조에

유행(遊幸) : 임금이 대궐 밖으로 거동하는 것.

진평(陳平) : 중국 한(漢)나라 초기의 공신. 항우의 신하였다가 고조 유방에게로 옮긴 후 누차 지모(知謀)로써 고조의 통일 사업에 이바지했다.

게 미태를 보인다면 자네도 얼마 안 가서 당할 것일세. 자네는 정말 한심한 일을 생각했군. 내가 자네를 잘못 보았네. 자네는 도저히 남의 장(長)이 될 그릇이 아니군. 좋아, 내가 죽어 주지."

하고는 스스로 목을 쳐 죽었다.

한신은 종리매의 목을 가지고 진으로 갔으나 과연 모반 자라는 죄목으로 체포되고 말았다. 한신은 분에 못 이겨 이렇게 울부짖었다.

"아아, '교토가 죽자 양구가 삶겨지고, 비조(飛鳥)가 없어지자 양궁이 감추어지고, 적국이 파멸되어 모신이 망한다(狡兎死良狗烹 飛鳥盡良弓藏 敵國破謀臣亡).'고 하더니 참으로 그렇도다. 천하가 평정되니 두려운 적이 없어진 지금, 교활한 토끼를 다 잡아버리면 주인에게 충실한 사냥개가 삶겨져 그 주인에게 먹히듯이 온갖 힘을 다해 한나라를 섬긴 내가 이번에는 고조의 손에 죽는구나."

그러나 고조는 한신을 죽이지 않았다. 그 대신 초왕에서 회음후(淮陰侯)로 좌천시켰기 때문에 이후 한신은 회음후로 불리게 되었다.

口尙乳臭 ❖ 구상유취

입에서 아직 젖내가 난다는 뜻으로, 상대가 어리고 말과 행동이 유치함을 얕잡아 일컫는 말이다.

미태(媚態) : 아양을 부리는 태도.

모신(謀臣) : 슬기와 꾀가 있는 신하. 모략에 능한 신하를 말함.

出典 : 〈사기(史記)〉 고조기 (高祖紀)

| 풀이 | 한왕이 한신을 시켜서 위왕 표를 치게 하면서 물었다.

"위나라의 대장이 누구인고?"

좌우의 사람들이 대답했다.

"백직(柏直)입니다."

그러자 한왕이 말했다.

"입에서 젖비린내가 나는구나. 어찌 우리 한신을 당해낼 수 있겠는가(漢王以韓信擊魏王豺 問魏大將誰 左右對曰 柏直 漢王曰 是口尙乳臭 安能當吾韓信)."

여기에서부터 유래된 구상유취(口尙乳臭)는 당랑거철(螳螂拒轍)과 같이 분수없이 날뛰는 자 또는 적수가 되지 않는 자를 얕잡아 일컬을 때에 흔히 쓰이게 되었다.

國士無雙 ❀ 국사무쌍

出典 : 〈사기(史記)〉 회음후
열전(淮陰侯列傳)

한 나라 안에서 경쟁할 만한 자가 없는 사람이란 뜻으로, 둘도 없는 뛰어난 인재를 이르는 말이다.

| 풀이 | 진(秦)이 멸망하고 초패왕 항우와 한왕 유방이 천하를 다투고 있을 때의 일이다. 초군의 위세에 눌려 파촉(巴蜀)의 땅에 몰리고 있었던 한군 속에 한신이란 사람이 있었다.

처음에 한신은 초군에 속해 있었으나 아무리 군략을 헌

헌책(獻策) : 일에 대한 방
책을 드림.

책해도 항우가 채택해 주지 않으므로 도망쳐 나와 한군에 투신했다. 아직 유방에게는 알려질 기회가 없었으나 우연히 부장(部將) 하후영(夏侯嬰)의 눈에 들어 치속도위(治粟都尉)로 추천되었다. 병량(兵糧)을 관리하는 직책으로 그는 다시 승상인 소하(蕭何)와 알게 되었다. 한신은 대망을 품고 있었으며 또 그에 걸맞는 재능을 감추고 있었는데, 역시 소하는 그것을 알아보고 은근히 기대를 걸었다.

그 무렵, 유방을 따르는 부장들 중에 향수에 젖어서 도망치는 자가 상당히 있었다. 따라서 군중에 동요의 빛이 보이기 시작했다. 그 도망병에 한신도 섞였다. 영재라고 자부하는 바가 컸던 그는 치속도위 정도로 도저히 만족할 수가 없었던 것이다.

한신이 도망쳤다는 소식이 전해지자, 소하는 급히 그 뒤를 쫓았다. 그러나 소하도 도망쳤다고 지레짐작을 한 자가 있어 유방에게 그 보고가 전해졌다. 유방은 좌우의 팔을 잃은 것같이 낙담하였으며 노여움 또한 컸다. 그런데 이틀쯤 지나 소하가 돌아왔다. 그 얼굴을 보고 유방은 기뻤으나 화를 내며,

"승상인 자가 왜 도망을 쳤나?"

"도망친 것이 아닙니다. 도망친 자를 쫓아갔었습니다."

"누구를 말인가?"

"한신입니다."

"뭐, 한신? 지금까지 부장으로서 도망친 자가 열 명 정도나 되는데 경은 그 중 한 사람이라도 뒤쫓은 일이 있는가?

병량(兵糧) : 군량.

영재(英才) : 탁월한 재주, 또는 그러한 사람.

낙담(落膽) : ① 잔뜩 바라던 일이 뜻대로 되지 않아 마음이 몹시 상함. ② 너무 놀라서 간이 떨어지는 듯함.

그런데 이름도 없는 한신의 뒤를 쫓다니, 거짓말이겠지?"

"이제까지 도망친 부장들 정도의 인물이라면 얼마든지 찾아낼 수 있습니다. 주공께선 이름도 없는 한신이라고 하시지만, 그것은 한신을 모르기 때문입니다. 한신은 실로 국사무쌍이라고 칭찬할 만한 인물입니다. 주공께서 이 파촉을 영유하시는 걸로 만족하신다면 한신이란 인물은 필요하지 않습니다. 만약 동방으로 진출해서 천하를 다투실 것을 희망하신다면 한신 이외에는 같이 군략을 꾀할 사람이 없습니다. 한신이 필요한지 아닌지는 주공이 천하를 바라시는지 아닌지에 따라 결정될 일입니다."

이렇게 해서 한신은 한의 대장군이 되었다. 마침내 영재(英才)를 휘두를 수 있는 발판이 마련된 것이다.

영유(領有) : 점령하여 소유함.

군략(軍略) : 군대의 운용에 관한 계략.

跼蹐 ❖ 국척

出典 : 〈시경(詩經)〉 소아정월(小雅正月)

머리가 하늘에 닿는 것이 두려워 하늘에 대해 등을 구부리고 땅이 꺼질 것이 두려워 땅에 대해 조심스럽게 발걸음을 내딛는다는 뜻으로, 겁이 많아서 몸둘 바를 모르는 상대를 형용한 말이다.

┃풀이┃국척이란 말은 〈시경〉 속의 소아(小雅)라는 주나라 조정의 아가(雅歌)를 수록한 것 중 '정월(正月)'이란 시의 구절(句節)로,

하늘이 제아무리 높다 해도
몸굽히지 않고는 살 수 없다네
제아무리 땅이 단단하고 두텁다 해도
감히 조심해서 걷지 않을소냐
여기에 이렇게 말하는 것은
뜻이 있었기 때문이니
슬프다, 오늘날 사람들의
도마뱀 모양 떨고 있음이여

謂天蓋高
不敢不跼
謂地蓋厚
不敢不蹐
維號斯言
有倫有脊
哀今之人
胡爲虺蜴

라고 되어 있어 간신들이 국정을 어지럽히고 뜻있는 선비가 높은 하늘에 몸을 굽히고, 단단한 땅을 조심스럽게 걸어 화를 입지 않으려고 겁을 먹고 떨고 있다는 뜻으로 쓰이고 있다. 또 누가 까마귀의 자웅을 알겠는가(誰知烏之雌雄)란 말도 이 '정월' 속의 구로, 〈시경〉의 통례인 사언(四言)이 아니라 육언(六言)으로 되어 있다. 간신이 권력을 쥐고 있으므로, 왕이 고로(故老)나 복관(卜官)에게 무엇을 물어도 진실을 대답할 리가 없으니 어느 누가 까마귀의 자웅을 알겠는가, 즉 누가 간신과 의신을 구별할 수 있겠는가라는 의사(義士)의 한탄을 호소한 말이다.

고로(故老) : 늙고 사리에 밝은 사람. 늙고 덕망이 있는 사람.

群鷄一鶴 ❖ 군계일학

닭무리 가운데 한 마리의 학이란 뜻으로 유독 뛰어난 것, 즉 많은 범인(凡人) 속에 한 사람의 뛰어난 인물이 섞

出典 : 〈진서(晉書)〉혜소전 (嵇紹傳)

여 있는 것을 비유하는 말이다.

| 풀이 | 혜소(嵇紹)의 자는 연조(延祖)라 하는데, 죽림칠현(竹林七賢)의 한 사람으로서 유명한 위(魏)의 중산대부(中散大夫) 혜강(嵇康)의 아들이다.

소(紹)는 열 살 때, 아버지가 무고한 죄로 형장의 이슬로 사라진 후 어머니를 모시고 근신하고 있었으나, 망부의 친우이며 칠현(七賢)의 한 사람인 산도(山濤)가 당시 이부(吏部)에 있을 때 무제(武帝)에게 상주하였다.

"강고(康誥)에 부자의 죄는 서로 미치지 않는다고 적혀 있습니다. 혜소는 혜강의 아들이긴 하나 그 영특함이 춘추시대의 진(晉)나라 대부인 극결(郤缺)보다 더하면 더했지 못하지는 않습니다. 부디 부르셔서 비서랑(秘書郎)을 시키십시오."

"경이 추천하는 사람 같으면 승(丞)이라도 족하겠지. 반드시 낭(郎)이 아니라도 좋지 않겠는가."

황제는 그를 비서랑보다 한 등급 위인 비서승(秘書丞)이란 관직에 오르게 했다.

소가 처음으로 낙양에 들어갔을 때 어떤 사람이 칠현의 한 사람인 왕융(王戎)에게 말했다.

"어제 많은 사람들 틈에서 처음으로 계소를 보았는데 의기도 높은 것이 아주 늠름하며, 독립불기(獨立不羈)한 들학이 닭 무리 속으로 내려앉은 것 같았네(昂昂然 野鶴如在 鷄群)."

죽림칠현(竹林七賢) : 중국 진(晉)나라 초기에 노자(老子)·장자(莊子)의 허무의 학을 숭상하여 죽림에 모여 청담(淸談)을 일삼았던 일곱 명의 선비. 곧 산도·왕융·유령(劉伶)·완적(阮籍)·완함(阮咸)·혜강·상수(向秀).
망부(亡父) : 세상을 떠난 아버지.
상주(上奏) : 임금에게 말씀을 올림.

독립불기(獨立不羈) : 독립하여 아무것에도 매이지 않음.

59

그러자 왕윤이 대답했다.

"자네는 아직 그의 아버지를 본 적이 없어서 그래."

여기서 군계일학이라는 말이 나왔다. 어쨌든 이것으로 보더라도 역시 그 아버지만큼의 기량은 없었는지 모르나 나중에 큰 인물이 되었다.

기량(器量) : 사람의 재능과 도량.

君子三樂 ❖ 군자삼락

군자의 세 가지 즐거움이란 뜻으로 이를 어떤 이들은 인생에 있어서의 가장 큰 즐거움이라고 하여 인생삼락(人生三樂)이라고 하기도 하다.

出典 :〈맹자(孟子)〉진심장(盡心章)

| 풀이 | "군자에겐 세 가지 즐거움이 있다. 그러나 천하를 다스리는 왕이 되는 것은 이 세 가지 속에 들어 있지 않다. 부모가 모두 살아 계시고 형제가 무고한 것이 첫째 즐거움이요, 하늘을 우러러 부끄럼이 없고 사람을 굽어보아도 부끄럽지 않음이 둘째 즐거움이요, 천하의 영재를 얻어 교육하는 것이 셋째 즐거움이다(君子有三樂 而王天下不與在焉 父母俱存兄弟無故一樂也 仰不愧於天俯不怍於人二樂也 得天下英才敎育之三樂也)."

捲土重來 ❖ 권토중래

出典 : 두목(杜牧)의 시 〈제
오강정(題烏江亭)〉

흙먼지를 날리며 다시 온다는 뜻으로, 한 번 실패한 사
람이 분기하여 다시 세력을 되찾는다는 말이다.

| 풀이 | 문헌상에서도 항우(項羽)는 심심치 않게 문제시
되어 그에 대한 인물평은 상당히 많다. 여기 소개하는 것
은 만당(晩唐)의 시인으로 두보(杜甫)에 대해 소두(小杜)라
고 칭하던 두목(杜牧)의 시로 항우를 읊은 시 중에서는 특
히 유명하다.

만당(晩唐) : 한시상(漢詩
上) 당대(唐代)를 네 등분한
맨 끝 시대.

勝敗兵家不可期   승패는 병가도 기할 수 없는 것
包羞忍恥是男兒   수치를 참을 수 있음이 바로 남아라
江東子弟多俊才   강동의 자제에는 준재가 많으니
捲土重來未可知   흙먼지를 일으키며 다시 왔으면 승패는 없었을 터인데

이 시에서 오강은 항우가 정장(亭長)에게서 "강동(江東)
으로 돌아가 재기하라."는 권고를 받은 곳으로, 항우는
"패전한 몸으로 강동의 부형(父兄)을 대할 면목이 없다."
고 하며 스스로 자기 목을 쳤다.

항우가 죽은 지 천여 년이란 세월이 지난 후 두목이 오
강을 바라보는 나루터에 서서 항우의 인품을 그리며 너무
나도 빠른 그의 죽음(31세)을 애석해했다. 항우는 단순하
고 격한 성격의 소유자였으나 일면 우희(虞姬)와의 별리(別
離)에서 보듯 인간적인 매력이 있었다.

별리(別離) : 이별.

그래서 두목의 시에는 "강동의 부형에 대한 수치를 참고 견디었더라면 강동의 자제 중에는 우수한 인재가 많으므로 만회할 가능성이 있었을지도 모르지 않는가." 하고 항우를 애석하게 여기는 정이 넘쳐 흐르고 있음을 알 수 있다.

錦上添花 ◈ 금상첨화

비단 위에 꽃을 더한다는 뜻으로, 좋은 일에 또 좋은 일이 더한다는 말이다. 반대로 더욱더 일이 악화된다는 뜻을 지닌 설상가상(雪上加霜)이 있다.

出典 : 왕안석(王安石)의 〈즉사(卽事)〉

| 풀이 | 이 시는 왕안석이 만년에 정계(政界)를 떠나 남경(南京)의 한적한 곳에 은거해 살 때 지은 것으로 추측된다. '즉사'란 보고 느낀 대로 즉석에서 읊은 즉흥시를 말한다.

강은 남원을 흘러 언덕 서쪽으로 기우는데
바람엔 맑은 빛이 있고 이슬에는 꽃이 있다
문 앞의 버들은 옛사람 도령의 집이요
우물가의 오동은 전날 총지의 집이다
좋은 모임에서 잔 속의 술을 비우려 하는데
고운 노래는 비단 위에 꽃을 더한다
문득 무릉의 술과 안주를 즐기는 손이 되어
내의 근원엔 응당 붉은 노을이 적지 않으리라

河流南苑岸西斜
風有晶光露有華
門柳故人陶令宅
井桐前日總持家
嘉招欲覆盃中渌
麗唱仍添錦上花
便作武陵樽俎客
川源應未少紅霞

이 시에서의 비단은 술자리와 근처 풍경을 가리키고 꽃은 고운 노래를 뜻한다.

琴瑟相和 ❖ 금슬상화

出典 : 〈시경(詩經)〉소아 (小雅) 상체편(常棣篇)

금(琴)은 거문고, 슬(瑟)은 비파로 이 둘을 탈 때 음률이 잘 어울려 양자의 울림이 잘 화합한다는 뜻이다. 흔히 부부간의 의좋음을 일컫는다.

| 풀이 | 소아(小雅) 상체편(常棣篇)은 한 집안의 화합함을 노래한 8장으로 된 시로, 이 시의 제7장에 다음과 같이 나와 있다.

妻子好合　　　처자가 좋게 합하는 것이
如鼓瑟琴　　　비파와 거문고를 타는 것과 같고
兄弟歸翕　　　형제가 이미 합하여
和樂且湛　　　화락하고 또 즐겁다

여기서 금슬을 슬금이라고 바꿔놓은 것은 운을 맞추기 위함이다. 거문고와 비파를 타면 음률이 어울려 양자의 울림이 서로 화합해서 즐거운 분위기를 자아내듯 아내와 뜻이 잘 맞음을 말하는데, 여기서 처자란 아내와 자식의 뜻으로도 해석될 수 있다. 또 같은 〈시경〉 관저편(關雎篇)은 모두 5장으로 되어 있는데 제4장에 "요조숙녀(窈窕淑

女)를 금슬로써 벗한다(琴瑟友之)."고 읊고 있다. 이는 조용하고 얌전한 처녀를 아내로 맞아 거문고와 비파를 타듯 서로 사이좋게 지낸다는 뜻이다. 여기서 부부간의 정을 금슬로 표현하게 되었고, 부부간의 금슬이 좋은 것을 금슬상화라고 이르게 되었다.

錦衣夜行 ✦ 금의야행

비단옷을 입고 밤길을 간다는 말로, 아무리 내가 출세하고 잘해도 남이 알아주지 않음을 뜻한다.

出典 : 〈한서(漢書)〉 항적전(項籍傳)

| 풀이 | 유명한 홍문연(鴻門宴)이 있은 지 수일 후의 일이다. 항우가 유방(劉邦)과 진(秦)의 수도인 함양(咸陽) 입성을 다투다가 드디어 목적을 이루고 득의만면하여 함양으로 입성했는데, 이때 유방과는 대조적인 그의 성격이 잘 나타난다.

홍문연(鴻門宴) : 초나라의 항우가 한나라 유방을 잡기 위해 홍문에서 베푼 잔치.

그는 우선 유방이 살려준 진왕의 아들 영(嬰)을 죽여 버렸으며 진의 궁전을 불태웠다. 3개월간 불탔다고 하는 그 불을 안주삼아 그는 미녀를 끼고 놀며 전승을 축하했다. 또 그의 조부 항연(項燕)의 죽음을 생각하고 시황제의 무덤을 파헤쳤으며 유방이 봉인해 놓은 재물을 약탈했다. 그리고 자주 동쪽 하늘을 바라보곤 했다.

전승(戰勝) : 싸워 이김.

모처럼 제왕으로의 제일보를 내디디면서 스스로 그 발

밑을 무너뜨리는 듯한 그 행동을 보고 모장(謀將) 범증(范增)이 간했으나 그는 듣지 않았다. 오랜 싸움 끝에 그는 망향의 그리움에 사로잡히고 있었다. 그래서 진에서 약탈한 재물과 미녀를 다 거두어 고향으로 돌아가고자 했던 것이다. 한생(韓生)이란 자가 그것을 간했다.

"관중(關中)은 산하가 조격되어 사면이 막혀 있어 지세가 견고할 뿐 아니라 토질도 비옥하니 이곳을 도읍으로 정하여 천하의 패권을 잡고 제후들에게 호령해야 합니다."

조격(阻隔) : 막혀서 서로
통하지 못함.

그러나 항우의 눈에 비친 함양은 불타다 남은 궁전, 마구 파괴된 황량한 초토일 뿐이었다. 그보다도 빨리 고향으로 돌아가 자기의 성공을 과시하고 싶었다. 그래서 그는 동쪽 하늘을 바라보며 말했다.

초토(焦土) : 불타다 없어진
자리나 남은 재.

"부귀를 이루고도 고향으로 돌아가지 않는 것은 비단옷을 입고 밤에 걷는 것과 같다. 누가 이것을 알소냐(富貴不歸故鄕 如衣錦夜行 誰知文者)."

한생은 항우의 면전에서 물러나와 사람들에게 말했다.

"초나라 사람들은 원숭이로서 겨우 관(冠)을 썼을 뿐이라는 말이 있는데 이는 틀림없는 말이다."(원숭이는 관이나 띠를 둘러도 오래 참지 못하는 점에 비유한 말.)

이 말이 항우의 귀에 들어가자 한생은 즉석에서 피살되고 말았다. 이렇게 해서 항우는 한때의 성공에 취하여 부귀를 향리에 과시하려다가 얼마 안 가서 천하를 유방에게 빼앗겼다.

향리(鄕里) : 나서 자란 고
향 마을.

"비단옷을 입고 밤에 간다."는 〈한서〉의 항적전(項籍傳)

65

에 기록된 말이며, 〈사기〉의 항우본기(項羽本紀)에서는 '錦'이 '繡'로 되어 있다.

杞憂 ❖ 기우

기인지우(杞人之憂)의 준말. 기(杞)나라 사람의 근심이란 뜻으로 공연히 쓸데없는 걱정이나 무익한 근심을 말한다.

出典 : 〈열자(列子)〉 천서편 (天瑞篇)

| 풀이 | 기국(杞國)에 어떤 사나이가 있었다. 그 사나이는 만약 천지가 붕괴한다면 몸둘 곳이 없어진다고 걱정하며 밤에도 잠을 이루지 못하고 밥도 목으로 넘기질 못하며 걱정만 하고 있었다. 그러자 사정을 딱하게 여긴 한 친구가 찾아와 이렇게 설명하였다.

"하늘은 공기가 쌓인 것일 뿐으로 공기가 없는 곳이란 있을 수 없지. 몸을 구부렸다 폈다 하는 것도 언제나 하늘 속에서 하고 있는 것이니, 하늘이 무너진다는 걱정은 할 필요가 없네."

"하늘이 정말 공기가 쌓인 것이라면 일월성수(日月星宿) 같은 것이 떨어지지 않겠는가?"

"일월성수 역시 쌓인 공기 속에서 빛나고 있는 것으로 떨어진다고 해도 맞아서 다치는 일은 없네."

일월성수(日月星宿) : 해와 달과 별. 일월성신(日月星辰).

"왜 대지는 파괴되지 않지?"

"대지는 흙덩이가 쌓인 것뿐이라네. 그것이 사방에 꽉

차서 흙이 없는 곳은 없지. 뛰거나 달리거나 항상 지상에 있지 않은가. 왜 대지가 파괴되는 것을 걱정하나?"

그러자 사나이는 속이 후련해져 크게 기뻐했다고 한다.

열자는 이 소리를 듣고 웃으면서 말했다.

"천지가 파괴되지 않는다고 말하는 자도 역시 잘못이다. 파괴되느니 안 되느니 하는 것은 우리들로서 알 수 없는 것이다. 그러나 파괴된다고 하는 자에게도 하나의 도리가, 파괴되지 않는다고 말하는 자에게도 하나의 도리는 있다. 그러므로 생(生)은 사(死)를 모르고 사는 생을 모른다. 장래는 과거를 모르고 과거는 장래를 모른다. 천지가 파괴되느니 안 되느니 하는 것을 우리가 어떻게 마음을 두고 고려하겠는가."

열자(列子) : 중국 전국시대 초기의 철인(哲人). 이름은 어구(禦寇). 사상적으로는 도가(道家)에 속함.

騎虎之勢 ✦ 기호지세

호랑이를 타고 가다가 도중에 내리게 되면 잡아 먹히고 만다는 것으로, 일을 계획하고 시작한 이상 도중에 그만두어서는 안 되며, 또 그만둘 수도 없는 설박한 상태를 말한다.

出典 : 〈수서(隋書)〉 독고황후전(獨孤皇后傳)

설박(切迫) : 일이나 사정이 다급하여 여유가 없음.

| 풀이 | 남북조시대로 북조 최후의 왕조인 북주(北周)의 선제(宣帝)가 죽자 외척인 한인(漢人) 양견(楊堅)은 뒤처리를 하기 위해 궁중으로 들어갔다. 양견은 재상으로서 정

치를 총괄하고 있었으나 언제나 자기 나라가 이민족에게 점령당하고 있는 것을 원통하게 생각하며, '기회만 있으면 다시 한인의 천하로 만들겠다.'고 마음을 다지곤 했다.

그러던 차에 선제가 죽었다. 아들이 아직 어리고 그리 영특하지도 못했으므로 제위를 양도시켜 수(隋)나라를 세웠다. 때는 서력 581년으로 양견은 그로부터 8년 후에 남조의 진(陳)을 멸망시켜 천하를 통일했다. 그가 수의 고조 문제(文帝)이다.

이 문제의 황후인 독고황후(獨孤皇后)는 전부터 남편의 대망을 들어 알고 있었으므로 선제가 죽고 남편이 마침내 북주의 천하를 빼앗기 위해 궁중으로 들어가 분주획책(奔走劃策)하고 있을 때 사람을 보내어 말을 전했다.

"하루 천 리를 달리는 호랑이를 탄 이상 도중에서 내릴 수는 없습니다(騎虎之勢不得下虎). 도중에 내리면 잡아 먹히고 말 것입니다. 호랑이와 함께 최후까지 가지 않으면 안 됩니다. 이미 대사를 일으키시고자 착수한 이상 도중에 꺾여서는 안 됩니다. 반드시 목적을 달성하시도록 애써 주십시오."

양견이 용기를 북돋워 주는 아내의 말에 격려된 것은 말할 나위도 없다.

황후는 하남(河南) 사람, 북주 대사마(大司馬)인 하내공(河內公) 신(信)의 딸이다. 신은 양견을 큰 인물로 보고 딸이 14세 때 시집을 보냈다. 그녀는 영특하여 황후가 된 후 여걸다운 솜씨를 발휘했다. 그래서 당시 사람들은 "조정

분주획책(奔走劃策) : 매우 바쁘게 계책을 짬.

에 두 성인이 있다."고까지 했다고 한다. 두 성인이란 두 천자를 뜻한다.

奇貨可居 ※ 기화가거

出典 : 〈사기(史記)〉 여불위 열전(呂不韋列傳)

기화(奇貨)는 기이한 보화라는 뜻이니 진기한 물건을 사서 잘 보관해 두면 뒤에 큰 이익을 본다는 뜻으로, 좋은 기회를 놓치지 말라는 말이다.

정수(精髓) : 사물의 가장 중심이 되는 뛰어난 부분.

| 풀이 | 전국시대 말기에 조(趙)의 수도 한단(邯鄲)은 나라의 쇠퇴에도 아랑곳없이 중원 문화의 정수를 모아 상업이 번창하였으며 왕래하는 다른 나라 사람들도 많았다. 여불위(呂不韋)는 한(韓)의 수도 양적(陽翟)의 거상으로 한단에 자주 드나들었는데, 우연히 진(秦)나라의 태자 안국군(安國君)의 서자인 자초(子楚)가 인질로 이곳에 살고 있다는 것을 알았다.

자초는 안국군의 아들 20여 명 중 하나로, 진이 조나라를 침략하지 않는다는 조건으로 인질로 와서 살게 된 것이다. 그러나 진나라가 약속과는 달리 조나라를 자주 침략했기 때문에 자연히 자초에 대한 대우가 갈수록 나빠져만 갔다.

인질(人質) : 한 나라가 다른 나라에 대하여 침략하지 아니할 약속의 담보로 왕자를 그 나라에 맡겨 두던 일. 볼모.

이 사실을 안 여불위는 문득 이런 생각을 하였다.

'이 기화를 잡아두자(奇貨可居). 이것은 뜻밖의 횡재이

횡재(橫財) : 뜻밖에 재물을 얻음, 또는 그 재물.

다. 잡아두면 머지않아 큰 이익이 될 것이다.'

여불위는 자초의 집을 찾아가 자초에게 말했다.

"소양왕도 이젠 나이가 나이니만큼 머지않아 당신의 아버님이신 안국군께서 진왕이 되실 겁니다. 그러나 정비 화양부인에게는 자손이 없습니다. 당신까지 합해 20여 명의 서자분들이 계시지만 그 중에서 누구를 태자로 택하겠습니까? 솔직한 말로 당신은 유리한 입장에 놓여 있다고는 할 수 없습니다. 그러니 지금부터 당신을 태자로 세울 계획을 세워야 합니다."

이렇게 하여 자초와 뒷날을 굳게 약속한 여불위는, 진으로 가서 그를 화양부인의 아들로 입양시켜 안국군의 후사를 잇게 하는 데 성공했다.

여불위의 재력과 웅변은 한낱 불우한 서자였던 자초를 태자로 삼는 데 마침내 성공한 것이다. 그리고 자기의 아이를 임신 중인 조희(趙姬)를 순진한 자초에게 시집보냄으로써 자기의 핏줄을 왕좌에 앉게 하였다. 바로 그가 시황제로 여불위의 야망은 훌륭하게 달성된 것이다. 자초라는 기화(奇貨)는 여불위 때문에 값어치가 있게 된 것이다.

정비(正妃) : 왕의 정실(正室)인 왕비.

洛陽紙價貴 ◈ 낙양지가귀

出典 : 〈진서(晋書)〉 문원전
(文苑傳)

낙양(洛陽)의 종이값이 오른다는 뜻으로, 저서가 호평을 받아 매우 잘 팔리는 것을 일컫는 말, 즉 베스트셀러가 되는 것을 말한다.

좌사(左思) : 3세기 후반의 중국 진(晋)나라의 시인. 시에 뛰어났으나 글쓰는 것이 매우 느렸다 함.
구변(口辯) : 언변. 말솜씨.
상종(相從) : 서로 따르며 친하게 교제함.

| 풀이 | 삼국시대 다음의 서진(西晋)이라고 불리던 때 좌사(左思)라는 사람이 있었다. 얼굴이 못생긴데다 구변도 없어, 남들과 상종을 않고 혼자서 쓸쓸하게 살고 있었다. 그러나 자기 고향인 제(齊)나라 지방에 대한 〈제도의 부(齊都之賦)〉라는 서사시를 지어 이름이 알려지자 자신이 생긴 듯, 이번에는 〈삼도의 부(三都之賦)〉를 지어 보겠다고 결심했다.

삼도란 삼국시대의 세 개의 도읍, 곧 위나라의 업(鄴), 오나라의 건업, 촉나라의 성도(成都)를 말한다. 집안도 좋지 않고 가난하며, 남에게서는 멍청이 취급을 받기 일쑤인 얼굴, 서기다 구변이 없는 그는 좀체로 뜻하는 지위에 나갈 수 없었으므로 득의로 하는 부(賦)의 형식으로 이 세 도읍의 활기찬 모습을 노래로 지어 세상의 귀족들을 깜짝 놀라게 해주고자 생각했던 것이다.

득의(得意) : 뜻을 이룸. 또는 바라던 대로 되어 의기가 오름.

그래서 그는 도읍인 낙양으로 이사하여 살면서 구상을 했다.

방에는 물론 뜰에까지 종이와 붓을 놓아 두고 떠오르는 글귀가 있으면 곧 써두었다. 그렇게 하기를 10년, 마침내 〈삼도의 부〉가 완성되었다.

집안도 좋고 재능도 남달리 뛰어난 것이 걱정이 된다고 남들에게 말을 듣고 있던 육기(陸機)는 자기가 노리고 있는 것과 똑같은 시를 좌사가 짓고 있다는 말을 듣고, '그처럼 종이를 허비해도 술독을 봉하는 휴지로 쓰이는 것이 고작일 테지.' 하며 비웃었으나 좌사가 지은 시를 읽어 본 후로는 시를 짓는 일을 그만두어 버렸다고 한다.

그런 작품이었으므로 그때의 유명한 시인이 서문을 쓰고 또 주를 달기에 이르렀으니, 귀족이나 부자들은 서로 다투어 〈삼도의 부〉를 복사했다. 그때는 아직 인쇄술이 발달하지 않아서 종이를 사서 복사하였으므로 날로 인기가 더하자 마침내는 도읍지인 낙양의 종이값이 올라가고 말았다는 것이다.

육기(陸機) : 중국 진(晉)나라의 문인. 동생인 육운(陸雲)과 더불어 이륙(二陸)이라 칭송됨.

難兄難弟 ❈ 난형난제

형 노릇 하기도 어렵고 동생 노릇 하기도 어렵다는 뜻으로, 어느 편이 더 낫다고 말하기가 곤란한 경우에 사용하는 말이다.

出典 : 〈세설신어(世說新語)〉방정편(方正篇)

| 풀이 | 후한 때의 일이다. 진식(陳寔)이 친구와 자기 집

에서 만나 함께 어디에 가자는 약속을 한 일이 있었다. 한 낮으로 시간을 정해 두었는데 시간이 지나도록 친구가 나타나지 않자 진식은 먼저 떠나고 말았다. 뒤늦게 찾아온 친구는 문 밖에서 놀고 있는 진기에게 아버지가 집에 있느냐고 물었다.

"아버님께서는 손님 오실 때를 기다리시다가 오시지 않으므로 먼저 떠나셨어요."

하고 진기가 대답하였다.

친구는 화를 버럭 내며 "돼먹지 않은 녀석 같으니라구. 약속을 해두고 혼자서 먼저 가버리다니! 세상에 그런 법이 어디 있담."

하고 욕을 해댔다.

그러자 진기가 이렇게 대꾸를 하는 것이었다.

"손님께선 아버님과 정오에 만나시기로 약속하셨지요? 그런데 낮이 지나도록 오시지 않은 것은 손님께서 **신의**를 저버린 것이 아닐까요? 그리고 자식을 앞에 두고 그 아버지의 욕을 한다는 것은 예의에 벗어난 일이 아닌지요?"

친구는 어린 아이에게 **책망**을 당하는 순간 자신의 잘못을 뉘우치고 얼른 수레에서 내려 사과를 하려 했다. 그러나 진기는 상대를 하지 않고 대문 안으로 들어가 버렸다.

진식에게는 진기 외에 진심이라는 아들도 있었다. 그 진기와 진심의 아들들인 진군과 진충이 서로 자기 아버지의 공적과 덕행을 자랑하며 자기 아버지가 더 훌륭하다고 주장을 했으나 결론이 나지 않았다. 그래서 할아버지인

신의(信義) : 믿음과 의리.

책망(責望) : 허물을 들어 꾸짖음.

진식에게 판정을 내려줄 것을 요구했다.

"원방도 형 되기가 어렵고 계방도 동생 되기가 어렵다(元方難爲兄 季方難爲弟)." 하고 진식은 말했다.

결국 형도 그런 훌륭한 동생의 형 노릇 하기가 어렵고 동생도 그런 훌륭한 형의 동생 노릇 하기가 어려운 형편이니 누가 훌륭하고 누가 못하다는 것을 가릴 수 없다는 이야기이다.

계방(季方) : 남자 동생.

南柯一夢 ❖ 남가일몽

남쪽으로 뻗은 나뭇가지 밑에서 꾼 꿈이란 뜻으로서 널리 꿈의 대명사로 쓰이게 되었으며, 이 뜻이 바뀌어 한때의 부귀와 권세는 꿈과 같다고 하여 사람의 덧없는 일생과 부귀 영화에 비유되어 쓰이기도 한다.

出典 : 이공좌(李公佐)의 〈남가기(南柯記)〉

┃ 풀이 ┃ 당(唐)나라 제9대 덕종(德宗) 때의 일이라 한다. 양자강 하류, 광릉군(강소성)에 순우분(淳于棼)이라는 사나이가 살고 있었다. 그는 원래 협객(俠客)으로 이름을 날려 많은 부하를 거느리고 그 지방 장군의 부관 노릇을 한 적도 있었으나, 술을 좋아하고 사소한 일에는 신경을 쓰지 않는 성격이라 결국 장군과 충돌한 끝에 낙향을 하게 되었다.

순우분의 집에는 아주 큰 느티나무가 있어 널찍한 그늘을 이루었으므로 날마다 친구들과 함께 그 그늘에서 술을

협객(俠客) : 의협심이 있는 남자.

낙향(落鄕) : 서울에서 시골로 거처를 옮기거나 이사함.

마시며 즐기곤 했다.

　어느 날 순우분은 여느 때와 마찬가지로 두 사람의 친구와 나무 그늘에서 술을 마셨는데 그만 도를 지나쳐 만취가 되었다. 그래서 친구들은 그를 눕도록 하고는 자게 하였다. 순우분은 어렴풋이 잠이 들었는데, 문득 앞을 바라보니 자줏빛 옷을 입은 두 관원이 넙죽 엎드려 있었다.

　그들은 머리를 들고 "괴안국(槐安國) 국왕의 어명을 받잡고 모시러 왔습니다." 하고 말했다.

　순우분은 그들을 따라나섰다. 문 밖에는 네 마리의 말이 끄는 마차가 대기하고 있었다. 그들이 마차에 오르자 쏜살같이 달려서 큰 느티나무 뿌리 쪽에 있는 나무 구멍으로 들어가는 것이었다. 그러고는 처음 보는 풍경 속을 수십 리나 달려 '대괴안국(大槐安國)'이라고 쓰인 금색 현판이 걸려 있는 성문을 지나 화려한 도성으로 들어갔다. 그리고 국왕 앞으로 안내되었다.

　국왕은 매우 기뻐하며 그를 부마로 맞이할 뜻을 비쳤다. 그의 부친은 일찍이 북쪽 변방의 장수로 있다가 그가 어렸을 적에 행방을 알 수 없게 되었었는데, 괴안국 왕의 이야기로는 그의 아버지와 상의를 하여 이 혼사를 결정했다는 것이었다.

　그렇게 하여 부마로 궁중에서 살게 된 그에게 세 명의 시종이 따르게 되었는데, 그 중 한 사람은 얼굴이 익은 전자화(田子華)란 사람이었다. 또 조회 때 신하들 중에서 술 친구였던 주변(周辯)을 발견하게 되었는데 전자화의 말로

만취(滿醉) : 술에 잔뜩 취함.

괴안국(槐安國) : 개미의 나라.

현판(懸板) : 글씨나 그림을 새기거나 써서 문 위의 벽 같은 곳에 다는 널조각.

부마(駙馬) : 부마도위(駙馬都尉)의 준말로 임금의 사위.

는 지금은 출세를 해서 대신이 되어 있다고 했다.

이윽고 순우분은 남가군(南柯郡)의 태수로 임명되어 전자화와 주변을 보좌역으로 데리고 부임했다. 그로부터 20년 동안 두 사람의 보좌로 인해 고을 안이 태평을 누리게 되고 백성들은 그를 하늘처럼 우러러보았다. 그 사이에 다섯 아들과 두 딸을 얻었는데, 아들들은 다 높은 벼슬에 오르고 딸은 왕가(王家)에 시집을 가서 그 위세와 영광을 덮을 집이 나라 안에는 없었다.

20년이 되던 해 단라국(檀羅國) 군대가 남가군을 침략해 들어왔다. 순우분은 주변에게 3만의 군사를 이끌고 나가 맞아 싸우게 했으나 적을 깔보고 방심한 탓으로 크게 패했으며, 주변도 등창을 앓다가 죽고 말았다. 그런데다 아내마저 병사하여 그는 벼슬을 사임하고 도성으로 돌아왔다. 그곳에서는 그의 명성을 사모하여 찾아오는 귀족과 호걸들이 문전성시를 이루었고 나날이 그의 세력이 커졌다. 그러자 이를 시기하여 그가 역적 음모를 꾸미고 있다고 투서를 한 사람이 있었다.

분의 세력이 커짐을 은근히 꺼려하고 있던 왕은 그에게 근신을 하도록 명령했다. 그는 스스로 죄가 없는지라 심한 불평 속에서 나날을 보냈다. 이것을 눈치챈 국왕 내외는 그에게 "고향을 떠난 지 벌써 오래니 한 번 고향엘 다녀오는 것이 어떻겠는가? 그 동안 손자들은 내가 맡을 터이니 3년 후에 다시 만나기로 하세." 하고 권했다.

"저의 집은 여긴데 어디를 간단 말입니까?" 하고 그는

방심(放心) : ① 마음을 다잡지 않고 놓아 버림. ② 걱정하던 마음을 놓음.

투서(投書) : 어떤 사실의 내막을 몰래 알리려고 글을 써 보냄.

근신(謹愼) : 삼가고 조심함. 과오에 대하여 반성하고 들어앉아 행동을 삼감.

깜짝 놀라 반문했다.

"그대는 속세 사람으로 여기는 그대의 집이 아닐세."

순우분은 그제서야 옛날 생각이 되살아나 고향으로 돌아가기로 했다. 처음 그를 맞이하러 왔던 사람들에 의해 옛 집으로 돌아오자 자고 있는 자기의 모습이 보였다. 깜짝 놀라 우뚝 서 있노라니 두 관리가 큰 소리로 그의 이름을 불렀다. 번쩍 눈을 뜨니 밖은 그가 처음 업혀 올 때와 조금도 변한 것이 없고, 하인들은 뜰을 쓸고 있었으며, 두 친구는 발을 씻고 있었다.

이상히 여긴 그는 친구와 함께 느티나무 구멍으로 들어가 살펴보니 성(城) 모양을 한 개미집이 있는데 머리가 붉은 큰 개미 주위를 수십 마리의 개미가 지키고 있었다. 그것이 바로 대괴안국의 왕궁이었다. 다시 구멍을 더듬어 남쪽으로 뻗은 가지를 네 길쯤 올라가자 네모진 곳이 있고 성 모양의 개미집이 있었다. 그가 있던 남가군이었다. 그는 감개가 무량해서 그 구멍들을 본래대로 고쳐두었는데 그날 밤에 폭풍우가 지나가고 아침에 다시 보니 개미들은 흔적마저 보이지 않았다.

그후 남가군에서 만난 두 친구들은 열흘 사이에 모두 병사하고 말았다. 그는 이 한 번의 꿈으로 인해 인생의 허무함을 깨닫고 술과 여자를 멀리하며 도술(道術)에 전념하게 되었다.

그로부터 3년 후 순우분은 세상을 떠났다. 이때가 바로 남가군에서 약속한 기한이 되는 해였다.

무량(無量) : 헤아릴 수 없거나 그지없이 많음.

도술(道術) : 도사(道士) 또는 도가의 방술.

77

濫觴 ❖ 남상

큰 배를 띄우는 큰 강물도 그 첫 물줄기는 겨우 술잔을 띄울 정도의 적은 물이라는 데에서 나온 말로, 모든 사물이나 일의 시초·근원을 일컫는다.

出典 : 〈순자(荀子)〉 자도편 (子道篇)

| 풀이 | 자로(子路)가 화려한 옷차림으로 공자를 찾아뵈었다. 공자는 그 모습을 훑어보고 자로가 사치와 교만에 빠져드는 것이 아닌가 하여 말을 건넸다.

"자로야, 그 화려한 옷은 웬일이냐?"

공자는 이렇게 묻고 나서 다음과 같은 이야기를 들려주었다.

"예로부터 양자강은 사천(泗川) 땅 깊숙이 자리한 민산(岷山)에서 흘러나오는데, 그 근원은 술잔을 띄울 정도의 적은 물에 지나지 않는다고 한다. 그것이 나루터 근처에 오면 물도 붇고 물살도 빨라져 배를 띄우지 않으면 건널 수 없게 되고, 바람이 없는 날을 택하지 않으면 건너가지도 못하게 된다."

공자는 사물의 시초가 중요하며 처음이 나쁘면 뒤로 갈수록 심해진다는 것을 알리고 싶었다.

다시 공자는 다정하게 타일렀다.

"자로야, 지금 너는 화려한 옷을 입고 득의만면해 있으나 사람들이 너의 그같은 태도를 보게 될 때 누가 너를 위해 충고를 해주겠느냐?"

자로(子路) : 중국 춘추시대 노(魯)나라 사람. 성은 중(仲), 이름은 유(由). 자로는 그의 자. 공자의 제자로 십철(十哲)의 한 사람.

자로는 즉시 반성하고 급히 그 자리를 떠나 옷을 갈아 입고 왔다. 이번에는 수수하고 부드러운 느낌을 주었다.

공자는 이런 비근한 일에서 사물의 도리를 잡는 데에 능숙하였다.

"내가 지금부터 이야기하는 것을 잘 기억해 두어라. 말을 꾸미는 자는 믿음직스럽지 않고 행동을 꾸미는 자는 잘난 척하는 자이며, 알고 있는 것을 곧 얼굴에 나타내 그 능력을 자랑하는 것은 소인이다. 그러므로 군자는 알고 있는 것과 모르는 것을 뚜렷하게 구별해서 알고 있는 것은 알고 있다고 하고, 모르는 것은 모른다고 해야 한다. 이것이 입밖에 내서 말할 때의 주된 사항이다. 또 실행할 수 있는 것은 실행할 수 있다고 하며, 실행할 수 없는 것은 실행할 수 없다고 한다. 이것이 행동의 도달점이다. 전자의 상태를 '지(智)'라 하고, 후자의 상태를 '인(仁)'이라고 한다. 지에다 인을 겸하게 되면 그 이상의 것은 없다고 생각하여라."

南風不競 ❖ 남풍불경

남방 지역의 풍악은 미약하고 생기가 없다는 말로, 일반 적으로 힘이나 기세를 떨치지 못할 때 비유되어 쓰인다.

ㅣ풀이ㅣ 춘추시대 말엽에 가까운 주영왕(周靈王) 10년, 노 양공(魯襄公) 18년의 일이었다.

정(鄭)의 자공(子孔)은 큰 야심을 갖고 있어서 방해가 되는 여러 대부(大夫)를 제거하고 국권을 장악하려고 했다.

당시 제후들은 진(晉)을 맹주로 삼고, 대두해 온 제(齊)에 대한 토벌군을 일으켜 그 포위진을 압축시키고 있었다. 그래서 그 틈을 타 자공은 진에 반기를 들고 남쪽의 명문인 초(楚)의 군대를 사주하여 야망을 달성시키고자 하였다.

사신을 초의 영윤(令尹)인 자경(子庚)에게 보내어 그 뜻을 알렸으나 자경은 들어주지 않았다. 그런데 초강왕(楚江王)이 그 소리를 듣고 자경에게 사람을 보내어,

"내가 사직(社稷)을 맡아서 지킨 지 5년, 아직 군대를 파견한 예가 없소. 국민들은 나를 가리켜 스스로 안일에 젖어서 선군의 유업을 잊었다고 생각할는지 모르오. 대부, 다시 생각해 주기 바라오."

국가의 이익을 무엇보다 제일 걱정하고 있는 자경은 그 말을 듣고 깊이 탄식했으나 상대가 국왕이고 보니 사자에게 엎드려서 다음과 같이 대답했다.

"현재 여러 제후들은 진에게 쏠리고 있습니다만, 한번 부딪쳐 보기는 하겠습니다. 잘된다면 주상께서도 나서 주십시오. 만약 잘되지 않을 때는 군대를 회군하십시오. 그러면 손해도 없고 주상의 치욕이 되지도 않을 것입니다."

자경은 군대를 이끌고 정(鄭)으로 출격해 나갔다. 정백(鄭伯)의 일통(一統)은 제나라 토벌에 참가했으므로 자공, 자전(子展), 자서(子西)가 나라를 지키고 있었다. 자전, 자

서의 두 아들은 자공의 야심을 알고 있으므로 본성의 수
비를 게을리하지 않았다. 자경의 군대는 각지를 전전해서
침략을 계속했으나 성 아래에서 겨우 이틀 동안 주둔했다
가 철수해야 할 형편이었다.

어치산(魚齒山) 기슭을 지날 때 큰 비를 만난데다 혹독한
추위로 군대는 전멸 상태에 빠지고 말았다.

진나라에서도 초군이 출동했다는 소문이 퍼지고 있었
다. 그러나 사광(師曠)이 말하기를,

"뭐 대단한 일은 없을 것이다. 나는 전부터 남방의 노
래, 북방의 노래를 연구했는데 남방의 음조는 미약해서
조금도 생기가 없으니(南風不競死聲多) 초군은 반드시 실패
할 것이다."

동숙(董叔)도,

"금년 운수와 이달의 운 역시 서북방에 유리하다. 남군
은 때를 얻지 못하고 있으니 성공을 거두지 못할 것이다."

숙향(叔向)도,

"모든 것은 임금의 덕에 의하는 것이다."

세 사람이 모두 같은 예언을 한 셈이다.

囊中之錐 ❖ 낭중지추

주머니 속에 든 송곳은 그 끝이 뾰족하여 주머니를 뚫
고 나오는 것과 같이, 포부와 역량이 있는 사람은 많은 사

야심(野心) : ① 야망을 이루려는 마음. ② 남을 해치려는 나쁜 계획, 또는 야비한 마음.

사광(師曠) : 진의 악관(樂官).

동숙(董叔) : 역수가(曆數家).

숙향(叔向) : 정치가(政治家).

出典 : 〈사기(史記)〉 평원군열전(平原君列傳)

람 중에 섞여 있을지라도 눈에 드러난다는 말이다.

| 풀이 | 진이 한단을 포위하자 조나라에서는 평원군을 초나라에 보내어 구원을 청하고 합종하려 하였다. 평원군은 문하 중에서 용기가 있고 문무(文武)의 덕을 겸비한 20인과 동행할 것을 조왕과 약속했다.

어명을 받은 평원군이 말했다.

"외교 교섭으로 성공할 수 있다면 더 말할 나위 없이 좋은 일이나 그렇지 못할 경우에는 초의 궁전 밑에서 무력으로 위협하여 피를 발라 맹세하는 비상 수단을 써서라도 반드시 합종을 맺고 돌아오겠습니다. 수행하는 인사는 다른 데서 구하지 않더라도 저의 문하에서 가려내면 충분합니다."

이렇게 하여 열아홉 사람을 가려냈으나 남은 사람 중에서는 마땅히 가릴 만한 인사가 없어 스무 사람이 차지 못했다. 그런데 문하의 모수(毛遂)라는 자가 찾아와 평원군에게 자천(自薦)했다.

"듣자오니 초와 합종의 맹약을 맺기 위하여 문하의 식객 스무 명과 동행하기로 왕에게 약속하고 인사를 뽑았으나 이제 한 사람이 모자란다고 하니 제발 저를 수행원으로 뽑아서 가게 해주십시오."

평원군이 물었다.

"그대는 나의 문하에 몇 해 동안이나 있었소?"

"3년쯤 되었습니다."

합종(合從) : 전국시대 소진에 의하여 주창된 외교정책의 하나. 서쪽의 강대한 진(秦)나라에 대하여 한·위·조·연·제·초의 여섯 나라가 동맹하여 대항해야 한다는 일종의 공수동맹(攻守同盟).

교섭(交涉) : 일을 이루기 위하여 서로 의논함.

자천(自薦) : 자기가 자기를 추천함.

문하(門下) : ① 스승의 밑, 또는 스승의 집. ② 문하생이 드나드는 권세 있는 집.

"무릇 현명한 선비가 세상에 있으면 주머니 속에 든 송 곳처럼 그 끝이 즉시 나타나는 법이오. 지금 그대는 나의 문하에 있은 지 3년이 되었지만 내 좌우의 근신이 아직도 그대를 칭찬한 적이 없으며, 나도 그대에 관해서 들은 바 가 없소. 이것은 그대가 지닌 재능이 없는 까닭이오. 그대 는 수행할 만한 능력이 없으니 머물러 있기 바라오(夫賢士 之處世也 譬若錐之處囊中 其末立見 今先生處勝之門下 三年於 此矣 勝末有所聞 是先生無所有也)."

"저는 오늘 비로소 주머니 속에 넣어 주기를 청원했을 뿐입니다. 저를 좀더 빨리 주머니 속에 넣을 수 있었더라 면 자루까지 나왔을 것입니다. 다만 그 끝만 나오고 말지 는 않았을 것입니다."

평원군은 마침내 모수와 함께 가기로 했다. 열아홉 사 람은 모수를 경멸하여 서로의 눈과 눈이 마주치면 비웃었 으나 입 밖에 내어 조소하지는 않았다. 초에 이르는 동안 모수는 열아홉 사람과 얘기를 나눈 끝에 결국 모두를 복 종시키고야 말았다.

마침내 평원군은 모수에게 결정적인 도움을 얻어 초왕 을 설득하는 데 성공하게 되었다. 그로 인해 그는 모수를 상객(上客)으로 삼았으며, 다시는 인물을 함부로 평가하지 않겠노라는 맹세의 말을 하였다고 한다.

근신(近臣) : 임금을 가까이 에서 모시는 신하.

경멸(輕蔑) : 남을 깔보고 업신여김.
조소(嘲笑) : 비웃음.

상객(上客) : 자기보다 지위 가 높은 손님. 중요한 손님.

老馬之智 ✤ 노마지지

뭐든지 안다고 제아무리 잘난 체해도 그 지혜가 늙은 말이나 개미만도 못한 때가 있다는 말로, 아무리 하찮은 인간이라도 자기 나름대로의 장점과 특징을 지니고 있음을 뜻한다.

出典 : 〈한비자(韓非子)〉 설림(說林)

| 풀이 | 춘추시대 제(齊)나라의 환공(桓公)이 관중, 습붕들을 이끌고 소국인 고죽(孤竹)을 토벌하고자 군사를 일으켰을 때의 일이다.

공격을 시작했을 때는 봄이었으나 싸움이 끝나고 귀로에 오를 때는 계절도 어느덧 겨울이 되어 있었다. 살을 에이는 찬바람과 악천후 속에서의 행군은 고생이 대단했다.

산을 넘고 골짜기를 건너 군을 진군시키고 있을 때, 환공의 군대는 돌아가는 길을 잃은 적이 있었다. 지독한 추위 속에서 덜덜 떨면서 장수들이 갈팡질팡하고 있을 때 관중이 나서서 이렇게 단언했다.

"이런 때는 늙은 말이 본능적 감각으로 길을 찾아낸다."

그래서 짐을 진 말들 중에서 늙은 말을 골라 수레에서 풀어 주었더니 말은 잠시 두리번거리다가 길을 찾은 듯, 잠시 후 어느 방향으로 걷기 시작했다. 그리하여 길 없는 길을 가는 동안에 늙은 말은 마침내 제 길을 찾아 들어섰고, 병사들은 무사히 행군을 계속할 수가 있었다고 한다.

고죽(孤竹) : 중국 은(殷)나라 때의 나라 이름. 수양단에서 굶어 죽은 백이 숙제는 고죽국의 왕자였음.
토벌(討伐) : 반란자 등 적이 되어 맞서는 무리를 병력으로 공격하여 없앰.

또 험한 산속 길을 진군할 때도 전군은 휴대하고 있던 물을 다 마셔 버렸는데 가도가도 샘은커녕 냇가도 나타나지 않았다. 군사들은 목마름에 허덕여 더 이상 한 걸음도 전진할 수가 없게 되었다. 이때 습붕이 이렇게 말했다.

"개미란 것은 겨울에는 산의 남쪽에 집을 짓고 여름에는 산의 북쪽에 집을 짓는 법인데, 한 치의 개미집이 있으면 그 아래 8척이 되는 곳에 물이 있는 법이다."

그래서 개미집을 찾아 그곳을 파본즉 정말로 물이 용솟음쳐 나왔다고 한다.

〈한비자(韓非子)〉의 설림(說林)에서는 이 이야기를 바탕으로 다음과 같은 결론을 내리고 있다.

"관중의 성(聖)과 습붕의 지(智)로써도 알지 못하는 곳에 이르면 그 지혜가 늙은 말이나 개미도 스승으로 삼는 것을 꺼려하지 않는다. 지금 사람은 그 어리석은 마음으로 성인의 지를 스승으로 삼는 것을 모른다. 이 역시 잘못이 아닌가."

老益壯 ❊ 노익장

出典 : 〈후한서(後漢書)〉 마원전(馬援傳)

나이가 들고 늙어 갈지라도 젊은이 못지않게 건장하다는 말이나, 사람은 늙을수록 뜻을 더욱 굳게 해야 한다는 의미도 있다. 노당익장(老當益壯)이라고도 한다.

| 풀이 | 전한(前漢) 말 부풍군(扶風郡)에 마원이라는 장사가 있었다. 어려서부터 큰 뜻을 품고 글을 배우고 예절을 익혔으며 무예에도 정통하여 그의 형은 그를 대기만성(大器晚成)형이라고 말했다. 그러나 불행히도 그의 형이 젊은 나이로 죽게 되자 마원이 상례(喪禮)를 정중히 모셔 치른 후 예를 다하여 형수를 받들었다.

그뒤 마원이 부풍군 독우관(督郵官)이란 벼슬을 하고 있을 때도 명을 받들어 많은 죄수들을 다른 곳으로 압송하게 되었다. 그러나 도중에 죄수들이 고통을 못 이겨 애통하게 부르짖는 것을 보고는 동정심이 우러난 나머지 모두 풀어주어 각기 제 살길을 찾아가도록 하고 자신은 북방으로 달아나고 말았다.

마원은 북방으로 가서 소, 말, 양 따위를 놓아 먹이면서 지냈다. 부지런하고 수완이 좋은 그는 수년간 정성껏 가축을 길러 수천 마리로 늘어나게 했다. 그래서 생활이 윤택해지고 많은 돈을 벌게 되자 친구나 이웃 사람들에게 돈을 나누어 주었고, 자기는 오히려 떨어진 양가죽 옷을 걸치고 소박한 식사를 하는 등 근면한 생활을 하였다 한다.

그후 마원은 광무제 때 대장수가 되어 혁혁한 전공(戰功)을 세웠다.

마원이 항상 입버릇처럼 중얼거린 말이 있었다.

"무릇 대장부가 뜻을 품었으면 어려울수록 굳세어야 하며 늙을수록 건강해야 한다(大丈夫爲者 窮當益堅 老當益壯)."

마원(馬援) : 왕망(王莽)이 전한을 멸망시킨 후 후한(後漢)의 건국을 도운 장군. 광무제(光武帝) 때 강족(羌族)을 평정하였다. 복파장군(伏波將軍)이 된 후 교지(交趾 : 베트남의 하노이 부근)의 난을 진압하고 흉노 오환(烏丸)을 쳐서 공을 세웠다.

수완(手腕) : 일을 꾸미거나 치러 나가는 재간.

綠林 ❖ 녹림

푸른 숲이란 뜻으로 원래는 산의 이름이었으나, 세상을 등진 호걸들이 있는 도적의 소굴을 일컫게 되었다.

出典：〈한서(漢書)〉 왕망전 (王莽傳), 〈후한서(後漢書)〉 유현전(劉玄傳)

왕망(王莽) : 중국 전한(前漢) 말기의 참주(僭主). 자는 거군(巨君). 책모(策謀)로써 평제(平帝)를 죽이고 한조를 빼앗아 즉위하여 '신(新)'이라는 나라를 세워 여러 가지 개혁을 단행하였으나, 내치 외교에 실패하고 재위 15년 만에 한(漢)의 유수(劉秀)에게 몰려 살해되었다.

웅거(雄據) : 일정한 땅을 자리잡고 막아 지킴.

무마(撫摩) : 손으로 어루만진다는 뜻으로, 남을 달래어 위로함.

| **풀이** | 전한(前漢)과 후한(後漢) 사이에 왕망(王莽)이 세운 신(新)이란 나라가 15년간 계속된 일이 있었다.

왕망은 한나라의 천하를 빼앗아 황제가 된 다음 나라 이름을 신이라 고치고 모든 제도를 개혁하는 새로운 정책을 실시했다. 그러나 왕망에게는 그만한 자질도 없는데다 너무 급격한 개혁이었기 때문에 혼란만 빚고 말았다.

이리하여 극도의 생활고(生活苦)에 빠진 백성들은 새 정부에 불만을 품은 호걸들에 이끌려 각처에서 반란을 일으켰다. 그들은 도적의 무리가 되어 지주의 창고를 습격하고 관원을 공격하더니 급기야 형주(荊州)의 녹림산(綠林山)에 웅거하며 녹림병이라 칭했다.

〈후한서〉의 유현전(劉玄傳)에는 이렇게 기록되어 있다.

왕망의 말년, 남방에 흉년이 들어 사람들은 산으로 들로 먹을 것을 찾아나섰다. 겨우 풀뿌리를 캐어 먹는 것이 고작이었는데 그것마저 흔치가 못해 서로 빼앗아 먹는 형편이었다.

이때 신시(新市) 사람 왕광(王匡)과 왕봉(王鳳)은 이들 난민들을 잘 무마시켜 농민들의 신망을 얻어 수령이 되었고, 그의 밑에는 수백 명의 부하가 따랐다. 그러자 관군에

쫓기어 도망쳐 다니던 마무(馬武), 왕상(王常), 성단(成丹) 등이 그들 밑으로 몰려와 함께 이향취(離鄉聚)란 마을을 공략하고 녹림산 속에 근거지를 차렸는데, 일당은 불과 몇 달 사이에 7, 8천 명으로 불어났다.

그뒤 왕광 등은 형주자사가 이끄는 2만의 관군에게 공격을 받게 되었으나 이를 운두(雲杜)에서 맞아 싸워 크게 이겼다. 그후 각지에서 소란을 일으키고 약탈을 하였으며 부녀자들을 이끌고서 녹림산으로 돌아가곤 했다. 이때 그들은 어느덧 5만이란 큰 세력이 되어 있었다.

이윽고 유수(劉秀)와 유현이 군사를 일으키자 왕광 등이 이에 합류하여서 왕망을 반대하는 하나의 큰 세력을 이루었다.

유수(劉秀) : 광무제(光武帝).

녹림(綠林)은 푸른 숲이란 뜻인데, 이것이 '녹림의 호걸'이라든가 '녹림에 몸을 담는다.'고 말하게 되면 그 의미가 달라진다. 녹림과 산림(山林)을 혼동해서 녹림처사(綠林處士)란 말을 쓰는데 이것은 큰 오류이다. 옛날에는 벼슬도 세속도 마다하여 산속에 파묻혀 글이나 읽고 지내는 사람을 산림처사(山林處士)라 불렀는데, 특히 이름난 학자에게는 나라에서 산림(山林)이란 칭호를 내리기도 했다. 산림과는 달리 녹림에는 처사가 있을 수 없고, 있다면 세상을 등진 호걸만이 있을 뿐이다. 따라서 녹림은 도적의 소굴을 뜻하게 된다.

壟斷 ❖ 농단

出典 : 〈맹자(孟子)〉 진심편
하(盡心篇下)

본래 높이 솟은 언덕이란 뜻이나, 시장에서 좋은 자리를 차지하고 이익을 혼자 차지하는 등 이익이나 권력을 혼자 독점하는 것을 말한다.

│ 풀이 │ 옛날 아주 먼 옛날, 온 세상이 평화롭고 사람들은 모두 순박하게 살아갈 때의 일이다. 광장에서 장이 섰다. 곡식을 가지고 와서 모피와 바꾸거나 생선을 소금과 바꾸거나 하는 식으로 물물교환을 하는 장으로 광장은 수많은 사람들로 매우 붐볐다.

그런데 교활한 한 사나이가 여기서 한밑천 잡아보려고 생각했다. 그는 많은 진기한 물품을 가지고 장이 서는 광장으로 오자, 우선 농(壟)의 깎아지른 곳에 자리를 잡았다. 여기라면 어디서든지 잘 보이기 때문이었다. 아무도 장사를 하려는 생각이 없는데다 지리(地利)를 독차지하였으므로 재미가 날 정도로 잘 팔렸다.

농(壟) : 약간 높은 언덕.

지리(地利) : 지세가 편리한 이점.

이 사나이는 그후 언제나 이 농단(壟斷)을 차지하고 물건을 팔았다.

사람들은 이 사나이가 시장의 이익을 독점해 갔으므로 이 사나이에게 세금을 물리기로 했다. 여기에서 장사치에게 세금을 물리는 일이 비롯되었다.

이 이야기는 〈맹자〉의 진심편(盡心篇)에 나와 있다. 맹자는 왕도정치의 실현을 위해 제국을 편력(遍歷)하여 제(齊)

편력(遍歷) : 널리 각지를 돌아다님.

나라에도 수년간 체류했으나, 결국 뜻을 이루지 못하고 고향으로 돌아가려고 했다. 맹자가 떠나려고 하자 선왕(宣王)은 이 유명한 현인을 놓치는 것이 아까워 봉록(俸祿)을 크게 높이고 잡아두려고 했다. 그 말을 듣자 맹자는 자기의 의견도 채택되지 않는데 높은 봉록에 달라붙어서 부를 독점하고 싶지는 않다면서 이 '농단'의 이야기를 하였다 한다.

累卵之危 ❖ 누란지위

누란(累卵)은 높이 쌓아올린 알이란 뜻으로 조금만 건드리거나 흔들려도 와르르 무너져 깨지고 마는 상태, 즉 아주 조급하고 위험한 상태에 처해 있는 것을 말한다.

出典 : 〈사기(史記)〉 범저채택열전(范雎蔡澤列傳)

| 풀이 | 전국시대, 위(魏)나라에서 억울한 죄명으로 죽을 뻔한 끝에 용케 살아난 범저(范雎)는 장록(張祿)이란 이름으로 행세하여 마침 위나라를 다녀가는 진(秦)나라 사신 왕계(王季)의 도움을 받아 진나라로 망명을 하게 되었다.

왕계는 진왕에게 장록에 대하여 보고했다.

"위나라에 장록이란 사람이 있는데 그는 천하의 뛰어난 변사(辯士)였습니다. 그가 말하기를 '진나라는 지금 알을 쌓아 둔 것보다도 더 위험하다. 나를 얻으면 안전하게 될 수 있다. 그러나 이것을 글로는 전할 수 없다.'고 하는 터

변사(辯士) : 입담이 좋아서 말을 잘하는 사람.

라 신이 데리고 왔습니다(秦王之國 危於累卵 得臣則安 然不可以書傳也 臣故載來)."

이렇게 하여 범저는 진왕에게 원교근공(遠交近攻)의 대외정책을 진언하는 등 크게 활약하였다.

원교근공(遠交近攻) : 먼 나라와 친교를 맺고 가까운 나라를 공격하는 일.

能書不擇筆 ❖ 능서불택필

글씨에 능한 사람은 붓을 가리지 않는다는 뜻으로, 진정한 달인(達人)은 종이나 붓 같은 재료를 두고 트집을 잡지 않는다는 말이다.

出典 : 〈당서(唐書)〉 구양순전(歐陽詢傳)

| 풀이 | 수(隋)의 뒤를 이은 당(唐)은 중국의 남북문화를 융합했을 뿐 아니라, 사위(四圍)의 민족이나 서역, 인도, 로마에 이르기까지의 문화를 흡수해서 총합적인 문화를 완성시켰다. 이 무렵 서도(書道)의 달인으로서 우세남(虞世南), 저수량(褚遂良), 안진경(顔眞卿), 구양순(歐陽詢) 등이 유명했으나 그 중에서도 구양순은 특히 유명했다.

사위(四圍) : 사방의 둘레. 주위.

그는 처음에 수에 사관(仕官)하여 태상박사(太常博士)가 되었다. 수가 망한 뒤에는 당에 사관하여 태종 때 홍문관박사(弘文館博士)가 되고 다시 발해남(渤海男)에 봉해졌다.

그의 서체는 솔경체(率更體)라 불리는데 힘찬 기세가 스승인 왕희지(王羲之)보다 뛰어났다.

당서의 구양순전(歐陽詢傳)에는 다음과 같은 이야기가

구양순(歐陽詢) : 중국 당(唐)나라의 서예가. 자는 신본(信本). 왕희지에게서 글씨를 배워서 해서의 모범이 되었다. 초당삼대가(初唐三大家)의 한 사람임.
사관(仕官) : 벼슬살이를 하는 것.

기록되어 있다.

저수량은 좋은 붓과 먹이 없으면 글을 쓰려고 하지 않았다. 어느 날 저수량이 우세남에게 물었다.

"내 글씨와 순의 글씨를 비교하면 누가 더 뛰어났다고 생각하나?"

우가 대답했다.

"순은 종이나 붓에 대해서는 일절 관심을 두지 않고 어떤 종이에라도 쓴다고 하네. 그러나 어떤 것을 써도 뜻대로 쓸 수가 있다고 하네. 자네는 아직 종이나 붓에 얽매여 있는 듯하므로 도저히 순을 따르지 못하네."

이 말에 저수량은 할 말이 없었다.

〈후산담총(後山談叢)〉에도 "선서(善書)는 지필을 택하지 않는다. 묘재심수(妙在心手)한다."는 말이 있고, 〈왕긍당필진(王肯堂筆塵)〉에도 "능서불택필이라고 하나 이 말도 구양(歐陽)까지이고, 그 이후의 사람들은 종이와 붓을 문제 삼게 되었다."라는 말이 있다.

선서(善書) : 글씨를 썩 잘 씀. 또 그 글씨.
묘재심수(妙在心手) : 기예가 뛰어남은 그 사람의 마음과 손에 달려 있다.

多岐亡羊 ❖ 다기망양

出典 : 〈열자(列子)〉 설부편 (說符篇), 〈장자(莊子)〉 변무편(駢拇篇)

지엽(枝葉) : 가지와 잎. 중요하지 않은 부분을 뜻함.

양자(楊子) : 양자는 양주 (楊朱)의 존칭. 전국시대의 공자 이후, 맹자 이전의 학자. 노자(老子)의 무위독선설(無爲獨善說)을 따라서 염세적 인생관을 세우고 위아방종(爲我放縱)의 쾌락주의를 주장하여 일시 그 세력을 떨쳤으나 주나라 말기에 쇠퇴하였다.

갈림길이 많아서 양을 잃어버렸다는 뜻으로, 학문이나 어떤 재주를 배우는 데 있어서 그 본뜻이나 목적을 망각하고 지엽적이고 부수적인 것에 구애를 받게 되면 얻고자 하는 것을 얻을 수 없다는 말이다.

┃풀이┃ 양자(楊子)의 옆집에서 양 한 마리가 도망쳤다. 그래서 옆집 사람들은 물론이고 양자의 집 하인들까지 모두 동원해서 양을 찾으러 나섰다. 그것을 보고 양자가 물었다.

"단 한 마리의 양인데 그렇게 여러 사람이 쫓아가느냐?"

그러자 양자의 하인이 대답했다.

"달아난 방향은 갈림길이 많기 때문입니다."

얼마 후 모두들 기진맥진하여 돌아와서 말했다.

"갈림길 속에 또 갈림길이 있어서 양이 어디로 갔는지 통 알 수가 없습니다."

양자가 그 말을 듣자 말문을 닫고 오랫동안 말도 하지 않을뿐더러 그날 하루는 웃는 낯도 보이지 않았다. 제자들은 기껏해야 양 한 마리를 잃어 버린 것일 뿐이며 또 그 양이 자기 것도 아닌데 선생이 어째서 그렇게 언짢아하는지 통 알 수가 없었다.

까닭을 물어도 양자는 대답조차 하지 않았다.

그래서 맹손양(孟孫陽)이란 제자가 선배인 심도자(心都子)를 찾아가 사실을 말했다. 심도자는 맹손양과 함께 양자를 찾아뵙고 이렇게 물었다.

"옛날 세 아들이 유학을 갔다 돌아오자 그 아버지가 인의(仁義)에 대해 물었습니다. 그러자 큰아들은 '몸을 소중히 하고 이름을 뒤로 미루는 것입니다.' 라고 대답하고 둘째아들은 '내 몸을 죽여 이름을 남기는 것입니다.' 라고 했으며, 셋째아들은 '몸과 마음을 다 온전히 하는 것입니다.' 라고 대답했습니다. 같은 선생님 밑에서 배웠는데도 세 사람 모두 대답이 달랐습니다. 그렇다면 과연 어느 것이 옳고 어느 것이 틀린 것입니까?"

그러자 양자는 이렇게 대답했다.

"어떤 사람이 황하 기슭에서 살고 있었는데 헤엄을 잘치기 때문에 배로 사람들을 건네 주고 많은 돈을 벌어 호화로운 생활을 하게 되었네. 그래서 그에게 헤엄치는 법을 배우러 오는 사람이 많았는데 그 중 반에 가까운 사람이 헤엄치는 법을 배우다가 물에 빠져 죽었지. 그들은 헤엄을 배우러 왔지 빠지는 것을 배우러 오지는 않았거든. 그러니 돈을 버는 사람과 목숨을 잃는 사람과는 너무도 많은 차이가 있네. 그대는 어느 쪽이 좋고 어느 쪽이 나쁘다고 생각하는가?"

심도자는 잠자코 밖으로 나왔다. 그러나 맹손양은 뭐가 뭔지 도무지 알 수가 없었다. 그래서 심도자에게 물었다.

"큰 도는 갈림길이 많기 때문에 양을 놓쳐 버리고 학문하는 사람은 방법이 많기 때문에 본성을 잃는다(大道以多岐亡羊 學者以多方喪生). 학문이란 원래 근원이 하나였는데 그 끝에 와서 이같이 달라지고 말았다. 그러므로 하나인 근본으로 되돌아가기만 하면 얻는 것도 잃는 것도 없다고 말씀하신 거라네."

또 이와 비슷한 이야기가 〈장자〉의 변무편(駢拇篇)에도 있다. 어느 집에 두 사람의 하인이 있어 각각 양을 지키고 있었으나 두 사람 모두 지키고 있던 양을 놓쳐 버리고 말았다. 주인이 화를 내면서 "도대체 네놈들은 뭘 하고 있었느냐." 하고 물었다.

한 사람은 "책을 읽는 데 정신이 팔려서……"라고 대답하였고, 또 한 사람은 "윷놀이를 하다가 그만……"라고 대답했다.

두 사람이 하고 있던 일에는 다른 점이 있다. 그러나 양을 지킨다는 중요한 목적을 잊고 있었던 것에 대해서는 다름이 없다. 가장 중요한 점은, 진정한 목표가 무엇인가를 단단히 파악해 두어야 한다는 것이다.

多多益善 ❖ 다다익선

出典 : 〈사기(史記)〉 회음후열전(淮陰侯列傳)

많으면 많을수록 좋다는 뜻으로 다다익변(多多益辯)도 같은 뜻으로 쓰인다.

| 풀이 | 한고조(漢高祖) 유방(劉邦)은 천하를 통일했으나, 항우와 싸웠던 맹장들이 언젠가는 한(漢)에 위험한 존재가 되지 않을까 걱정하고 있었다.

고조는 한신이 항우의 부하였던 종리매(鐘離昧)를 숨겼다는 것을 이유로 한신을 잡아 강등시켜 회음후(淮陰侯)로 봉했다.

어느 날 고조는 회음후 한신과 여러 장수들의 능력에 대해 이야기했다.

그러다가 고조는 이렇게 말했다.

"나는 도대체 어느 정도의 군사를 거느릴 수 있겠는가?"

"글쎄요, 폐하께서는 기껏 10만 정도가 아닌가 봅니다."

"그래, 그럼 귀공은 어떤가?"

"신은 다다익선(多多益善)으로 많을수록 좋습니다."

그러자 고조는 큰 소리로 웃고 나서 말했다.

"다다익선이라면 어째서 내게 잡혀 있나?"

"그건 이야기가 다릅니다. 폐하는 사병의 장수로는 능하지 못하나 장수들을 잘 거느리십니다. 이것이 신이 폐하에게 잡힌 이유입니다. 그리고 폐하의 힘은 소위 하늘이 주신 것으로 인력이 미칠 수는 없습니다."

斷機之敎 ※ 단기지교

학업을 중도에 폐함은 짜던 베의 날을 끊는 것과 같아

出典 : 〈후한서(後漢書)〉 열

아무런 이익이 없다는 뜻으로, 학업을 중단해서는 안 된다는 것을 경계하는 말이다. 단기지계(斷機之戒)라고도 한다.

| 풀이 | 맹자가 집을 떠나서 유학을 하게 된 지 얼마 지나지 않아서 뜻밖에도 집을 찾아온 적이 있었다. 맹자의 어머니는 그때 베틀에 앉아서 베를 짜고 있었다. 오래간만에 집에 돌아온 귀한 아들인만큼 반색을 하며 기뻐해야 할 어머니인데도 아무런 표정도 없이 아들에게 이렇게 물었다.

"공부는 모두 끝마쳤느냐?"

"끝마치다니요? 어머님이 뵙고 싶어 잠시 다녀가려고 왔습니다."

맹자의 어머니는 아무 말 없이 옆에 있는 칼을 집어들어 짜고 있던 베를 잘라 버렸다. 북이며 바디며 잉앗대가 바닥으로 떨어져 흩어졌다.

맹자는 너무 뜻밖의 일에 깜짝 놀라 물었다.

"어떻게 된 일입니까, 어머니?"

"네가 공부를 도중에 그만둔다면 내가 짜던 베를 다 마치지 못하고 끊어 버리는 것과 같다."

맹자의 어머니는 태연히 잘라 말했다. 그리고 사람이 학문을 닦지 않으면 도둑이 되거나 남의 심부름꾼밖에 될 수 없다고 타일러 보냈다고 한다.

원문은 단직(斷織)으로 되어 있으나 뒤에 단기(斷機)로 바꿔 쓰게 되었다.

녀전(列女傳)

반색하다 : 바라던 사물이나 기다리던 사물을 보았을 때 몹시 반가워하다.

바디 : 베틀이나 자리틀 위에 딸린 기구의 한 가지. 날을 고르며 씨를 치는 구실을 함.
잉앗대 : 뒤로는 눈썹줄에 대어 아래로 잉아를 걸어 놓는 나무.

斷腸 ❖ 단장

창자가 끊어진다는 뜻으로, 즉 창자가 끊어질 듯한 슬픔을 비유하는 말이다.

出典 : 〈세설신어(世說新語)〉

| 풀이 | 진나라의 환온이라는 사람이 촉나라로 가던 도중 삼협을 지날 때의 일이다.

환혼을 따른 종자가 숲에 들어갔다가 원숭이 새끼 한 마리를 붙잡아 가지고 배로 돌아왔다. 그런데 어미 원숭이가 뒤를 따라와 물을 사이에 두고 강가에서 슬프게 울어댔다. 그러나 배는 그대로 떠났다.

어미 원숭이는 강기슭을 따라 배를 계속 쫓아가면서 새끼 원숭이를 보고 울부짖었다. 이윽고 백 리도 더 간 곳에서 배가 기슭에 닿자 어미 원숭이는 배로 뛰어들었으나 끝내 그대로 죽고 말았다. 나중에 그 원숭이의 배를 갈라 보니 너무나도 슬퍼했던 나머지 장이 토막토막 잘라져 있었다고 한다.

이때부터 참을 수 없는 슬픔을 단장이라고 하게 되었다.

螳螂之斧 ❖ 당랑지부

당랑이란 사마귀를 말하며 부(斧)란 도끼로, 사마귀가 넓적한 앞다리를 쳐드는 모습이 마치 도끼를 휘두르는 것

出典 : 〈한시외전(韓詩外傳)〉

같은 데에서 비롯된 말이다. 자기 힘을 생각지 않고 강적 앞에서 분수없이 날뛰는 것에 비유해서 쓴다. 당랑거철(螳螂拒轍)도 같은 뜻으로 쓰이는데 사마귀가 수레의 앞길을 가로막는다는 뜻이다.

| 풀이 | 제나라의 장공(莊公)이 사냥을 나갔다가 한 마리의 사마귀가 금방 수레 밑에 깔릴 지경인데도 앞발을 치켜들고 장공의 수레를 향하여 덤벼들려고 하는 모습을 보았다.

"호오, 기세가 대단한 놈이로구나. 저게 무슨 벌레인고?"

마부가 대답했다.

"사마귀라는 벌레입니다만, 저놈은 전진만 알고 후퇴라는 건 모릅니다. 자기 힘도 생각지 않고 오직 적에게 덤빌 뿐이지요."

장공은 고개를 끄덕였다.

"저 벌레가 만약 인간이었다면 아마도 천하에 비할 데 없는 용사였을 것이다."

그러고는 수레를 돌려 피해 갔다고 한다.

또한, 〈문선〉에 보면 진림(陳琳)이 "조조는 이미 덕을 잃어 의지하기에 족하지 못하므로 원소(袁紹)에세로 돌아가라."는 취지의 격문을 유비 등에게 적어 보냈는데, 그 속에 조조군의 열세의 모습을 풍자해서 "당랑의 도끼로써 융거(隆車)의 수레바퀴를 막으려 한다."고 말하고 있다.

또 〈장자〉의 천지편에는 장자가 "광포잔인하고 더구나 지혜가 있는 군주를 섬기는 것은 어떻게 하면 좋은가."라

원소(袁紹) : 중국 후한 말엽의 영웅. 자는 본초(本初). 영제(靈帝)가 죽은 후 환관을 몰살하고, 이어 헌제(獻帝)를 옹립한 동탁을 장안(長安)으로 몰아낸 후 기주를 중심으로 세력을 확대했다. 건안(建安) 5년(200) 조조와 대립하여 하남 관도의 싸움에서 대패했음.

는 질문을 받고 "우선 신중하게 자신의 품행을 바로잡아 자연히 상대를 감화해 가도록 힘쓰라."고 대답하고, 다시 "그 위에 당랑과 같이 두 발을 치켜들고 차바퀴에 덤비는 식이라면 소임을 다하지 못한다."고 말하고 있다.

감화(感化) : 남에게 받는 정신적 영향으로 마음이나 행동이 바람직하게 변화함, 또는 그렇게 남을 변화시킴.

大器晩成 ◈ 대기만성

큰 그릇은 오랜 시간과 많은 노력을 들인 뒤에라야 완성된다는 뜻으로, 큰 일이나 큰 인물은 쉽게 이루어지는 것이 아니라 각고 끝에 이루어진다는 말이다.

出典 : 〈노자(老子)〉 41장

각고(刻苦) : 몹시 애씀. 대단히 힘들임.

| 풀이 | "최대의 사각은 지나치게 커서 그 모퉁이가 보이지 않을 정도인 것과 같이 최고의 가치가 있는 그릇은 모든 것의 최후에 완성된다. 가장 힘이 강한 소리는 소리가 나지 않는 것같이 생각된다. 절대적인 불변의 참된 도(道)는 너무나도 광대해서 그 정체를 포착하지 못하기 때문에 참된 도인 것이다."

노자의 말로서, 여기서의 도는 유교가 말하는 사람이 지켜 행해야 하는 도와는 다르다.

원문에서 나온 대기만성의 본래의 의미는 큰 그릇은 덜 된 것처럼 보인다고 말하고 있다. 즉 원래 위대하고 훌륭한 것은 보통사람의 눈이나 생각으로는 어딘가 덜된 것 같고, 그 반대인 것처럼 느껴진다는 것이다.

그것이 현대와 같이 오로지 인물에 대해 쓰이는 뜻으로 변화된 것은 다음과 같은 고사에서 비롯된다.

삼국시대 위나라에 최염(崔琰)이라고 하는 유명한 장수가 있었다. 〈삼국지〉에서는 조조가 위왕(魏王)이 되려는 것을 간하다가 결국은 옥에서 타살되었다고 다소 과장되어 기록되어 있는데, 정사(正史) 〈삼국지〉에서는 그 목소리는 유연하고 모습은 한층 눈에 띄며 수염이 4척이나 되는 이 장수를 무제가 누구보다도 신임하고 친근히 여겼다는 기록이 있다. 최염에게는 사촌인 최림(崔林)이 있는데 친척들에게 바보 취급을 받는 것을 보고 "아우는 소위 대기만성(大器晩成)형이다."라고 말하며 그의 인물됨을 평했다. 얼마 후 과연 최림은 천자의 고문역이 되었다고 한다.

정사(正史) : ① 정확한 사실의 역사. ② 기전체(紀傳體)로 쓴 중국 역대의 역사.

大義滅親 ◈ 대의멸친

出典 : 〈춘추좌씨전(春秋左氏傳)〉 은공(隱公) 3·4년조(年條)

대의를 위해서는 육친의 정도 희생시켜야 한다는 뜻으로, 국가나 사회 전체에 미치는 대의명분을 위해서는 사사로운 정은 버려야 한다는 말이다.

| 풀이 | 때는 춘추시대 주환왕(周桓王) 원년, 노은공(魯隱公) 4년(기원전 719년)의 일이다.

위(衛)나라에서는 공자 주우(州吁)가 주군 환공을 죽이고 위(位)에 올랐다. 선군인 장공(莊公) 시대부터 그는 환공

에 대해 불평을 품고 있었다. 장공이 애처 장강(莊姜)에게 사주되어 첩에게서 난 그를 태자로 세우려고 하지 않았기 때문이다. 환공도 장공의 실자(實子)는 아니었다.

대부 석작(石碏)이 전에 장공에게 간한 일이 있었다.

"주우 도련님을 귀엽다고 생각하시거든 빨리 태자로 정하십시오. 전쟁을 좋아하시는 성격이라 유예하시면 난이 미칠 것입니다."

그러나 장공은 듣지 않았다. 석작은 자기 아들 후(厚)가 주우와 사이좋게 지내는 것을 금할 정도로 순충한 신하로서, 환공이 등극하자 은퇴했었다.

환공을 없앤 주우는 무엇보다도 제후의 신임을 얻음과 동시에 민심을 수습하고자 계획했다. 그러기 위해서는 선군 이래의 적국이었던 정(鄭)나라를 공격해서 공명을 세우는 수밖에 없다고 생각했다. 때마침 송나라와 청나라 사이에 분쟁이 있는 것을 이용하여 위(衛)하고는 사이가 좋은 진(陳) 및 채(蔡) 양국과 교제를 해서 사국연합(四國連合)에 성공, 정나라 토벌군을 일으켜 상당한 무명(武名)을 올렸다. 그러나 그런 무단공벌(武斷攻伐)의 행동만으로는 좀처럼 민심을 얻을 수 없었다.

석작의 아들 후는 주우가 만인이 인정할 수 있는 정통의 위군(衛君)으로서 인정받는 방법을 아버지에게 물었다.

"역시 주왕실을 찾아뵙는 것이 상책일 것이다."

"어떻게 하면 찾아뵙게 되겠습니까?"

"글쎄다. 진환공이 주왕실과 가깝다. 진국은 우리 위하

실자(實子) : 자기가 낳은 아들. 친아들.

유예(猶豫) : 망설여 결행하지 않음. 시일을 늦춤.

순충(純忠) : 개인적인 욕심이 없는 순수한 충성과 절의.

무명(武名) : 무용(武勇)이나 무공이 뛰어나다는 명성.

고도 친한 사이이다. 그러니 진공(陳公)을 통해 부탁하면 반드시 일은 성사될 것이다."

후가 주우를 따라 진으로 떠난 후, 석작은 몰래 사람을 진으로 보내어 알렸다.

"우리 위나라는 국력이 결핍하고 또 소생도 노망해서 아무것도 할 능력이 없소. 이 두 사람은 우리 환공을 죽인 반역자이니 부디 적절한 처치를 부탁합니다."

진나라에서는 곧 두 사람을 잡아 각각 입회인을 위에 청한 다음 주살했다. 이때 석작은 혹시 자기 체면을 생각해서 아들 후를 살려둘 것이 염려되어 자기의 가로(家老)를 입회시켰다. 그래서 이심(二心)이 없는 순신(純臣)으로서 사가(史家)는 대의멸친이라고 이 석작을 칭송하고 있다.

道不拾遺 ❖ 도불습유

나라가 잘 다스려져 백성이 길가에 떨어진 남의 물건을 주워 가지지 않는다는 뜻으로, 나라가 태평하게 잘 다스려짐을 비유한 말이다.

| 풀이 | 전국시대, 진(秦)에서는 효공(孝公)이 위에 있었다. 공손앙(公孫鞅)은 위를 떠나 진으로 들어와 우선 효공의 총신인 경감(景監)에게 접근해서 효공에게 추천을 받으려고 했다. 그는 형명학(刑名學)을 배웠는데 법치주의에

의해 부국강병을 꾀할 것을 설명할 생각이었다. 처음에는 앙(鞅)에게 별로 관심이 없었던 효공도 나중에는 그의 변론에 매혹되어 그를 좌서장(左庶長)이란 품직에 임명했다. 그래서 마침내 앙은 스스로 믿고 있는 도(道)에 의해 국내의 변법, 변혁에 수완을 휘두르게 되었다.

변론(辯論) : 사리를 밝혀 옳고 그름을 말함.

그는 먼저 치안 유지부터 시작하여 계속 엄중한 법령을 공포해 나갔다. 즉 오호(五戶), 십호(十戶)마다 연대책임을 지우는 십오제(什伍制)와 연좌법(連坐法)을 만들고 범죄자는 물론 이를 알고 고발하지 않은 자도 똑같이 다스렸으며, 범인을 숨긴 자가 있을 때는 적에 투항한 자와 같은 형을 과하고, 범죄를 고발한 자에 대해서는 적의 목을 벤 자와 같은 상을 주고, 법을 위반하는 자는 전부 중죄로 다스렸다. 다시 신상필벌(信賞必罰)로 군에 있어서는 전공이 있는 자에게 큰 상을 주고, 투항에 대해서는 엄벌로 임하는 한편 국내의 사투를 엄금하고 전공의 대소에 따라 작위를 주기로 했다. 또 생산을 장려하되 일을 게을리하는 자, 이(利)를 탐내는 상인은 벌했다. 이와 같이 법은 일체를 넘는 절대적인 것이 되었다.

연좌(連坐) : 남의 범죄에 휘말려서 처벌을 받음.

사투(私鬪) : 이해관계나 감정 문제로 개인 사이에서 사사로이 싸우는 싸움.

하루는 태자(太子)가 법을 어긴 적이 있었다. 그러자 앙은 "태자라 해도 법에 저촉된 이상 벌을 받아야 한다."고 태자 대신 보육관(保育官)인 공자 건(虔)을 벌하고, 사부인 공손가(公孫賈)를 자자형(刺子刑)에 처했다. 이 사실이 알려지자 진의 백성들은 법의 엄함에 겁을 먹고 떨었다. 또 처음 앙을 좋지 않게 보고 신법에 반대하던 자가 "정말 훌

자자(刺子) : 얼굴이나 팔뚝의 살을 따고 홈을 내어 죄명을 찍어 넣는 옛날 중국의 형벌의 한 가지.

유형(流刑) : 중죄에 대한 형벌로 죄인을 먼 곳이나 섬으로 귀양 보냄.

류한 법이군요." 하고 아첨을 하자 앙은 곧 "법을 비평하는 자"라 하여 유형(流刑)에 처했다고 한다.

이렇듯 앙이 신법을 시행한 지 10년, 엄격한 법에 의한 시정은 모든 백성들에게까지 철저하여 진은 길가에 떨어진 것을 줍는 자가 없고(道不拾遺), 산적이 없어진데다 집집마다 생활이 넉넉해지고 일손도 많아졌다. 또 백성은 나라 싸움에서는 용감하게 싸웠으나 사사로운 싸움에는 겁을 내게 되어 나라 안이 잘 다스려졌다고 한다.

일변(一變) : 한 번에 바뀐다는 뜻으로, 아주 싹 달라짐.

거열(車裂) : 죄인의 양발을 두 대의 수레에 각각 묶어 반대 방향으로 달리게 하여, 팔다리나 몸을 찢어 죽임.

대사구(大司寇) : 법무장관.

그러나 이러한 앙에게도 실각할 날이 기다리고 있었다. 상군(商君)에 봉해진 앙은 군·정의 대권을 장악하고서 도읍을 옮기고, 제도를 고쳐 중앙집권의 통치를 권장하여 국력을 기르는 데 힘을 다했으나 효공이 죽고 혜문왕(惠文王)이 위에 오르자 정세는 일변했다. 기다리고 있던 공족, 귀족들이 앙에게 모반할 생각이 있다고 참언하자 앙은 궁지에 몰려 결국 자기가 제정한 가장 잔혹한 거열형(車裂刑)으로 죽게 되었다.

또 다른 이야기가 공자세가에 나온다.

노(魯)의 정공(定公) 14년, 56세가 된 공자는 대사구(大司寇)에 임명되어 재상으로서 직무를 보았다. 그로부터 3개월이 지나자 공자의 덕화정책은 노나라 구석구석까지 미쳤다.

양이나 돼지를 팔 때 에누리를 하지 않고, 남녀가 보행할 때 길을 달리해서 문란한 일이 없고, 사람들은 길에 떨어진 것을 줍지 않고, 제나라의 여행자가 노나라에 이르면 관(官)의 손을 빌리지 않고 사람들이 물품을 주어 그를 만족시켰다고 한다.

상앙(商鞅)의 준열·가혹한 법치정책과 공자의 덕화정책은 크게 상반되는 정치체제이지만 두 가지 모두 도불습유의 대표적인 이야기이다.

준열(峻烈): 준엄하고 격렬함.

桃園結義 ❖ 도원결의

복숭아나무가 무성한 정원에서 의를 맺는다는 뜻으로, 전혀 다른 사람들이 사사로운 욕심이나 야망을 뒤로 한 채 몸과 마음을 어떤 목적을 향해 같이 하는 것을 의미한다.

出典:〈삼국지연의(三國志演義)〉

| 풀이 | 전한(前漢)은 외척(外戚)에 의해 망했고 후한(後漢)은 환관(宦官)에 의해 망했다고 한다. 그러나 후한의 직접적인 붕괴의 원인은 황건적(黃巾賊)의 봉기였다. 어지러워진 국정에 거듭되는 흉년으로 당장 먹을 것이 없어 굶주린 백성들은 태평도(太平道)의 교조 장각(張角)의 깃발 아래로 모여들어 누런 수건을 머리에 두르고 황건적이 되었는데, 그들의 수는 무려 50만에 이르렀다.

이를 진압하기 위해 정부에서는 각 지방 장관에게 의용병을 모집하라는 지시를 내렸다. 유주(幽州) 탁현(涿縣)에도 의용군 모집의 게시판이 높이 나붙었다.

게시판 앞에 발길을 멈춘 유비(劉備)는 나랏일을 걱정하며 길게 한숨을 내쉬었다. 이때 "왜 나라를 위해 싸울 생각은 않고 한숨만 쉬고 있는 거요?" 하고 고함을 치는 자가 있었다. 다름아닌 장비(張飛)였다. 두 사람이 서로 인사를 나눈 다음 가까운 주막으로 들어가 함께 나랏일을 걱정하고 있는데 한 거한이 들어왔다. 기골이 장대한 모습이 남다른 인물인지라 자리를 같이할 것을 청하고 서로 존성대명을 하였다. 그는 운장(雲長) 관우(關羽)였다.

거한(巨漢) : 몸이 큰 사나이를 말함.

존성대명(尊姓大名) : 지위가 높은 사람의 성명을 높여 이르는 말.

이들 셋은 자리를 같이하고 술을 마시며 이야기하는 동안 서로 뜻이 맞아 함께 천하를 위해 일하기로 결심을 했다.

이리하여 장비의 청으로 유비의 집 후원 복숭아나무 아래에서 세 사람이 형제의 의를 맺고 힘을 합쳐 천하를 위해 일하기로 맹세하게 되었다.

그 내용을 원문에 있는 그대로 옮기면 다음과 같다.

"유비, 관우, 장비는 비록 성은 다르지만 의를 맺어 형제가 되었으니 곧 마음을 같이하고 힘을 합하여 괴로운 것을 건지고 위태로운 것을 붙들어, 위로는 국가에 보답하고 아래로는 만백성을 편안케 하리라. 같은 해, 같은 달, 같은 날에 나기를 구할 수는 없지만 다만 같은 해, 같은 달, 같은 날 죽기를 원한다. 천지신명은 참으로 이 마음을 굽어 살피시옵소서. 의리를 저버리고 은혜를 잊는 일이 있다면 하늘과 사람이 함께 죽이리라."

세 사람은 3백여 명의 젊은이들을 이끌고 황건적 토벌에 가담하게 되었고, 뒤에 제갈공명을 삼고초려로서 맞아들인 유비는 조조(曹操), 손권(孫權)과 함께 천하를 삼분하

삼고초려(三顧草廬) : 인재를 맞아들이기 위해 여러 번 찾아가서 예를 다하는 일.

107

여 삼국시대를 이루었다.

陶朱之富 ◈ 도주지부

도주공(陶朱公)의 부(富)란 뜻으로 수억만대의 큰 부를 일컫는데 '도주' 대신에 의돈(猗頓)을 써서 '의돈지부'라고도 한다.

出典 : 〈사기(史記)〉 화식전(貨殖傳)

| 풀이 | 도주(陶朱)란 월(越)나라의 명신 범려(范蠡)의 늙었을 적 이름이다.

주경왕(周敬王) 26년(기원전 497년) 월왕 구천(句踐)은 범려의 간언을 듣지 않고, 오왕 부차(夫差)와 싸워 크게 패했다. 구천은 범려의 간언을 듣지 않았던 것을 후회하고 그에게 조언을 구했다. 범려는 어떠한 굴욕이라도 참고 화해를 청하여 후일 재기할 것을 권했다. 구천은 그 말을 따라 오에게 항복했다.

이후 범려는 구천을 도와 오로지 부국강병에 힘써 20년 뒤에 드디어 오를 멸망시키고 '회계의 치욕'을 씻었으며 천하의 패자가 되게 했다.

구천이 패자가 되자 범려는 상장군이 되었다. 그러나 범려는 "제후 밑에서는 오래 있을 수가 없다. 구천과는 환난은 같이 해도 태평 세월은 함께 보내기 어렵다."고 하며 그 일족과 함께 월에서 떠나 제(齊)나라로 갔다.

회계의 치욕 : 월왕 구천이 오왕 부차와 회계산(會稽山)에서 회전하여 생포되어서 굴욕적인 강화를 맺은 것. 곧 전쟁에 패한 치욕이 뼈에 사무쳐 잊을 수 없는 치욕을 말함.

분토(糞土) : 썩은 흙.

제에서 범려는 성명을 바꾸어 치이자피(鴟夷子皮)라 하
며 장사를 해서, 전에 월나라를 부하게 한 계연(計然 ; 일설
에는 범려의 저서라고 하나 잠시 통설에 따라 범려의 스승으로
해둔다)의 책략을 따라 물자의 과부족을 생각하여 비쌀 때
는 분토를 버리듯 아낌없이 팔고, 쌀 때는 주옥을 구하듯
사들여 얼마 안 가서 수천만의 부를 쌓았다.

현재(賢才) : 뛰어난 재능.

제나라에서는 그의 현재(賢才)를 아껴 재상으로 맞이하
고자 했으나, 그는 "집은 천금의 부를 누리고 벼슬에 있어
서 경상(卿相)이 됨은 영화의 극(極), 오래 존경을 받는 것
은 몸에 좋지 않다."고 하여 그것을 거절함과 동시에 수천
만금의 재산을 남김없이 남에게 나누어 준 다음 다시 도
(陶)로 떠났다.

도에서 그는 다시 장사를 시작했다. 이곳을 택한 것은
이곳이 제후의 나라와 사방으로 통하는 물자의 중심지였
기 때문이다.

여기서 그는 이름을 주(朱)로 바꾸고, 거래선을 잘 골라
기회를 잡아 물자를 유통시키니, 다시 수천만금의 부(富)
를 쌓아 도주공(陶朱公)이라 불리게 되었다.

그는 19년 동안에 세 번이나 큰 부를 얻어 그 중 두 번
씩이나 이를 빈민들에게 나누어 주었다. 뒤에 그의 나이
가 많아지자 모든 가업을 자손들에게 맡겼는데 자손들 역
시 재주를 물려받아 더욱더 그 부를 늘렸다고 한다.

의돈(猗頓)은 춘추시대 때 노(魯)나라 사람이다. 원래는
궁사(窮士) : 곤궁한 선비.
궁사(窮士)였으나 소금과 목축으로 부를 쌓아 왕이나 공후

들을 능가하는 생활을 했다.

이런 까닭으로 세상에서 부를 운운하는 자를 도주공 혹은 의돈이라 말한다.

운운(云云) : 이러쿵저러쿵 말함, 또는 그렇게 하는 여러 가지 말.

道聽塗說 ◈ 도청도설

길에서 듣고 길에서 얘기한다는 뜻으로, 아무렇게나 듣고 또 그 들은 것을 깊이 생각하거나 실천하는 일 없이 그 자리에서 다시 써먹기에 급급한 경박한 행동을 말한다. 또 사실 무근의 풍문을 곧이곧대로 받아들인다는 뜻도 있다.

出典 : 〈논어(論語)〉 양화편 (陽貨篇)

풍문(風聞) : 바람처럼 떠도는 소문.

| 풀이 | "도(道)에서 듣고 도(塗)로 설(說)하는 것은 덕(德)을 버리는 것이다(道聽而塗說德之棄也)."

"앞의 길에서 들은 좋은 말을 마음에 간직해서 자기 수양의 길잡이로 삼지 않고, 후의 길에서 바로 다른 사람에게 말해 버리는 것은 스스로 그 덕을 버리는 것과 같은 것이다. 좋은 말은 전부 마음에 잘 간직해서 자기 것으로 하지 않으면 덕을 쌓을 수가 없다."

공자는 말하기를 "사람을 보고 말을 택하지 말고 말을 가지고 사람을 택하지 말라."고 했다. 미친 사람의 말도 성인이 택한다고 했으며, 말하는 것만 가지고 그 사람을 그대로 평가한다는 것도 경솔하다고 지적했다.

〈순자〉의 권학편(勸學篇)에도 같은 뜻의 말이 있다.

"소인의 학문은 귀로 들어와 바로 입으로 빠지며 조금도 마음에 머무르지 않는다. 입과 귀 사이는 약 4치, 이 정도의 거리를 지날 뿐으로써 어찌 7척 장신을 훌륭한 것으로 만들 수가 있겠는가. 옛날 학문을 하는 사람은 자기를 연마하기 위해 노력했으나, 지금 사람은 배운 것을 곧 남에게 알리려 할 뿐 자기 것으로 하겠다는 생각이 없다. 군자의 학문은 자기 자신을 아름답게 하는 데 비해 소인들의 학문은 인간을 못쓰게 만들어 버린다. 그래서 묻지도 않은 말을 입 밖에 내고 만다. 이것은 듣기 싫다 하고, 일⑴을 묻는데 이⑵를 말하는 것을 수다라고 한다. 어느 것도 좋지 않다. 진정한 군자란 묻지 않으면 대답하지 않고 물으면 묻는 것만을 대답한다."

연마(研磨) : 학문이나 지식·기능 등을 힘써 배우고 닦음. 단련.

塗炭之苦 ❈ 도탄지고

出典 : 〈서경(書經)〉 중훼지고(仲虺之誥)

진흙의 수렁이나 숯불 속에 떨어진 것 같은 괴로움을 나타낸 말로, 참을 수 없는 심한 고통과 학정(虐政) 속에 빠져 있음을 뜻한다.

| 풀이 | 하(夏)의 걸왕(桀王)은 요염한 미녀 말희(妺喜)를 사랑하여 주지육림(酒池肉林)의 음락을 즐기다가 비도망국의 제왕이 된다. 걸왕의 학정에 반항, 군사를 일으켜 걸왕의 대군을 명조산에서 대파하고 천자의 위에 오른 자는

음락(淫樂) : 과도한 환락.

학정(虐政) : 포학한 정치.

은(殷)의 탕왕(湯王)이다.

　탕왕은 거병(擧兵)할 때, 영지인 박(亳)의 군중 앞에서 출진의 서약을 선포했다.

　"오라 그대들이여, 모두들 내 말에 귀를 기울이라. 나는 감히 난을 일으키는 것이 아니다. 하의 죄가 많아 천명으로 이를 토벌하고자 한다."

　이 탕왕의 서사(誓詞)는 현재 〈서경〉의 탕서편(湯誓篇)으로 남아 있다. 걸왕과 싸워 대승하고 밖으로 개선했을 때 탕왕은 제후들에게 걸왕의 무도를 재차 공격하게 하였다.

　"하왕(夏王)은 덕(德)을 멸하고, 폭위를 떨쳐 그대들 만방의 백성에게 학정을 가했다. 그대들 만방의 백성은 그 흉해를 입어 도독(荼毒)의 괴로움에 견디다 못해 무고한 괴로움을 상하의 신기(神祇)에 고했다. 천도는 언제나 선에게 복을 주고, 음(淫)에게 화를 미치게 한다. 하늘은 재앙을 하(夏)에 내려 이로써 그 죄를 밝혔다."

　걸왕의 학정(虐政)을 비난한 말은 이밖에도 고전(古典)에 수없이 보이나 같은 〈서경〉의 중훼지고(仲虺之誥)에서는 "유하혼덕(有夏昏德)하여 백성이 도탄(塗炭)에 떨어지다." 라고 했다. 중훼지고는 탕임금이 무력혁명에 의해 걸을 내쫓고 천자가 된 것을 부끄러워하자 좌상인 중훼가 글을 지어 탕임금을 위로한 것이다. 걸왕의 부덕, 악랄한 행위에 의해 백성들이 받은 말할 수 없는 고난을 여기서는 한마디 말로 '백성이 도탄에 떨어지다.' 라고 표현했다. 이것이 오늘날 '도탄의 괴로움' 이란 말의 어원이 되었다.

출진(出陳) : 싸움터를 향해 나아감.

천명(天命) : 하늘의 명령. 천자의 명령.

서사(誓詞) : 맹세하는 말.

폭위(暴威) : 거칠고 사나운 위세.

도독(荼毒) : 씀바귀의 독.

신기(神祇) : 천신지기(天神地祇). 하늘의 신령과 땅의 신령.

獨眼龍 ❖ 독안룡

出典 :〈오대사(五代史)〉당
기(唐記)

애꾸눈으로 용기가 있는 사람, 즉 사납고 용감한 장수를 일컫는 말이다.

| 풀이 | 당(唐)의 의종(懿宗) 말년(873), 산동(山東)·하남 지방은 대홍수를 만났으나 이듬해인 희종(僖宗)의 건부 원년(乾符元年)에는 다시 큰 가뭄을 당하는 불행을 만났다. 그런데다 주현(州縣)의 막중한 세금 징수는 농민들의 반감을 사게 되었다.

그러자 산동 일대의 농민 봉기의 기세를 타고 황소(黃巢)가 난을 일으켰다. 얼마 안 되어 병력 수십만을 헤아리게 된 황소는 광명 원년(廣明元年) 11월, 낙양을 함락하고 드디어 수도 장안으로 진격, 대중들의 환호 속에 입성하였다.

그리고 황소는 스스로 제제(齊帝)라 칭하고 대제국(大帝國)을 세웠다.

한편, 흥원(興元)에서 성도로 난을 피하고 있던 희종은 돌궐 출신인 이극용(李克用)을 기용하여 반격 대세를 갖추어 나갔다. 그리하여 이극용은 4만의 병사를 인솔하여 하중(河中)으로 진군했다.

이극용(李克用) : 당나라 말
기의 무장으로 돌궐인. 후
당(後唐)의 사실상의 건국
자. 황소의 난의 평정에 공
을 세워 세력을 얻었으나
주전충(朱全忠)과 싸우다가
죽었다.

효용(驍勇) : 사납고 날쌤.

이 이극용에 대해 〈오대사〉에는 다음과 같이 기록되어 있다.

"이극용, 젊어서부터 효용(驍勇)하여 군중이 일컬어 이

113

아아(李鴉兒)라 했다. 그의 눈이 애꾸였으므로 그가 귀하게 되자 다시 독안룡이라 호(號)하다.”

또 〈당서〉에는 이렇게 기록되어 있다. “희종 때 황소 반하다. 이극용 이를 평정시키다. 당시의 사람들은 그의 눈이 애꾸이고 용기가 있으므로 ‘독안룡’ 이라 호하다.”

이것으로 보아 상당한 용장이었음을 알 수 있다.

그런데 독안룡의 군은 검은 옷을 입고 있었으므로 소군(巢軍)은 그 눈부신 진격에 “아군(鴉軍)이 온다!” 하며 두려워하여 떨었었다고 한다. 그러나 쇠퇴했다고는 하나 아직 맹위를 떨치는 소군(巢軍)은 산동 하내(河內) 방면의 관군을 석권(席卷)하고 있었으므로, 극용은 5만 명의 군사를 이끌고 스스로 관군의 통수(統帥)로서 산동으로 들어가 황하를 넘는 소군에게 일대 철주를 가하고, 이어 하구(瑕丘)에서 결정적으로 소군을 궤주(潰走)시켰다. 여기서 그 동안 기세를 떨치던 반란군도 토벌되고 황소도 패하여 죽고 말았다.

아군〔鴉軍〕: 아(鴉)는 아(鵶)와 같은 글자. 곧 까마귀.

철주(掣肘): 남의 일을 방해하여 못하게 제지함.
궤주(潰走): 패하여 흩어져 달아남.

同病相憐 ◈ 동병상련

같은 병을 앓고 있는 사람끼리 서로 연민의 정을 품는다는 뜻으로, 비슷한 경우나 처지에 있는 사람끼리 더욱더 상대를 잘 이해하고 동정한다는 말이다.

出典: 〈오월춘추(吳越春秋)〉

| 풀이 | 아버지와 형이 역적의 누명을 쓰고 죽자 초나라를 등지고 오나라로 망명해 온 오자서(吳子胥)는 공자광(公子光)을 만나 마침내 초나라에 대한 복수를 하게 된다.

오자서를 공자광에게 추천한 사람은 관상을 잘 보는 피리(被離)란 사람이었다. 피리는 오자서가 거지 행세를 하며 오나라의 거리를 떠돌고 있을 때 남다른 인물임을 알아보았던 것이다. 결국 공자광은 오자서의 힘으로 오나라의 왕이 되었으며 이름을 합려(闔閭)로 고쳤다.

오자서가 합려왕의 보은으로 오나라의 실권을 잡게 되었을 때 초나라에서 백주리(伯州犁)의 아들 백비(伯嚭)가 찾아왔다. 백주리도 오자서의 아버지를 죽게 만든 비무기(費無忌)란 간신에 의해 억울하게 죽었기 때문에 백비는 오자서에게 몸을 의탁하기 위해 찾아온 것이다. 오자서는 그를 합려왕에게 천거하여 대부란 벼슬자리에 앉게 했다.

그러자 대부인 피리가 물었다.

"백비를 한 번 보았을 뿐인데 어찌 그리 신임하시오?"

"그는 나와 같은 원한을 품고 있기 때문이오. 강가 사람들이 부르는 노래를 듣지 못했소?"

同病相憐
同憂相救
驚翔之鳥 相隨而飛
瀨下之水 因復俱流

같은 병은 서로 불쌍히 여기고
같은 근심은 서로 구원한다
놀라 나는 새는 서로 따라 날고
여울 아래 물은 다시 함께 흐른다

"호마(胡馬)는 북쪽 바람을 향해 서고 월나라 제비는 햇

빛을 찾아 노는 법이오. 육친을 잃고 슬퍼하지 않는 사람이 어디에 있겠소."

"이유는 정말 그것뿐입니까?"

"그것뿐입니다."

"그렇다면 말씀드리지요. 내가 보는 바로는 그의 눈은 매와 같고 걸음걸이는 범을 닮았습니다. 그것은 사람 죽이기를 보통으로 아는 잔인한 상입니다. 절대로 마음을 주어서는 안 됩니다."

"설마 그럴 리야 있겠소."

오자서는 피리의 충고를 듣지 않고 백비를 태재(太宰)라는 벼슬에까지 오르게 한다. 그러나 백비는 그 뒤 적국인 월나라의 뇌물에 팔려 충신 오자서를 자살하게 만든다.

오자서는 동병상련으로 그를 이끌어 주었지만 백비는 그 은공을 원수로 갚고 말았다. 보편적인 원칙도 악한 사람에게는 적용이 안 된다는 것을 잘 말해 주고 있다.

육친(肉親) : 부자(父子)나 형제처럼 혈족 관계에 있는 사람을 이르는 말.

得隴望蜀 ❖ 득롱망촉

농서 지방을 얻고 또다시 촉을 탐낸다는 뜻으로, 끝이 없는 인간의 욕심에 비유되어 쓰인다.

出典 : 〈후한서(後漢書)〉 광무기(光武紀)

| 풀이 | 후한(後漢)의 세조 광무제(光武帝)가 비로소 제위에 올라 낙양으로 들어가 그곳을 수도로 정했을 무렵이다.

경시제(更始帝)는 적미(赤眉)의 적에게 쫓겨 장안으로 도망치고 있었다. 이때 광무제는 경시를 휴양왕(睢陽王)으로 봉했으나 적미와 대항도 못하고 곧 항복하여 살해되었다. 그 무렵 국내에는 장안에 웅거하고 있는 적미를 비롯하여 농서(隴西)에는 외효(隗囂), 하서(河西)에는 두융(竇融), 촉(蜀)에는 공손술(公孫述)이 있고, 다시 휴양(睢陽)에는 유영(劉永), 여강(廬江)에는 이헌(李憲), 임치(臨淄)에는 장보(張步) 등이 할거하고 있었는데 그 중 적미의 유분자(劉盆子), 휴양의 유영, 여강의 이헌, 촉의 공손술 등은 황제의 칭호를 쓰고 있었다.

광무제는 먼저 적미의 유분자를 토벌하고, 이어 유영, 이헌, 장보 등을 차례로 토벌해 갔다. 두융은 공순한 뜻을 표했으므로 남은 것은 농서에 있는 외효와 촉에 웅거하고 있는 공손술 두 사람이었다.

외효는 앞서 광무제와 손을 잡고 서주 상장군(西州上將軍)의 칭호를 받고 있었으나 나날이 강성해지는 광무제의 기세에 겁을 먹고 촉의 공손술과 손을 잡고 이에 대항하려 했다. 그러나 이미 나라를 세워 제위에 오른 공손술은 외효가 보낸 사신을 모욕하는 형편이었으므로 외효는 공손술과 사이 좋게 지낼 생각을 버리고 반대로 광무제에게 사람을 보내어 그와의 결탁을 더욱 두텁게 했다.

그러나 외효는 광무제에게서 신사(臣事)할 것을 요구받자 이를 거절하고 배반을 했는데, 건무(建武) 9년에 이르러 광무제와 대립 상태인 채 병으로 죽고 이듬해에는 그

할거(割據) : 땅을 나누어 차지하고 막아 지킴. 세력권을 이룩함.

공순(恭順) : 공손하고 온순함.

신사(臣事) : 신하가 되어 섬김.

아들 구순(寇恂)이 항복해서 마침내 농서의 땅은 완전히 평정되었다.

이때 광무제는 "인생이란 족함을 모른다. 이미 농서를 얻었으니 다시 촉을 얻어야겠다." 하고 그 웅도를 술회하였다.

웅도(雄圖) : 크고 뛰어난 계획과 포부.

남아 있는 것은 촉의 공손술뿐이었다. 건무 13년, 광무제는 대군을 일으켜 촉을 엄습, 이를 대파하여 전국의 평정을 끝내고 후한 제국의 기초를 굳게 했다.

또 삼국시대 때 조조, 유비, 손권이 서로 불꽃을 튀기며 천하의 패권을 잡고자 할 때이다. 유비가 손권과 일을 벌이고 있는 틈을 타 조조는 한중(漢中)을 공략하고 양평관(陽平關)에서 남정(南鄭)으로 들어갔다. 이때 조조의 막하에 있었던 사마의(司馬懿)가 조조에게 말했다.

막하(幕下) : ① 주장(主將)이 거느리고 있는 장교와 종사관. ② 지휘관이나 책임자가 거느리는 부하, 또는 그 지위.

"지금 한중으로 들어왔으므로 유비의 익주(益州)도 떨고 있습니다. 군사를 진격시켜 이를 습격한다면 반드시 격파할 수가 있습니다."

"인간이란 족함을 모르는 것이다. 그러나 나는 광무제가 아니다. 이미 농(隴)을 손에 넣었으니 그 이상 촉을 바라볼 필요가 어디에 있겠는가." 하고 조조는 말했다.

물론 조조가 힘이 부족하여 익주 진격을 포기하였음은 두말할 나위가 없다.

여기서 광무제와 조조의 말과 본심과의 재미있는 대조를 볼 수 있다.

得魚忘筌 ❖ 득어망전

出典 : 〈장자(莊子)〉 외물편
(外物篇)

고기가 잡히면 그 때문에 쓰던 통발을 잊어버린다는 말로, 어떤 목적이 달성되면 그 동안 도움이 되던 것을 까맣게 잊고 그 은혜에 보답하는 일조차 잊는다는 뜻이다. 또는 학문을 함에 있어 언어에 구애되지 않고 그 진의(眞意)를 얻음을 비유하여 이르기도 한다.

전(筌) : 통발. 물고기를 잡는 데 쓰는 도구의 한 가지. 가는 댓조각이나 싸리 따위로 엮어서 통처럼 만듦.
제(蹄) : 올무. 새나 짐승을 잡는 데 쓰는 올가미.

| 풀이 | "전(筌)은 고기를 잡기 위한 것이나 고기가 잡히면 전은 잊어버리게 된다. 제(蹄)는 토끼를 잡기 위한 것이나 토끼가 잡히면 잊어버린다. 말은 뜻을 나타내는 것, 뜻을 다 알게 되면 그 말은 잊어버린다."고 장자는 세 가지 예를 들며 말했다.

"나는 참된 뜻을 깨달은(말 같은 것은 잊어버려 얽매이지 않는) 사람과 만나 이야기해 보고 싶다."

그 마음의 밑바닥에는, 참된 뜻이란 말로는 전할 수 없는 것이라는 생각이 흐르고 있다. 선(禪)에서 말하는 불립문자(不立文字)라는 것과 비슷하나 말이 필요없을 만큼 무

불립문자(不立文字) : 문자로써 세우지 않는다는 뜻으로, 불도(佛道)의 깨달음은 마음에서 마음으로 전해지는 것이지, 문자나 말로 전해지는 것이 아니라는 말.

잇인가를 뚜렷하게 파악했다면, 설명하지 않아도 서로 알 수 있는 사람이 있다면 부러운 경지라 하겠다.

여기서 '망전(忘筌)', '망제(忘蹄)', '망언(忘言)'이란 말이 생겼는데 어느 것이나 말을 초월한, 진실을 파악하고 있는 경우를 가리켜 쓰인다.

登高自卑 ❖ 등고자비

높은 곳에 오르려면 낮은 곳에서부터 올라가야 한다는 뜻으로 무슨 일이든지 순서가 있음을 일컫는 말이다.

出典 : 〈중용(中庸)〉 제15장

| 풀이 | 군자(君子)의 도는 비유컨대 먼 곳을 감에는 반드시 가까운 곳에서부터 출발함과 같으며, 높은 곳에 오름에는 반드시 낮은 곳으로부터 출발함과 같다.

〈시경〉에 "처자의 어울림이 거문고를 타는 듯하고, 형제 진작 뜻이 맞아 화합하며 즐겁고도 즐겁나니, 너의 집안 화목케 하며, 너의 처자 즐기우리라." 하고 노래한 바 있는데, 공자는 이 시를 읊고서 "부모는 참 안락하시겠다."고 말했다(君子之道 辟如行遠必自邇 辟如登高必自卑 詩曰 妻子好合 如鼓瑟琴 兄弟既翕 和樂且耽 宜爾室家 樂爾妻帑 子曰 父母其順矣乎).

登龍門 ❖ 등용문

난관을 돌파하고 용이 되어서 하늘로 올라가는 문이란 말로 입신출세의 관문이란 의미로 쓰인다.

出典 : 〈후한서(後漢書)〉 이응전(李膺傳)

| 풀이 | 후한(後漢) 말 환제(桓帝) 때의 일이다.

'발호장군(跋扈將軍)'이란 횡포한 외척 양기(梁冀)가 제

거되고 대신 선초(禪超) 등 소위 '오사(五邪)'의 환관이 포학을 자행하기 시작했을 때, 일부 정의파 관료들은 이에 대해 과감한 항쟁을 전개해서 소위 '당고(黨錮)의 화'라는 대규모적인 탄압을 불러일으키게 되는데, 이 항쟁의 중심이 되고 정의파 관료 중 영수로 지목되는 인물로서 이응(李膺)이라는 사람이 있었다.

이응은 원례(元禮)라고 하며 영천 양성(穎川襄城) 사람이다. 궁정은 환관의 발호로 강기의 퇴폐가 심했으나, 이응은 홀로 명교(名教)의 호지자(護持者)로 자처하고 절조를 지켰으므로 명성이 더욱 높아져 태학의 청년 학생들은 그를 경모해서 '천하의 모범은 이원례'라 일컬었거니와 신진 관료사인(官僚士人)들도 그와 친분을 갖거나 추천을 받는 것을 대단한 명예로 삼아 이것을 '등용문(士有被其容接者 名爲登龍門)'이라 칭했다.

용문(龍門)이란 황하 상류에 있는 협곡의 이름으로 일명 하진(河津)이라고도 한다. 이 근처는 물의 흐름이 아주 빨라서 그 흐름을 거슬러 오르는 큰 물고기도 타고 넘지 못한다.

한번 이 급류를 타고 넘으면 그 물고기는 곧 용으로 변화된다고 전해지는 곳이다. 따라서 용문으로 오른다는 것은 대단한 난관을 돌파해서 약진하는 기회를 얻는 것을 뜻한다.

그리고 '등용문'의 반대를 의미하는 말에 '점액(點額)'이란 말이 있다. 액(額)이란 이마, 점(點)이란 상처를 입는

당고(黨錮)의 화 : 중국 후한의 환제·영제 때에 환관들이 정권을 장악하여 국사를 마음대로 하자 진번(陳蕃)·이응 등의 학자와 태학생들이 환관들을 탄핵하였으나, 도리어 환관들이 이들을 종신 금고에 처하여 벼슬길을 막아 버린 일.
영수(領袖) : 어떤 단체의 대표가 되는 사람. 우두머리를 말함.
발호(跋扈) : 제 마음대로 날뛰며 행동하는 것.
강기(綱紀) : 나라의 법규와 사회의 도덕.
명교(名教) : 인륜의 명분을 밝히는 가르침.

121

다는 뜻으로, 용문으로 올라가려고 급류에 덤벼든 물고기들이 물살에 휘말려 근처의 바위에 이마를 부딪혀 정신을 잃고 다시 하류로 전락하는 것을 말한다. 즉 경쟁에서의 패배를 말하는 것이다.

전락(轉落) : 굴러 떨어짐.

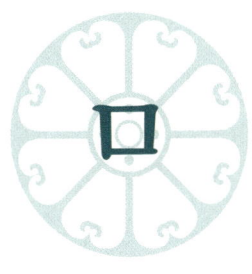

馬耳東風 ❖ 마이동풍

出典 : 이백의 〈답왕거일한 야독작유회(答王去一寒夜 獨酌有懷)〉

말의 귀를 스치는 동풍이란 뜻으로, 다른 사람의 의견이나 충고 등을 전혀 상대하지 않거나 이쪽에서 아무리 떠들어도 상대에게 아무런 반응도 주지 않는 것을 형용한 말이다. 우리 속담의 '쇠귀에 경 읽기(牛耳讀經)' 란 말과 같다.

┃ 풀이 ┃ 사람의 의견이나 비평이나 충고 등을 전혀 상대하지 않는 것을 형용하는 말이다.

'쇠귀(牛耳)에 경 읽기' 라고도 한다.

'마이동풍' 이란 이백(李白)의 〈왕거일(王去一)의 한야(寒夜)에 독작(獨酌)하고 회포에 잠긴다에 답하다〉라는 시(詩)에 나온다. 시 제목이 말하듯, 이 시는 거일이란 친구가 〈한야에 독작해서 회포가 있다〉라는 시를 보내온 데 대한 회답시로 장단구(長短句)를 섞은 장시이다.

불우(不遇) : 좋은 때를 만나지 못하여 불행함. 포부나 재능이 있어도 운수가 나빠 세상에 잘 쓰이지 못하는 것을 말함.
독작(獨酌) : 혼자 술을 마심.

왕거일은 시로 자기의 불우(不遇)를 이백에게 호소한 듯하다. 이백은 거기에 대해 달이 휘영청 밝고 추운 밤에 독작을 하고 있는 왕거일의 쓸쓸함을 생각하면서 이 시를 지은 것이다. 내용을 보면, 술을 마셔 만고의 쓸쓸함을 씻어버릴 것을 권하고 또 그대처럼 고결하고 뛰어난 인물은 지금 세상에서는 쓰이지 못함이 당연하다고 위로하며 다시 강개하는 말투로 자기의 당세관(當世觀)을 엮어간다.

'지금 세상은 투계(鬪鷄)—당시 왕후·귀족 사이에서 즐겨 유행되었다—의 기술에 뛰어난 인간이 천자의 사랑을 얻을 수 있고, 그렇지 않으면 만적(蠻賊)의 침입을 막아 공을 세운 인간이 권력을 잡고 거드름을 피우는 세상이다. 물론 자네나 나는 그런 인간들의 흉내는 낼 수 없다. 우리는 북쪽 창에 기대어 시를 읊거나 부(賦)를 짓는다. 그러나 그것이 만방에 미치는 걸작이라도 지금 세상에서는 한 잔의 물만한 가치도 없다. 아니 그뿐 아니라 세인들은 그것을 듣고 고개를 흔들며 동풍이 말의 귀를 스치는 정도로밖에 생각하지 않는다.'

이백은 비분하며 원래 중국은 무(武)보다 문(文)을 중시하는 나라로 문의 힘이 한 나라를 기울게도 하고, 반대로 흥하게도 한다고 읊었다. 더구나 이백처럼 스스로를 자부하는 바가 컸었던 시인에게는 그것이 강했다.

'생선 눈과도 같은 어리석은 자들이 명월이나 주옥과 같은 우리들을 비웃고 귀한 지위를 대신 차지하려고 한다. 옥석혼효(玉石混淆)하고 어진 것과 어리석은 것이 뒤바뀌어 있는 것이 지금의 세상이다. 그리고 물론 우리들 시인에게는 경상(卿相)의 자리는 없다. 청년 시절부터 우리는 산야에 고답하는 것이 원이 아니었던가.'
하고 격려하며 힘을 북돋우고 시를 끝맺는다.

강개(慷慨) : 의롭지 못한 것을 보고 정의심이 복받치어 슬퍼하고 한탄함.

만적(蠻賊) : 오랑캐.

고답(高踏) : 세상에 초연하거나 현실과 동떨어지게 사고하거나 행동함.

馬革裹尸 ❖ 마혁과시

出典 : 〈후한서(後漢書)〉 마원전(馬援傳)

말가죽으로 시체를 싼다는 뜻으로, 전쟁터에 나가 싸우다가 죽겠다는 용장(勇將)의 각오를 가리킨다. 또 전사함을 일컫기도 한다.

| 풀이 | 마원은 후한 광무제 때의 복파장군(伏波將軍)으로 지금의 베트남인 교지(交趾)를 평정하고 돌아온 용맹과 인격이 뛰어난 명장이었다.

교지에서 돌아온 그는 신식후(新息侯)로 3천 호의 영지를 받았으나 다시 계속해서 남부지방 일대를 평정하고 건무(建武) 20년(44년) 가을, 수도 낙양으로 개선했다.

이때 마원을 환영하기 위해 많은 사람들이 성밖에까지 나와 맞았는데 그 속에 지모가 뛰어나기로 유명했던 맹익(孟翼)도 끼어 있었다.

지모(智謀) : 슬기로운 계책.

맹익은 많은 사람들 사이에 끼어 판에 박은 축하의 인사만을 건넸다. 그러자 마원은 맹익을 보고 이렇게 말했다.

"나는 그대가 가슴에 사무치는 충언을 해줄 것으로 기대하고 있었는데 겨우 남과 같은 형식적인 인사만을 한단 말인가. 옛날 복파장군(伏波將軍) 노박덕(路博德)은 남월(南越)을 평정하여 일곱 군(郡)을 새로 만드는 큰 공을 세우고도 겨우 수백 호의 작은 영토를 받은 데 불과했다. 그런데 지금 나는 별로 공을 세우지도 못했는데 큰 고을을 봉읍으로 받게 되었다. 공에 비해 상이 너무 크니 도저히 이대

125

로 오래 영광을 누릴 수는 없을 것 같다. 그대에게 무슨 좋은 생각이 없는가?"

맹익이 좋은 꾀가 생각나지 않는다고 대답하자 마원은 다시 말을 계속했다.

"지금 흉노와 오환(烏桓)이 북쪽 변경을 시끄럽게 하고 있다. 이들을 정벌할 것을 청하리라. 사나이는 마땅히 변경 싸움터에서 죽어야만 한다. 말가죽으로 시체를 싸서 돌아와 장사를 지낼 뿐이다(以馬革裹尸 還葬耳). 어찌 침대 위에 편안히 누워서 여자의 시중을 받으며 죽을 수 있겠는가?"

마원이 남방에서 개선한 지 한 달 남짓 되어 때마침 흉노와 오환이 부풍군(扶風郡)으로 쳐들어왔다. 마원은 기다렸다는 듯이 나가 싸울 것을 청했다. 허락을 받은 그는 9월에 일단 낙양으로 돌아왔다가 12월에 다시 싸움터로 나가게 되었는데 이때 광무제는 백관들에게 조서를 내려 마원을 다같이 환송하도록 명했다고 한다.

오환(烏桓) : 중국 한대(漢代)에 동몽고에서 흉노에게 쫓겨서, 남방 열하(熱河)지방을 무대로 활동하던 동호족(東胡族)의 한 부족.

莫逆之友 ❖ 막역지우

마음에 조금도 거슬림이 없는 친구란 뜻으로, 더할 나위 없이 친한 허물없는 친구를 일컫는다.

出典 : 〈장자(莊子)〉 대종사편(大宗師篇)

| 풀이 | 똑같은 형태의 두 가지 이야기가 전해지는데 그

것을 소개하면 다음과 같다.

하나는 "자사(子祀), 자여(子輿), 자리(子犁), 자래(子來) 네 사람이 서로 말했다. '누가 능히 무(無)로써 머리를 삼고 삶[生]으로써 등을 삼고 죽음으로써 궁둥이를 삼겠는가. 누가 죽고 살고 있고 없는 것이 하나[一體]라는 것을 알겠는가. 내가 그와 더불어 친구가 되리라.' 이렇게 말하고는 네 사람이 서로 바라보며 웃었다. 마음에 거슬림이 없어 드디어 더불어 친구가 되었다(四人相視而笑 莫逆於心 遂相與爲友)."라는 것이다.

또 하나는 "자상호(子桑戶), 맹자반(孟子反), 자금장(子琴張) 세 사람이 서로 이야기하기를 '누가 능히 서로 사귀지 않는 속에서 사귀고, 서로 하는 일이 없는 가운데 행함이 있겠는가. 누가 능히 하늘에 올라 안개 속에 놀고 무한한 우주 속을 돌아다니며 삶을 잊고 무한을 즐길 수 있겠는가?' 하고는 서로 바라보며 웃었다. 마음에 거슬림이 없는지라 서로 친구가 되었다(三人相視而笑 莫逆於心 遂相與友)."라는 것이다.

이 '마음에 거슬림이 없는'에서 막역지우(莫逆之友)니 막역(莫逆)이니 하는 말이 생겨 친우를 가리키게 되었다.

挽歌 ◈ 만가

出典 : 〈춘추좌씨전(春秋左

수레를 끌면서 부르는 노래라는 뜻으로, 즉 상여를 메

고 갈 때 죽은 사람을 애도하며 부르는 노래를 말한다.

氏傳》

| 풀이 | 한의 유방이 초의 항우를 해하(垓下)에서 격파하고 즉위하여 한고조(漢高祖)가 되었을 때의 일이다. 이전에 유방과 화목을 맺은 직후, 한신(韓信)에게 급습을 당해 화목사로 온 세객 역이기(酈餌其)를 자살(煮殺)시켜 버린 제왕(齊王) 전횡(田橫)은 고조가 즉위하자 주살을 겁내어 부하 5백 명과 함께 섬으로 피신했다.

주살(誅殺) : 죄를 물어 죽임. 죄인을 무찔러 죽임.

고조는 전횡이 후일에 반란을 일으킬까 겁내어 항복을 유도했다. 그런데 낙양 못 미쳐 30리까지 왔을 때 전횡은 포로가 되어 한왕(漢王)을 섬기는 것을 수치스럽게 생각하고 자결하였다. 그래서 그 목을 고조(高祖)에게 바쳤는데 그 두 사람의 사신도 뒤이어 전횡의 무덤으로 들어가 스스로 목을 잘라 순사했다. 섬에 남아 있던 5백여 명도 전횡의 높은 절개를 사모해서 다 순사했다. 이렇게 되자 전횡의 문인이 '해로(薤露)', '호리(蒿里)'라는 두 장의 상가(喪歌)를 지었다. 그 중 하나인 해로의 내용은 다음과 같다.

순사(殉死) : 죽은 사람의 뒤를 이어 따라서 죽음.

부추 위에 내린 아침 이슬은 어찌 그리 쉽게 마르는가.
이슬은 말라도 내일 아침에는 다시 내린다.
사람은 죽어 한번 가면 언제 다시 돌아올소냐.

薤上朝露何易晞
露晞明朝更復落
人死一去何時歸

이윽고 한조(漢朝)는 무제(武帝)의 시대가 된다. 무제는 악부(樂府)라는 국립 음악원을 만들어 음악의 연구에 힘쓰고, 악인(樂人)인 이연년(李延年)을 총재에 임명했다. 이연년은 전기 2장('해로', '호리' 두 장)을 나누어 두 곡으로 만들고 전자는 공경귀인(公卿貴人)을, 후자는 사부서인(士夫庶人)을 송장(送葬)하며 관을 끄는 자에게 부르게 했다. 사람들은 그것을 보고서 만가(挽歌)라고 부르게 되었다. 죽음을 조상하는 말을 만(輓=挽)이라고 하는 것은 여기서 유래되었다고 한다. 〈진서〉의 예지(禮志)에 따르면 만가는 원래 무제 때 노동자가 부르던 노래였으나 노랫소리가 애절해서 구구절절 가슴을 울리므로 마침내 사자를 송장하는 의식에 쓰이게 되었다고 한다.

송장(送葬) : 송장을 장지(葬地)로 보냄. 장사 지내어 보냄.

구구절절(句句節節) : 모든 구절.

萬事休矣 ❖ 만사휴의

어떤 사태에 직면해서 그것에 대해 어떠한 방책도 강구할 수 없는 상태나 뜻하지 않은 실패를 맛보아 되돌릴 수 없게 된 경우의 절망과 체념의 상태를 말한다.

出典 : 〈송사(宋史)〉 형남고씨세가(荊南高氏世家)

| 풀이 | 당나라 말기, 황소의 난이 일어나 천하는 어지러울 대로 어지러워 전란 30년으로 당의 명맥이 끊어지고, 송이 새로 일어나기까지 50여 년 동안 왕조가 다섯 차례나 바뀌었다. 더구나 그 동안 지방에 할거한 소국은 10개국이나 되고, 계속 무력에 의한 항쟁찬탈(抗爭簒奪)이 행해졌다. 군주란 무장 출신이 아니면 도적이나 이민족이고, 초대에는 무력을 배경으로 군림하나 2, 3대가 되면 배경이

명맥(命脈) : 목숨. 생명.

할거(割據) : 국토를 나누어 차지하여 세력권을 이룩함.

없어져 대개 유약해져 버리고 말았다. 더구나 소국 중에는
대국의 보호 아래 유지되는 곳도 있는 형편이었다.

형남(荊南)도 그런 소국의 하나였다. 개조(開祖)인 고계
홍(高季興)은 후량(後梁)의 태조를 따랐고 무공에 의해 형
남 절도사(荊南節度使)가 되었으며, 다시 발해왕(渤海王)에
봉해졌다. 후량이 망하고 후당(後唐)의 세상이 되자 장종
(莊宗)에 의해 남평왕(南平王)으로 봉해졌으나, 명종(明宗)
에게 공격을 받아 오(吳)에 붙어 지냈다. 그 아들 종회(從
誨)는 영리하고 꾀가 많아 다시 후당에 붙어 남평왕이 되
고 남한(南漢), 민(閩), 촉(蜀)이 모두 제위에 오르자 그들에
게 신(臣)이라 칭했으므로 각국에서는 그를 천시하여 고무
뢰(高無賴)라고 불렀다.

종회의 뒤는 아들인 보융(保融), 그후는 보융의 동생인
보훈(保勛)이 자리를 이었으나, 그 무렵에는 후주도 망하
여 송(宋)이 되고, 보훈도 송에 신종(臣從)하고 있었다.

보훈은 어렸을 때, 종회의 총애를 받고 있었기 때문에
사람이 화를 내는 것을 보아도 잘못을 반성하지 않고 웃
음으로 얼버무렸다. 그래서 형남 사람들은 '만사휴의(萬事
休矣)', 즉 '모든 것은 끝장이다!' 하고 생각했었다.

과연 그는 정권을 이어받자 굉장한 누각을 세워 백성들
의 원한을 샀고, 한편 음일(淫佚)은 쉴 줄을 몰라 매일 관
부로 창기를 불러모아 그들에게 체격이 튼튼한 남자들을
짝지워 맘껏 희롱시키고는 첩들과 함께 발 뒤에서 엿보며
즐겼으므로 정치는 어지러워져 그가 죽자 반정(藩政)을 송

개조(開祖) : 무슨 일을 처
음으로 시작하여 그 일파의
원조가 되는 사람.

신종(臣從) : 신하로서 임금
을 섬김.

음일(淫佚) : 마음껏 음탕하
게 놂.
창기(娼妓) : 지난날 몸을
팔던 기생.

에게 반환하고 형남은 망해 버렸다.

亡國之音 ❖ 망국지음

出典 : 〈한비자(韓非子)〉십 과편(十過篇)

음미(淫靡) : 음탕하고 사치 하는 것.

위광(威光) : 감히 범할 수 없는 권위나 위엄.

망한 나라의 음악 또는 나라를 망하게 하는 음미(淫靡) 한 음악이란 뜻으로, 쓸데없는 어떤 일에 지나치게 몰두 하는 것을 말한다.

┃ 풀이 ┃ 주실(周室)의 위광(威光)이 쇠퇴하여 제후간에 분 쟁이 끊임없던 춘추시대의 이야기이다. 위(衛)의 영공(靈 公)이 진(晉)나라로 가는 도중 복수(濮水) 근처에서 밤을 지 내게 되었다. 만물이 고요히 잠들어 있는 한밤중에 일찍 이 들어본 적이 없는 절묘한 음악이 들려왔다. 음색이나 가락이 이 세상의 것이라곤 생각할 수 없으리만큼 절묘해 서 영공(靈公)은 동행하던 악사장인 사연(師涓)에게 명하여 그 악보를 익히게 했다.

이윽고 진에 도착한 영공은 진평공(晉平公)에게 도중에 배운 새로운 음악이라고 하면서 사연에게 거문고를 타게 하여 복수 가에서 들은 음악을 들려주었다. 그 무렵 진에 는 사광(師曠)이라는 악사장이 있었는데, 그가 음악을 연 주하면 학이 춤을 추고 흰구름을 부른다고까지 하는 명인 이었다. 한창 새로운 음악이 연주되고 있을 때 사광이 황 급히 사연의 손을 잡으며 말했다.

명인(名人) : 어떤 기예에 뛰어난 유명한 사람. 달인.

"잠시 기다려 주시오. 그것이 새로운 음악이라니 말도 안 되오. 이것이야말로 망국지음입니다."

놀라며 의심쩍어하는 양군(兩君)에 대해 사광은 그 까닭을 다음과 같이 설명했다.

양군(兩君) : 위의 영공과 진의 평공.

"옛날 사연(師延)이라는 유명한 악사장이 있었습니다. 은나라 주왕(紂王)의 악사장으로 있으면서 왕을 위해 신성백리(新聲百里)니 미미지악(靡靡之樂)이니 하는 음탕한 곡을 지어 바쳤는데 왕은 그 곡에 빠져 밤낮을 가리지 않고 들었습니다. 주왕은 아시는 바와 같이 악덕무도해서 주무왕에게 멸망당했습니다. 주왕을 잃은 사연은 악기를 안고 복수까지 와서 몸을 던져 죽었습니다. 죽은 사연의 혼이 허공을 헤매면서 이 곡을 연주하고 있는 것입니다. 사람들은 망국지음이라 하며 귀를 막고 지나다닙니다."

麥秀之嘆 ❖ 맥수지탄

맥수(麥秀)란 보리가 무성하다는 말로 옛날에 영화를 자랑하던 도읍에 보리가 무성해 있는 것을 보고 고국의 멸망을 탄식한 데에서 비롯된 성어이다.

出典 : 〈사기(史記)〉 채미자 세가(采微子世家)

| 풀이 | 중국 고대의 황금기를 대표하는 것이 요순(堯舜)의 정치라면 그 반대인 쇠망기(衰亡期)의 상징이라고도 할 수 있는 것은 걸주(桀紂)의 폭정이다.

그 주왕(紂王)의 비행에 대해 충간(忠諫)의 지심을 다한 사람에 대해 공자가 "은(殷)에 삼인(三仁)이 있다."고 감탄했는데 미자(微子), 기자(箕子), 비간(比干)이 바로 그런 사람들이다.

미자는 주왕의 숙부 뻘로 여러 차례에 걸친 간언에도 끝끝내 들어주지 않자 절망 끝에 국외로 망명했고, 기자 역시 간언의 효과가 없자 망명해서 거짓 미친 체하면서 마침내는 노예로까지 전락했으며, 왕자 비간은 극간한 나머지 육시 처참을 당했다. 후에 주왕조(周王朝)의 세상이 되어 미자는 은(殷)의 혈통을 보존하는 뜻에서 송(宋)의 국왕으로 봉해졌고, 기자도 주무왕(周武王)의 자문에 응해서 정치의 요체를 말하고 후에 조선왕에 봉해졌다.

기자는 주왕의 도읍으로 가던 도중 은의 옛성 근처를 지나게 되었다. 전에는 번영했던 자리이건만 이제는 폐허가 되어 황폐해진 궁전터에 보리와 벼가 무성해 있는 것을 보고 금석지감에 젖어 맥수지시(麥秀之詩)를 지어 읊었다.

麥秀漸漸兮　　　　옛 궁궐터에는 보리만이 무성하고
禾黍油油兮　　　　벼와 기장들도 잎이 기름지도다
彼狡僮兮　　　　　저 교동이
不與我好兮　　　　나의 말을 듣지 않았음이 슬프구나

여기에서 망국지탄(亡國之嘆)을 맥수지탄이라 말하게 되었다.

참고삼아 말하면 〈시경〉 왕풍의 '서리(黍離)'의 시는 주

유왕(周幽王) 난 후의 옛 종묘와 궁궐이 서 있던 자리에서
황폐함을 탄식하며 같은 취지로 노래하고 있다.

저 기장이 고개 숙이고	彼黍離離
피까지 자라났네	彼稷之苗
갈수록 발걸음은 무거워지고	行邁靡靡
슬픔은 물결처럼 출렁이네	中心搖搖
내 마음을 아는 자는	知我者
시름에 젖었다고 하겠으나	謂我心憂
내 마음속 모르는 자는	不知我者
무엇을 찾느라고 발걸음이 더디냐 하겠지	謂我何求
아득한 푸른 하늘이여	悠悠蒼天
이는 누구의 탓인고	此何人哉

孟母三遷之敎 ⁂ 맹모삼천지교

맹자(孟子)의 어머니가 맹자를 교육시키기 위해 세 번
이사했다는 뜻으로 자식을 힘써 공부시키는 것을 말한다.

出典 : 〈후한서(後漢書)〉 열
녀전(列女傳)

| 풀이 | 처음에 맹자가 살던 집은 공동묘지 근처였다. 어
린 맹자는 늘 보게 되는 상여를 메고 가는 상여꾼들의 흉
내를 내며 땅을 파고 널을 묻은 다음 둥그렇게 봉분(封墳)
을 짓는 놀이를 하며 놀았다.

"여기는 자식을 기를 만한 곳이 못 되는구나."

이렇게 생각한 맹자의 어머니는 곧 집을 시장 근처로

봉분(封墳) : 흙을 둥글게
쌓아 무덤을 만듦. 또는 그
흙 무더기.

옮겼다. 그러자 맹자는 장사꾼들의 장사하는 흉내를 내며 놀았다.

"여기도 역시 자식을 기를 곳이 못 된다."

맹자의 어머니는 여러 가지로 생각한 끝에 이번에는 학교 근처로 집을 옮겼다. 그러자 맹자는 학생들이 공부하는 모습과 제사상을 차리는 법, 예의를 갖춰 인사하고 행동하는 광경들을 일일이 흉내내며 노는 것이었다.

"여기가 참으로 자식을 두고 기를 만한 곳이다." 하고 맹자의 어머니는 학교 근처에 자리를 잡고 살았다.

盲人摸象 ◈ 맹인모상

出典 : 〈열반경(涅槃經)〉

눈 먼 소경이 코끼리를 만지는 식으로 사물의 일부만을 알면서 함부로 전체에 대한 결론을 내리는 좁은 견해를 말한다.

| 풀이 | 옛날 인도의 한 국왕이 좌우에 있는 신하들에게 말했다.

"누가 가서 코끼리 한 마리를 끌고 오시오. 그리고 소경들을 불러 코끼리를 만져보게 하시오. 그들이 소위 본다는 것은 손으로 만지는 것이니까."

얼마 후 한 사람이 코끼리 한 마리를 끌고 왔다. 모여든 모든 소경들은 코끼리의 곁으로 다가섰다. 과연 소경들은 손으로 그 큰 코끼리를 조심스럽게 어루만지기 시작했다.

잠시 후 국왕은 소경들을 가까이 불러 물었다.

"너희들이 방금 만져본 코끼리는 무엇과 비슷하다고 생각하느냐?"

소경들 중에서 코끼리의 이빨을 만져본 한 소경이 재빨리 대답했다.

"국왕 전하께 아뢰옵건대 코끼리의 형상은 굵고 큰 무와 같습니다."

코끼리의 귀를 만져본 다른 소경이 말했다.

"코끼리의 형상은 쌀을 까부는 키와 같습니다."

코끼리의 발을 만져본 세 번째 소경이 말했다.

"아닙니다. 코끼리의 형상은 절구질하는 절구통과 같습니다."

코끼리의 등을 만져본 다른 소경이 나섰다.

"제가 보기엔 평평한 침대와 같은 줄 아뢰옵나이다."

코끼리의 뱃가죽을 만져본 소경은 이렇게 말했다.

"코끼리의 형상은 배가 툭 튀어나온 옹기와 같습니다."

그러자 마지막으로 코끼리의 꼬리를 만져본 소경이 큰 소리로 외쳤다.

"천만의 말씀입니다. 모두 틀렸습니다. 코끼리의 형상은 굵은 밧줄과 꼭 같습니다."

이들은 설왕설래하면서 각기 자기의 견해가 옳다고 고집을 피웠다. 그것은 소경들이 만져보고 안 것은 코끼리 몸의 일부분에 지나지 않았기 때문이다.

明鏡止水 ❖ 명경지수

出典 : 〈장자(莊子)〉 덕충부
편(德充符篇)

명경이란 티끌 한 점 없는 맑은 거울이요, 지수란 움직
임이 없고 고요히 괴어 있는 물을 뜻하는데, 사념이 없는
아주 깨끗한 마음에 비유되어 쓰인다.

| 풀이 | 명경지수란 말은 선가(禪家)의 상투어로 〈장자〉
에 그 뜻을 시사하는 이야기가 두세 편 나온다.

올자(兀者) : 형벌로 다리를
잘린 자.

덕충부편(德充符篇)에 있는 이야기로, 노(魯)나라에 올자
(兀者)인 왕태(王駘)라는 인물이 있었다. 학덕이 뛰어난 사
람으로서 상당히 평판이 좋아 그 문하에 모이는 자는 공
자의 제자와 필적할 정도로 많았다. 공자의 제자 중의 한

필적(匹敵) : 재주나 힘 따
위가 엇비슷하여 서로 견줄
만함.

사람인 상계(常季)는 그것을 보고 내심 불쾌하게 생각하여
공자에게 그 까닭을 물었다. 그러자 공자는 이렇게 설명
했다.

"왕태는 이미 천지 자연의 실상을 다 터득하여 외물(外
物)에 끌려 마음을 동요시키는 일이 없고, 만물의 변화를
자연 그대로 받아들여 도(道)의 본원을 지키고 있는 분이

미추(美醜) : 아름다움과 추
함을 말함.
지미지락(至美至樂) : 더할
나위 없는 아름다움과 즐거
움.

며, 이목에 비치는 미추에는 마음을 쓰지 않고 오로지 마
음을 지미지락(至美至樂)의 덕에 기울이되 만물을 다 같은
것으로 본다. 득실은 문제가 아니므로 그까짓 다리 하나쯤
은 마치 흙덩이를 버린 것과 같이 생각하고 있는 것이다."

상계는 비로소 왕태가 수양의 극치에 달한 인물이란 것
을 인정했으나, 그와 같은 인물이 어째서 또 많은 사람들

에게 사모받고 있는가를 질문했다. 그에 대해 공자는 이렇게 대답했다.

"그것은 결국 그분의 그 무엇에도 움직이지 않는 마음의 고요함 때문이다. 무릇 사람들이 자기 모습을 물에 비추어 보려고 할 때는 흐르는 물이 아니라 고요히 괴어 있는 물을 거울로 삼을 것이다. 그와 같이 그저 언제나 변함이 없는 부동심을 지니고 있는 사람만이 타인에게도 마음의 안정을 줄 수 있기 때문이다."

여기서는 마음의 고요함이 지수(止水)의 평정함에 비교되어 이야기되고 있다. 또 같은 편의 다른 곳에서는 올자인 신도가(申徒嘉)라는 인물이 자기의 선생인 백혼무인(伯昏無人)의 현덕을 칭송해 마지않았다.

"거울이 맑으면 먼지가 끼지 않으며 먼지가 끼면 맑지 못하다. 그와 같이 인간도 오랫동안 현자와 함께 지내면 마음이 깨끗해져 과오가 없어진다."

여기에서는 명경(明鏡)이 현자의 밝고 맑은 마음에 비유되어 있다.

또 하나 장자는 응제왕편(應帝王篇)에서 지인(至人), 즉 지덕(至德)의 성인을 말하며 "지인의 마음가짐은 저 맑은 거울에나 비유할 수 있을 것이다. 명경은 사물의 오고감에 내맡긴 채 결코 자신의 뜻을 나타내지 않는다. 미인이 오면 미인을 비추고 추부(醜婦)가 오면 추부를 비추어 어떤 것이라도 응접을 하나 결코 그 자취를 남기는 일이 없다. 그러므로 계속해서 물건을 비추면서도 본래의 맑음을 상

사모(思慕) : 우러러 받들며 마음으로 따름.

현덕(賢德) : 어진 덕행.

지덕(至德) : 더없이 큰 덕. 썩 높은 덕.

하게 하는 법이 없다. 그와 같이 지인의 마음가짐도 사물에 대해 차별도 없고 집착도 없으므로 자유자재일 수가 있다."고 했다.

明哲保身 ◈ 명철보신

出典 : 〈서경(書經)〉 열명편(說命篇), 〈시경(詩經)〉 대아증민편(大雅烝民篇)

시류(時流) : 그 시대의 풍조. 그 시대의 유행.

명(明)이란 이치에 밝은 것이요, 철(哲)이란 사리에 분명함을 뜻한다. 보신(保身)이란 도리에 어긋나지 않게 행동하며 자신을 온전히 보전한다는 뜻으로, 즉 성급하게 시류에 말려들지 않으며 매사에 법도를 지켜 온전하게 처신하는 태도를 말한다.

망부(亡父) : 세상을 떠난 아버지.

| 풀이 | 〈서경〉 열명편(說命篇)에서는 은(殷)나라 무정(武丁)을 성현으로 찬양하여 명철(明哲)이라고 말하고 있다. 무정은 부왕인 소을(少乙)에 이어 은의 국왕으로 즉위하여 망부(亡父)의 3년상을 치르고도 정치에 대해서는 침묵을 지킨 채 조용히 신하들을 지켜보고만 있었다. 후에 열(說)이라는 현자를 발탁하여 보좌로 삼고 선정을 펴 만민에게

경모(敬慕) : 존경하고 사모함.

경모(敬慕)되었다고 한다. 이 무정에 대해 군신이 일제히 올린 말이 열명편에 있다.

"천하의 사리에 통하고 무리에 앞서 아는 것을 명철이라고 합니다. 명철한 사람은 진정 정치, 도덕의 법을 정하는 분입니다."

또 〈시경〉의 대아(大雅)의 증민편(烝民篇)에서도 주대(周代)의 현명한 재상인 중산보의 덕을 찬양하여,

지엄하신 임금의 어명 받잡고	肅肅王命
중산보는 그대로 행하였다	中山甫將之
나라의 잘한 일 못한 일	邦國若否
중산보는 소상하게 밝혔다	中山甫明之
밝고도 어질게 처신하여	旣明且哲
스스로의 몸가짐에 그르침이 없었다	以保其身
아침과 저녁으로 게을리하지 않고	夙夜匪解
오로지 임금 한 분을 섬기었도다	以事一人

라고 노래하고 있다. 여기서 '기명차철(旣明且哲)'과 '이보기신(以保其身)'은 중산보를 찬양한 말이다.

당대(唐代)의 대문장가 유종원(柳宗元)이 '기자의 묘비에 씀(書箕子之廟碑)'이라는 명문을 지었는데 그 속에서 기자(箕子)의 인덕을 찬양하며 "그 명철을 보전한다."고 말한 것도 〈시경〉에서 인용한 말이다. 기자는 은나라 주왕의 비도를 간했으나 들어주지 않자 광인으로 가장하고 몸을 보전해서 도(道)를 후세에 남긴 현인이라 전해지고 있다.

비도(非道) : 올바른 도리에 어긋남.

또 같은 당대의 시인 백낙천(白樂天)의 '두우치사의 제(杜佑致仕之制)'라는 문장 속에서도 "힘을 다해 임금을 섬기고, 명철보신(明哲保身)하여 진퇴시종(進退始終)에 그 길을 잃지 않으니 현달(賢達)의 인사가 아닌 한 누가 능히 이것을 겸하겠는가." 하고 두우(杜佑)를 칭찬하고 있다.

毛遂自薦 ❖ 모수자천

出典 : 〈사기(史記)〉 평원군
열전(平原君列傳)

모수가 스스로를 천거했다는 뜻으로, 재주를 품고 있는
데도 남이 추천해 주는 사람이 없어 기다리다 못해 스스
로 자청해서 나서는 경우를 말한다. 다소 염치없이 자기
를 내세우는 사람을 비웃어 쓰는 때도 있다.

| 풀이 | 전국시대 말기에 조나라가 진나라의 침략을 받
아 멸망의 위기에 처하게 되었다. 이때 조나라의 재상인
평원군(平原君)이 초나라로 구원병을 청하러 가게 되었다.
평원군은 식객(食客)을 3천 명이나 거느리고 있는 당대의
어진 공자로 이른바 사군(四君) 중의 한 사람이었다.

사군(四君) : 중국 전국시대
의 네 공자. 곧 제나라의 맹
상군(孟嘗君), 조나라의 평
원군, 초나라의 춘신군(春
信君), 위나라의 신릉군(信
陵君)의 일컬음.

그는 초나라로 떠나기에 앞서 함께 떠날 사람 20명을
식객 중에서 고르기로 했다. 문무를 겸한 인사 19명을 뽑
았으나 나머지 한 사람을 뽑기가 힘들었다. 이때 모수(毛
遂)라는 사람이 자진해 나서며 평원군에게 청했다.

"저를 함께 데려가 주십시오."

평원군은 그의 얼굴조차 처음 보는 듯하여 물었다.

"그대는 내 집에 온 지 몇 해나 되었소?"

"3년쯤 되었습니다."

"무릇 현명한 선비가 세상에 있으면 송곳이 주머니 속에
들어 있는 것과 같아서 반드시 그 끝이 밖으로 나타나게
마련이오. 그런데 3년이나 내 집에 있는 동안 사람들로부
터 그대에 대해 이렇다 할 얘기를 들은 바가 없으니, 남다

른 재주를 갖고 있지 않다는 증거가 아니겠소. 그대는 좀 무리일 것 같소."

그러자 모수가 말했다.

"그러니 저를 오늘 주머니에 넣어 주십사 하는 겁니다. 저를 일찍 주머니 속에 넣어 주셨더라면 끝은 물론이요 자루까지 밖으로 내밀어 보였을 것입니다."

이리하여 모수도 20명 속에 끼어 초나라로 가게 되었다. 그러나 평원군의 끈질긴 설득에도 불구하고 초왕은 진나라가 겁이 나 얼른 결정을 내리지 못했다. 아침 일찍부터 시작한 회담이 낮이 기울도록 제자리걸음만 하고 있었다.

이때 단 아래 있던 모수가 위로 올라와서 평원군에게 그 까닭을 물었다.

그러자 초왕이 평원군에게 물었다.

"이는 누구요?"

"제가 데리고 온 사람입니다."

"과인이 그대 주인과 이야기를 하고 있는데 무슨 참견인가? 어서 물러가지 못하겠는가?"

하고 초왕이 큰 소리로 꾸짖었다. 이때 모수는 차고 있던 칼자루에 손을 걸친 채 앞으로 나아가 말했다.

"대왕께서 신을 꾸짖는 것은 초나라 군사가 많은 것을 믿기 때문입니다. 그러나 지금 대왕과 신과의 거리는 열 걸음 밖에 되지 않습니다. 지금 초나라는 땅이 넓고 군사가 강한데도 두 번 세 번 진나라에 패해 어쩔 줄을 모르고 있는 실정입니다. 이런 것을 볼 때 조나라와 초나라가 동맹을 맺는

과인(寡人) : 왕이 겸손한 뜻으로 자기를 낮추어 말할 때 쓰는 자칭 대명사.

것은 조나라를 위한 것이 아니라 초나라를 위한 것입니다."

이렇게 해서 결국 초왕은 모수의 위엄과 설득에 굴복하여 조나라에 구원병을 보낸다는 맹세를 하게 되었다.

矛盾 ❖ 모순

出典 : 〈한비자(韓非子)〉 난일(難一), 난세편(難勢篇)

창과 방패란 말로, 말이나 행동의 앞뒤가 서로 맞지 않는 것을 뜻한다.

위령(威令) : 위엄 있는 명령.
군웅(群雄) : 같은 시대에 태어난 많은 영웅.

| 풀이 | 전국시대에 주실(周室)의 위령(威令)이 땅에 떨어져 군웅이 천하에 난립하여 서로 패를 다투고 있었다.

그 무렵 어느 도시의 길가에서 방패〔盾〕와 창〔矛〕을 땅에 늘어놓고 파는 사나이가 있었다.

동서로 왕래하는 사람들의 머리 위로 여러 가지 물건을 파는 장사꾼들의 외침이 요란했으나 그 소리를 누르는 듯한 이 사나이의 굵은 목소리가 울려퍼졌다.

"자, 모두들 구경하시오. 내가 여기 내보이는 방패〔盾〕, 이것은 언뜻 보기에는 보통 방패와 다름없으나 명인이 만들어 낸 것으로 아무리 날카로운 창으로 찔러도 끄떡도 하지 않습니다. 적이 언제 공격해 올는지 모르지 않소. 그때 가서 당황해도 때는 이미 늦소. 자, 어서 사시오, 사요."

이렇게 큰 소리를 친 사나이가 이번에는 곁에 놓아 두었던 창을 집어들고 붉은 술이 달린 창날을 햇빛에 번쩍

143

이며 전보다 한층 더 큰 소리로 떠들었다.

"자아, 여러분, 이번에는 이 창을 보시라. 구슬을 튕겨 내는 듯한 서릿발이 시퍼런 날, 정말 천하 일품이오. 이 창에 찔리면 제아무리 튼튼한 방패라도 뚫리고 말지요. 이 창을 이겨낼 방패가 있다면 여러분 중 누구라도 좋으니 가져와 보시오."

그러자 처음부터 말없이 듣고 있던 한 노인이 기침을 하고 나서며 입을 열었다.

"과연 그대가 가지고 있는 방패와 창은 굉장한 것일세. 그런데 내 나이가 많은 탓인지 머리가 나쁜 탓인지 통 알 수가 없는 일이 하나 있네. 그대가 자랑하는 어떤 방패라도 당해내지 못하는 창으로, 어떤 창도 뚫지 못하는 방패를 찌르면 도대체 어느 쪽이 이기는 건가? 그 점을 다시 한번 차근차근 말해 보게나."

사나이는 말문이 꽉 막혀 버렸다. 입도 열지 못하고 얼굴만 붉히고 서 있던 사나이는 급히 늘어놓았던 도구를 챙겨 가지고서는 슬금슬금 사람들 속으로 모습을 숨기고 말았다.

일품(一品) : ① 으뜸가는 품질. 또는 그런 물품. ② 솜씨가 제일감. 또는 그 솜씨.

武陵桃源 ◈ 무릉도원

속세와 완전히 동떨어진 별천지, 곧 이상향(理想鄕)의 의미로 쓰인다.

出典 : 도연명(陶淵明)〈도화원기(桃花源記)〉

| 풀이 | 진(晉)나라 태원〔太元 ; 효무제(孝武帝)〕 때 무릉(武陵)에 한 어부가 살고 있었다. 어느 날, 어부는 여느 때와 다름없이 작은 배를 타고 고기를 찾아 산협의 강을 따라 올라갔다.

얼마쯤 배가 갔을까, 아주 낯선 곳에 다다랐다. 일대에 넓이가 수백 보나 됨직한 도화(桃花)의 숲이 펼쳐져 있는데, 감미로운 향기를 풍기며 복사꽃 잎이 흩날리고 있었다.

보기 드문 경관에 어부는 잠시 정신을 잃고 있다가 숲의 저쪽 끝이 궁금해져 계속 배를 저어갔다. 그러나 수원(水源) 근처에서 산과 마주쳤다. 그 산에는 굴이 있었는데 굴 속이 희미하게 밝으므로 어부는 배에서 내려 굴 속으로 들어갔다. 처음에는 겨우 사람 하나 지날 정도의 넓이가 5, 60보쯤 걷는 동안에 갑자기 환하게 넓어졌다.

부신 눈을 크게 뜨고 앞을 바라보니 토지는 사방으로 펼쳐졌는데 집들이 정연하게 늘어서 있고, 멀고 가까운 곳에 비옥한 전답이 있으며 뽕나무, 대나무도 무성했다. 닭과 개의 울음소리가 들리고 밭일을 하는 사람이나 왕래하는 남녀는 모두 이국인과 같은 복장을 하였는데, 백발의 노인도 어린이들도 희희낙락 한없이 즐거워 보였다.

당황해하며 서 있는 어부를 본 사람들은 놀라며 어디서 왔느냐고 물었다. 어부가 사실대로 자세하게 대답하자 곧 그를 어느 한 집으로 안내하고 크게 환대했다. 그리고 마을 사람들은 그에게 이렇게 말했다.

"우리는 조상이 전란을 피해 처자들과 함께 진나라 때

산협(山峽) : 산의 골짜기.

수원(水源) : 물이 흘러나오는 근원.

희희낙락(喜喜樂樂) : 매우 기쁘고 즐거워함.

145

이 절경으로 피난해 들어온 이래 한 번도 여기서 나가 보지 못해 그만 바깥 사람들과 단절되고 말았습니다. 지금 바깥 세상은 어떠합니까?"

어부는 자세하게 세상 이야기를 해주었다. 그후 어부는 이 집에서 저 집으로 계속 돌아다니며 주식을 대접받으면서 이야기를 해주느라 여러 날 지체하고 말았다.

닷새 후, 겨우 마을 사람들과 작별 인사를 나누고 배를 두었던 곳으로 나와 강을 따라 귀로에 올랐다.

그곳을 떠나올 때 그들은 다른 사람에게 말하지 말아달라고 부탁하였으나 어부는 돌아오는 길에 이곳저곳에 표시를 남겨두었다.

집으로 돌아온 어부는 곧 군의 태수를 찾아가 자기가 경험한 이야기를 했다. 태수도 크게 흥미가 일어 사람을 시켜 다시 그곳을 찾게 하였으나 돌아올 때 표시해 두었던 것이 전부 없어져 전에 갔던 길을 찾을 수가 없었다.

절경(絶境) : 멀리 떨어져 있는 땅.

巫山之夢 ❖ 무산지몽

무산에서 꾼 꿈이란 뜻으로, 이 고사로 인해 남녀의 밀회나 정교(情交)를 일컫는 말이 되었다.

出典 : 〈문선(文選)〉 송옥 (宋玉)의 고당부(高唐賦)

| 풀이 | 전국시대인 초양왕(楚襄王) 때, 양왕이 송옥(宋玉)과 함께 운몽(雲夢)에서 놀다가 고당관(高唐館)에 간 적이

있었다. 관(館) 위를 쳐다보니 이상한 구름이 끼고 그것이 뭉게뭉게 피어오르는가 싶더니 홀연 여러 가지 모양으로 변하는 것이었다.

양왕이 송옥에게 물었다.

"저것은 무슨 구름인가?"

"조운(朝雲)이라고 합니다."

송옥은 대답한 뒤 이런 이야기를 했다.

옛날 선왕이 고당에서 향연을 즐기다가 다소 피로해서 잠시 누워 낮잠을 잤다. 어렴풋이 잠이 들었을 때 비몽사몽간에 요염하게 단장을 한 여인이 나타났다.

'아니, 대체 누구일까!'

하고 생각하고 있을 때, 그 여인이 왕의 곁으로 다가와 말했다.

"저는 무산(巫山)에서 사는 여자입니다만 고당에 와 보니 당신께서도 이곳에 계시다는 말을 듣고 이렇게 찾아뵙고자 왔습니다. 부디 함께 잠들게 해주십시오."

왕은 꿈속에서나마 잠시 그 여인과 동침을 하였다. 얼마 후 이별할 때가 되자 그녀는 이런 말을 남긴 다음 어디론가 사라져 버렸다.

"저는 무산 남쪽 험준한 곳에 삽니다만 아침에는 구름이 되어 산에 걸리고 저녁에는 비가 되어 산을 내려와 아침저녁으로 양대(陽臺) 기슭에 있습니다……."

이상한 꿈에서 깬 왕이 이튿날 아침 일찍이 무산 쪽을 바라보니 꿈속에서 선녀가 말한 대로 무산에는 아름다운

향연(饗宴) : 융숭하게 대접하는 잔치.

요염(妖艶) : 사람을 홀릴 만큼 아리따움.

양대(陽臺) : 여기서의 양대는 햇볕이 잘 드는 대라는 본 뜻보다는 남녀가 은밀히 나누는 사랑을 말함.

147

빛을 받은 구름이 두둥실 떠 있었다. 왕은 그 선녀를 생각하고 묘를 세워 그것을 '조운묘(朝雲廟)'라고 이름지었다 한다.

유정지(劉廷芝)의 〈공자행(公子行)〉에 "경국경성(傾國傾城)하는 한 무제, 구름이 되고 비가 되는 초양왕"이란 구(句)가 나타나 있고, 또 이백이 현종 황제의 주석에 초대되어 동석한 양귀비(楊貴妃)의 아름다움을 찬양한 시(詩)에,

주석(酒席) : 술자리.

　　한 가지 농염은 이슬 향기가 엉긴 듯
　　무산 운우는 애써 애를 끊누나

一枝濃艶露凝香
雲雨巫山枉斷腸

이라는 구가 있다.

無恙 ❖ 무양

'병이 없다, 탈이 없다.'는 뜻으로 모든 일이 평안무사(平安無事)함을 의미하는 성어이다.

出典 : 〈전국책(戰國策)〉 제책(齊策)

| 풀이 | 제나라 왕이 조나라 위태후(威太后)에게 사신을 보내어 안부를 묻게 하였다.

위태후는 사신이 올리는 글을 뜯어 보기도 전에 먼저 이렇게 물었다.

"해도 무양한가. 백성도 무양한가. 왕도 무양한가(歲亦

無恙耶 民亦無恙耶 王亦無恙耶)."

해가 무양하다는 말은 농사가 순조롭게 잘되어 가고 있느냐는 뜻이다. 그러자 그 뜻을 모른 사신은 임금의 안부부터 묻지 않고 해와 백성에 대해 먼저 묻고 임금의 안부를 나중에 묻는 것은 순서가 바뀐 것이 아니냐고 불평을 말했다. 그러자 태후는,

"풍년이 들고 난 다음이라야 백성은 그 생활을 유지할 수가 있고, 백성이 편안한 뒤라야 임금은 그 지위를 보존할 수가 있소. 그 근본부터 먼저 묻는 것이 어찌 순서가 바뀐 것입니까?" 하고 타일렀다는 것이다.

無用之用 ❈ 무용지용

出典 : 〈장자(莊子)〉 인간세편(人間世篇), 외물편(外物篇), 산목편(山木篇)

범속(凡俗) : 평범하고 속됨.

아무 쓸모없이 보이는 것이 때로는 어느 것보다 더 유용하게 쓰인다는 뜻이다.

| 풀이 | 도(道)의 입장에서 보면, 범속한 인간들이 말하는 유용이란 아무런 쓸모도 없는 잔꾀로 어리석음에 시나지 않고, 무용으로 보이는 것에 도리어 대용(大用), 진정한 용이 있다고 말할 수 있지 않은가, 하고 비꼬기를 잘하는 철학자인 장자는 '무용의 용'을 강조했다.

인간세편(人間世篇)에 보이는 초나라의 은사(隱士)인 광접여(狂接輿)가 공자에 대해서 비평한 것 중에는 다음과

같은 말이 들어 있다.

"무릇 산의 나무는 쓸모가 있으므로 벌목이 되어 자기 몸에 해를 입는다. 등불은 밝기 때문에 불이 붙여져 자기 몸을 태운다. 육계(肉桂)는 식료가 되고 옷(漆)은 도료가 되므로 벌목도 당하고 꺾이기도 한다. 사람은 다 유용한 용만 알고 무용의 용은 알려고 하지 않는다. 참으로 가련한 일이다(人皆知有用之用 而莫知無用之用也)."

육계(肉桂) : 계수나무의 두꺼운 껍질.

광접여는 인의도덕으로써 난세에 유익한 일을 해보려고 애쓰는 공자의 태도를 풍자했다. 쓸모없는 유용은 도리어 자신을 해치는 유해 무익한 것에 지나지 않는다고 말한 것이다.

풍자(諷刺) : 무엇에 빗대어 재치있게 깨우치거나 비판함.

또 장자는 외물편(外物篇)에서 교묘한 비유를 들어 무용의 용을 명백하게 설명하고 있다.

"지네의 의론은 무용하기 짝이 없다."고 하는 혜자(惠子)의 비평을 듣고 장자는 이렇게 대답했다.

"아니, 무용하기 때문에 쓸모도 있다네. 인간이 서기 위해서는 발을 딛고 설 여지만 있으면 그만이지만, 그 자리만 남기고 둘레의 땅을 나락(奈落)의 밑까지 파버렸다고 생각해 보게. 그래도 발밑의 땅이 무슨 도움이 되겠는가."

나락(奈落) : 불교에서 지옥을 이르는 말. '도저히 벗어날 수 없는 극한 상황'을 비유하여 쓰이기도 함. 지옥.

"그야 도움이 되지 않지."

"그렇다면 쓸모없는 것이 쓸모있는 것이 되는 것 또한 알 수 있지 않은가(然則無用之爲用也亦明矣)."

산목편(山木篇)에 또 이런 이야기가 적혀 있다.

장자가 제자 한 사람과 길을 떠나 산길로 접어들었을

때 가지가 무성한 큰 나무를 보았다. 그런데 부근에 있는 나무꾼은 이 큰 나무에는 손을 대려고 하지 않았다. 그 까닭을 물으니, 이 나무는 잘라 봐야 아무 쓸모가 없기 때문이라고 대답하였다. 그러나 장자는 제자에게 말했다.

"이 나무는 쓸모가 없는 덕택으로 자기의 천수를 다할 수가 있었군(此木以不林得其天年)."

천수(天壽) : 타고난 수명. 천명(天命).

그날 밤 친척 집에서 묵게 되었는데 기르고 있던 기러기를 잡아서 대접해 주었다. 두 마리의 기러기 중 잘 우는 것과 잘 울지 않는 것이 있는데 울지 않는 것이 쓸모가 없다고 해서 쓸모없는 쪽을 잡았다. 이것을 본 제자가 장자에게 물었다.

"통 모르겠습니다. 이쯤되면 쓸모가 있는 것과 없는 것 중, 선생님께서는 대체 어느 편을 취하시겠습니까?"

장자는 빙그레 웃으며 대답했다.

"글쎄 말이다. 나라면 쓸모있는 것과 없는 것의 중간에 있다고나 할까. 하기야 그것도 진정으로 도(道)에서 놀기에는 아직 부족하므로 다소 번거로움이 남는다. 진정으로 도에서 논다는 것은 칭찬도 받지 않고 나무람도 듣지 않고 그때그때에 순응해서 조금도 잘난 체하지 않는 것, 뜨거나 가라앉거나 그대로 두어 남과 다투지 않고 도에다 몸을 맡겨 물(物)로 제어한다고 해도 당하지 않는 것이다. 그렇게 하면 아무런 누(累)도 남을 리가 없지 않은가."

無爲而化 ❖ 무위이화

그대로 두어도 저절로 된다는 뜻으로, 아무것도 하지
않고 애써 바로잡지 않아도 저절로 잘 고쳐져 나가고 또
감화된다는 말이다.

出典 : 〈노자(老子)〉 59장

| 풀이 | "천하에 행해서는 안 된다고 정해진 일이 많으면
많을수록 백성은 더 가난해진다. 백성들에게 편리한 문명
의 도구가 풍부하면 풍부할수록 나라는 더 혼란해진다. 세
상은 지혜나 기술이 향상되면 될수록 괴상한 것들이 나타
나고 법률이 정밀해지면 해질수록 그만큼 죄인은 많아진
다. 그러므로 성인은 말한다. 내가 하는 것이 없으면 백성
은 스스로 화하고 내가 움직이지 않고 가만히 있으면 백성
은 스스로 바르게 된다. 내가 일없이 있으면 백성은 저절
로 잘살게 되고 내가 욕심이 없으면 백성은 저절로 소박해
진다(我無爲而民自化 我好靜而民自正 我無事而民自富 我無欲
而民自樸)."

또 노자(老子)는 다음과 같은 말도 쓰고 있다.

"도는 언제나 무위이면서도 하지 않는 것이 없다. 일체
를 하고 있다."

'도'란 우주 만물을 지배하고 그것을 관철하는 원리이
며 자연의 이법(理法)이다. 상(常)이란 영원이라는 뜻으로,
즉 이 경우의 '무위'는 위정자의 정치적 수단으로서의 무
위가 아니라 도의 상태를 말하고 있다. 이 장에서 노자는

계속 말한다.

후왕(侯王) : 나라를 다스리는 인간.

"후왕(侯王)이 만약 능히 이 도(道)를 잘 지키면, 만물은 자연히 화하려 한다(侯王若能守之 萬物將自化)."

군주들에게 자연의 이법(理法)을 따를 것을 권한 말이다. 노자가 성인(聖人)이라고 할 때, 그것은 자연의 이법을 체득하고 그것을 따를 수 있는 이상인(理想人)을 가리키는 것이다.

墨守 ❖ 묵수

出典 : 〈묵자(墨子)〉 공수편 (公輸篇)

묵자가 끝까지 성을 지킨다는 말로, 자기 의견이나 주장·소신 따위를 굽히지 않고 끝까지 지키는 것을 뜻한다. 묵적지수(墨翟之守)와 같은 뜻이다.

| 풀이 | 묵자가 제(齊)나라에서 급히 초(楚)나라로 떠난 지 10일 만에 초나라의 수도인 영(郢)에 도착했다. 왜냐하면 공수반(公輸盤)이 초나라를 위해 운제계(雲梯械)를 만들어 송나라를 공격하려고 한다는 소리를 들었기 때문이다.

운제계(雲梯械) : 사다리를 성에 대고 높이 올라가는 기계.

묵자는 공수반을 방문했다.

"북방에 나를 경멸하는 자가 있어 당신의 힘으로 죽여주시기를 바랍니다만……."

공수반은 불쾌한 낯빛으로 말했다.

"나는 의를 생각하는 마음으로 사람을 죽일 수는 없소

153

이다."

묵자는 공손히 절을 하면서 말했다.

"초나라는 땅이 넓은 데 비해서 사람은 모자랄 정도입니다. 그런데 영지가 부족한 송나라를 공격해도 좋습니까? 더구나 아무 죄도 없는 송나라를 말입니다. 한 사람을 죽이지 않는 것이 의라면 송나라의 많은 사람을 죽이는 것은 의라 할 수 있을까요?"

공수반은 묵자에게 공박을 당하자 묵자의 청을 받아들여 초왕에게 안내했다.

묵자는 다시 예를 들어 말했다.

"아주 화려하게 꾸민 수레의 주인이 옆에 있는 하찮은 수레를 훔치려고 하거나, 비단옷을 입은 사람이 옆집의 누더기를 훔치려고 하거나, 진수성찬을 먹는 사람이 옆집의 술찌꺼기를 훔치려고 든다면, 그것을 어떻게 생각하십니까?"

"아마도 도벽이 있는 사람이겠지."

"그럼 사방이 5천 리나 되고 짐승과 물고기가 풍부하며 대목(大木)이 많은 초나라가 사방이 5백 리밖에 안 되고 식량이 부족하며 장목(長木)도 없는 송나라를 공격한다면 이것과 같지 않겠습니까?"

초왕이 이 질문에 궁한 대답을 했다.

"아냐, 나보다 공수반의 재주를 살려 볼까 해서 그랬지."

그래서 공수반이 얼마나 머리가 좋은가를 보아야겠다고 생각한 묵자는 초왕 면전에서 아주 기묘한 승부를 하였다. 묵자는 띠를 풀고 성(城)처럼 버티고서 작은 나뭇조

영지(領地) : 영토.

도벽(盜癖) : 물건을 훔치는 버릇.

각을 방패 대신인 기계로 만들었다. 공수반이 9회에 걸쳐 임기응변의 장치를 만들어 공격했으나, 묵자는 9회를 다 굳게 지켰다. 공수반의 공격 무기는 바닥이 났으나 묵자의 수비에는 아직도 여유가 있었다. 마침내 공수반은 손을 들고 말았다.

묵자는 초왕에게 고했다.

"공수반은 나를 죽이려 했고, 나를 죽이면 송을 공격할 수 있다고 생각했을는지 모르오나 내 제자들은 내가 수비했던 기계를 가지고 송으로 가서 초의 침입을 기다리고 있습니다. 나를 죽여도 항복시킬 수는 없습니다."

묵자가 선수를 치는 바람에 초왕은 결국 송을 공격하지 않겠다고 약속했다. 이렇게 해서 묵자는 미연에 초의 침략을 막았던 것이다.

미연(未然) : 아직 그렇게 되지 않은 상태.

刎頸之交 ❖ 문경지교

出典 : 〈사기(史記)〉 인상여 열전(藺相如列傳)

생사(生死)를 같이하여 목이 잘려도 한이 없다는 뜻으로 극히 친밀한 교제를 일컫는다.

총신(寵臣) : 총애를 받는 신하. 행신(幸臣).

| 풀이 | 인상여(藺相如)는 조혜문왕(趙惠文王)의 총신인 무현(繆賢)의 식객에 지나지 않았으나 화씨(和氏)의 벽(璧)을 잘 보존하고 귀국한 공으로 상대부(上大夫)가 됐다. 다시 3년 뒤 진왕(秦王)과 조왕(趙王)이 면지(澠池)에서 회합

했을 때 조왕이 수치를 당하는 것을 구해 준 공에 의해 상경(上卿)에 임명되었다.

상여의 지위는 조의 명장인 염파(廉頗)보다도 위가 되었다. 그러자 염파는 분개하며 말했다.

"나는 공성야전(功城野戰)에서 큰 공을 세웠는데, 상여는 말 한마디로 나보다 위가 되었다. 그 녀석은 원래 신분이 천한 놈이다. 그런 놈 밑에 있다는 것은 수치스럽기 짝이 없다. 이번에 상여를 만나게 되면 반드시 욕을 보여 주겠다."

이 말을 들은 상여는 염파와 만나는 것을 피했다. 조정에서는 싸움을 피하기 위해 병을 핑계삼기도 하고 밖에서는 염파를 보면 수레를 샛길로 돌려 피하기도 했다. 그래서 상여의 부하 중에는 비위가 거슬려 이렇게 말하는 자도 있었다.

"내가 당신을 모시고 있는 것은 당신의 높은 뜻을 사모했기 때문입니다. 그런데 지금 당신은 염장군을 누구보다도 무서워하고 있습니다. 범부라도 부끄러움을 아는데 더구나 당신은 상경의 신분이 아닙니까. 이 이상 참을 수가 없으니 나는 떠나겠습니다."

상여는 그 부하를 꽉 붙잡고 말했다.

"염장군과 진왕 중 어느 쪽이 더 무서운가?"

"물론 진왕입니다."

"나는 그런 진왕의 위력에도 두려워하지 않고, 오히려 조정에서 진왕을 질책했을 뿐 아니라 늘어서 있는 군신들

염파(廉頗) : 전국시대 조나라의 장군. 진·연(燕)·위(魏)·제(齊)나라 등을 쳐서 공을 세우고 신평군(信平君)에 봉해졌다.

범부(凡夫) : 평범한 사람. 보통 사람.

도 욕보였었다. 내가 아무리 바보라도 염장군을 두려워하 겠는가. 그러나 생각해 보면 강국인 진이 조를 공격해 오 지 않는 것은 염장군과 내가 있기 때문일 것이다. 양호(兩 虎)가 서로 싸운다면 그 어느 한쪽은 쓰러지는 법이다. 내 가 염장군을 피하는 것은 국가의 위급을 먼저 생각하고, 개인의 원한을 뒤로 하기 때문이다(今兩虎共鬪 其勢不俱生 吾所以爲此者 先國家之急 而後私讐也)."

염파는 이 이야기를 전해 듣고 크게 부끄러워하며 상반 신을 벗고 가시막대를 짐으로써 알몸에 그 매를 받겠다는 결의를 나타내고 상여의 집을 찾아갔다.

"정말 미안했습니다. 천한 집 출신이어서 당신의 관대 한 마음을 몰랐었습니다."

염파는 진심으로 사죄했다. 이후부터 두 사람은 친교를 거듭해서 문경지교를 맺었다고 한다.

聞一知十 ❖ 문일지십

하나를 들으면 열을 안다는 뜻으로, 한 부분을 통해 전 체를 미루어 안다는 말이다. 곧 총명함을 일컫는다. 여기 서 하나란 시작의 수이며 열이란 끝을 나타내므로 시작을 알면 끝도 알 수 있다는 뜻이 된다.

┃풀이┃ 공자가 자공(子貢)에게 물었다.

"너는 안회(顔回)와 견주어 볼 때 누가 더 낫다고 생각하느냐?"

공자의 제자가 3천 명이나 되었고 후세에 이름을 남긴 제자가 72명이나 되지만 당시 재주로는 자공을 첫손 꼽고 있었다. 실상 안회는 자공보다 월등 나은 편이었지만, 공자가 말했듯이 그는 통 아는 기색을 내보이지 않는 바보 같은 사람이기도 했다.

그래서 공자는 스스로 재주를 자부하고 있는 자공이 안회를 어떻게 보고 있는가 궁금하여 물었던 것이다.

자공은 서슴지 않고 이렇게 대답했다.

"사(賜)가 어찌 감히 회를 바랄 수 있겠습니까. 회는 하나를 들으면 열을 알고 사는 하나를 들으면 둘을 알 뿐입니다(賜也何敢望回 回也聞一以知十 賜也聞一以知二)."

공자는 자공의 대답에 만족했다. 역시 지공은 지기 자신을 알고 있었다.

"네가 안회만은 못하다. 나도 네 말을 시인한다."
하고 공자는 말해 주었다.

門前成市 ◈ 문전성시

문 앞이 저자를 이룬다, 세도가의 집 앞이 방문객들로 저자처럼 붐빈다는 뜻으로, 세상 인심의 덧없음을 보여주는 말이라 할 수 있겠다. 문정약시(門庭若市)라고도 한다.

| 풀이 | 후한(後漢)의 성제(成帝) 이후 애제(哀帝)가 즉위하자 조정의 실권은 외척들에게 넘어갔고 그는 황제라는 제위에 허명만을 걸어 놓고 있었다.

명유(名儒) : 이름난 선비. 훌륭한 학자.

명유(名儒)인 포선(鮑宣), 중신(重臣)인 왕굉(王閎), 왕선, 정숭(鄭崇) 등이 조정을 바로잡고자 간하였으나, 애제는 듣지 않았다.

정숭은 왕가와 연줄이 닿는 명문의 출신으로, 아버지 정빈(鄭賓)이 법률에 밝은 어사(御史)였다. 동생 정립(鄭立)은 부희(傅喜)와 동학이었으므로, 부희가 대사마의 벼슬에 오르자 정숭의 추천으로 상서복야(尚書僕射)에 임명되었다. 정숭은 외척들의 전횡(專橫)을 보다 못해 여러 번 애제에게 알현을 청해 간했다. 애제도 처음에는 그의 간언에 귀를 기울였다. 부태후의 사촌동생을 시중광록대부상(侍中光祿大夫商)으로 봉하는 것을 중지하라고 간했을 때 듣지 않은 사람은 도리어 부태후였다.

전횡(專橫) : 권력을 혼자 쥐고 제 마음대로 함.

정숭은 애제가 동현(董賢)을 총애하는 정도가 지나치게 되자 다른 중신들과 함께 재삼 간했으나 애제도 그 무렵에는 이미 귀를 기울이려고 하지 않았다. 오히려 정숭은 그 일 때문에 죄를 얻어 힐책당힐 정도였다. 그러는 동안 정숭은 병을 얻어 사직하려고 하였으나 참고 있었다.

당시에 조창(趙昌)이라는 상서령(尚書令)이 있었다. 남을 고자질하여 아첨하는 인물로 전부터 정숭을 꺼림칙하게 생각하고 있던 그는, 정숭이 애제에게서 소원(疏遠)되고 있는 것을 알자 은근히 좋아했다.

소원(疏遠) : 친분이 가깝지 못하고 멂.

"숭은 왕실의 여러 사람들과 빈번히 내통하고 있습니다. 의심컨대 무슨 음모가 있을 것입니다."

그는 이렇게 사주하고 조치를 취할 것을 덧붙였다.

애제는 곧 정숭을 불러들여 문책했다.

"그대의 집 앞은 저자와 같다고 하더군."

힐책하는 애제의 말을 받아 정숭은 이렇게 대답했다.

"신의 문은 저자 같아도 신의 마음은 물과 같습니다. 다시 한번 조사해 보옵소서."

애제는 노해서 정숭을 하옥시켰다. 사간(司諫)인 손보(孫寶)가 상소하고 조창의 중상을 공격하여 정숭을 변호했으나 황제는 손보마저 서인으로 강등시켰고, 정숭은 옥사하고 말았다.

사주(使嗾) : 무슨 일을 하거나 마음이 움직이도록 남을 부추김.

門前雀羅 ❖ 문전작라

작라(雀羅)란 참새를 잡는 그물로, 문 앞에 그물을 설치한다는 말은 세도가 몰락하여 새들이 모여들 정도로 사람들의 발걸음이 끊어져 한산하다는 것을 비유한 말이다.

出典 : 〈사기(史記)〉 급(汲), 정열전(鄭列傳)

| 풀이 | 〈사기〉의 급(汲), 정열전(鄭列傳)에는 다 함께 한무제(漢武帝)에게 벼슬하여 구경(九卿)의 지위까지 오른 일이 있는 급암(汲黯)과 정당시(鄭當時)의 전설이 기록되어 있다. 그들을 나란히 기록한 사마천(司馬遷)에게는 뚜렷한

의도가 있었다.

한무제(漢武帝) 때의 급암과 정당시는 당대의 이름난 협객(俠客)으로서 객을 우대했다. 특히 정당시는 언제나 문하에 있는 사람들을 훈계할 때 "손이 왔을 때는 그 귀천을 묻지 말고, 문간에서 기다리게 해서는 안 된다. 빈주(賓主)의 예로써 공손하게 접대를 해야 한다."고 말했으며, 높은 지위에 있음에도 불구하고 남에게 매우 겸손했다고 한다.

그러나 두 사람 다 관위(官位)에는 부침(浮沈)이 있었다. 급암은 모든 일에 꾸밈이 없이 간하는 신하로 그 때문에 무제에게서 소원되어, 벼슬에서 물러나기도 하고 한낱 회양군의 태수가 되기도 했다. 정당시도 천거한 자의 죄에 연관되어 서민이 되고 최후에는 여남군(汝南郡)의 태수가 되었다. 두 사람 다 중도에서 파면당해 관직을 그만두자 가세가 빈한해서 문객은 곧 흩어져 버렸다고 한다.

사마천은 이 두 사람의 전기를 말한 뒤 이렇게 덧붙이고 있다. 도대체 급(汲), 정(鄭) 같은 현인이라도 세력이 있으면 빈객이 40배나 되나, 세력이 없으면 곧 떠나 버린다. 보통 사람 같으면 말할 필요가 없다. 하규(下邽)의 적공(翟公)의 경우는 이러했다. 처음 적공이 정위(廷尉)가 되자, 빈객은 문안에 넘쳐 흐를 정도로 많았으나, 적공이 직위에서 파면되자 빈객은 하나도 찾아오지 않았다. 문전은 한산해서 참새떼가 모여들어 새그물을 칠 정도였다. 이윽고 적공이 다시 정위가 되자 빈객들은 또 모여들었다. 그래서 적공은 문에 크게 써붙였다.

빈주(賓主) : 손과 주인을 아울러 이르는 말.

부침(浮沈) : 세력이 성하였다 쇠하였다 함.

한 번 죽고 한 번 삶에 곧 사귐의 정을 알고
한 번 가난하고 한 번 부함에 곧 사귐의 태도를 알고
한 번 귀하고 한 번 천함에 곧 사귐의 정이 나타나네

一死一生 卽知交情
一貧一富 卽知交態
一貴一賤 卽見交情

未亡人 ❖ 미망인

남편을 따라서 죽었어야 할 아내가 죽지 않고 있다는
뜻으로, 홀로 된 여자가 자기를 낮추어서 하는 말이었으
나 어느 때부터인지 타칭(他稱)으로 쓰이고 있다.

出典 : 〈춘추좌씨전(春秋左氏傳)〉 장공(莊公) 28연조(年條)

| 풀이 | 춘추시대 노(魯)나라에서는 성공(成公)이 위(位)에
있었는데, 노의 백희(伯姬)가 송공(宋公)에게 시집가게 되
어 계문자(季文子)가 백희를 송으로 호위해 갔다.

위(位) : 임금의 지위.

계문자가 무사히 그 소임을 마치고 노로 돌아와 성공에
게 복명(復命)했으므로, 성공은 어느 날 그를 위해 위로연
을 베풀었다. 연회 자리에서 계문자는 〈시경〉의 말을 빌
려 주군 성공과 송공을 찬양하고 송의 땅은 좋은 곳으로
틀림없이 백희도 즐겁게 지낼 것이라는 뜻을 노래했다.
이 말을 들은 희의 어머니 목강(穆姜)은 크게 기뻐하며 정
중하게 인사를 했다.

복명(復命) : 명령을 받고
일을 처리한 사람이 그 결
과를 보고함.

"이번에 수고가 많으셨습니다. 당신은 선군(先君) 때부
터 충성이 지극하여, 이 미망인(未亡人)까지 잘 돌봐 주셔
서 진심으로 감사드립니다."

그리고 역시 〈시경〉의 녹의(綠衣)의 최후의 장을 정이 가득 담긴 목소리로 노래하고, 자기 방으로 돌아갔다.

이와 역시 같은 춘추시대로 앞의 이야기보다 5년쯤 뒤의 일이다. 위(衛)나라는 정공(定公)의 시대였으나, 정공이 병들어 눕자 첩인 경희(敬姬)의 아들 간(衎)을 태자로 삼았다. 정공은 끝끝내 회복하지 못하고 그해 10월에 세상을 떠났다.

그런데 태자 간은 아버지의 죽음을 슬퍼하는 기색이라곤 조금도 없었다.

정공의 처 강씨(姜氏)는 이미 사흘 동안 음식을 전폐하고 복상을 끝냈으나 태자의 태도에 심히 분개해서 다시 음식을 취하려 하지 않고 한탄하며 슬퍼했다.

"저 됨됨이 없는 놈은 반드시 나라를 망쳐 버릴 것으로 되 누구보다도 미망인을 제일 먼저 지목하고 학대하겠지. 아아, 하늘은 위나라를 버리시는 것일까. 전야(鱄也)가 위에 오르지 못하다니……."

이 말을 들은 간은 몸둘 바를 모르며 죄스러워했다고 한다.

彌縫 ❖ 미봉

터진 곳을 임시로 얽어맨다는 뜻으로, 임시변통으로 꾸며대어 그 순간만을 모면하고자 눈가림하는 것을 말한다.

163

| 풀이 | 춘추시대 초기, 주(周)의 환왕은 쇠약해진 주의 세력을 다시 한번 복구하고자 애썼다. 그 무렵 정(鄭)의 장공(莊公)은 한창 기세를 올리고 있었으므로 주왕(周王)은 장공을 토벌해서 실추된 위신의 만회를 꾀했다.

그래서 환왕은 장공에게서 종래 왕조의 경사(卿士)로서 맡기고 있던 정치상의 실권을 박탈했다. 이 조치에 분개한 장공은 조근(朝覲)을 하지 않게 되었고, 환왕은 이것을 트집잡아 토벌군을 일으키고 제후에게 군의 참가를 명했다.

왕명을 받고 위(魏), 채(蔡), 위(衛), 진(陳)의 군사가 모여들었다. 환왕은 스스로 토벌군의 통수가 되어 정을 정벌하기 위해 나섰다. 한편 장공은 단호히 토벌군을 맞이해서 싸울 각오를 했다.

왕군(王軍)은 왕이 손수 중앙군을 지휘하고, 왕의 경사(卿士) 괵공 임보(虢公林父)가 우익군의 장이 되고 채, 위의 군사가 뒤를 따랐다. 주공 흑견(周公黑肩)은 좌익군의 장이 되고 진의 군사가 이에 속했다. 이 왕군의 배치를 본 정의 공자 원(元)은 장공에게 진언했다.

"진의 국내는 어수선하므로, 진군은 싸울 기력이 없습니다. 먼저 진군을 공격한다면 반드시 패주할 것입니다. 그러면 중앙군은 흩어지고, 채와 위의 우익군도 버티지 못하고 퇴각할 것입니다. 그때 다시 중앙군을 공격한다면 성공은 틀림없습니다."

장공은 이 의견을 따라 대부 만백(曼伯)에게 우익, 상경 제중(上卿祭仲)에게 좌익을 맡기고, 자신은 원번(原繁), 고

조근(朝覲) : 신하가 입궐하여 임금을 뵙던 일.

통수(統首) : 일체를 통할하여 거느림, 또는 그런 사람. 통령(統領).

거미(高渠彌) 등 제장을 이끌고서 중앙군이 되었다. 그때의
진형(陣形)을 〈춘추좌씨전〉에서는 다음과 같이 쓰고 있다.

'어려(魚儷)의 진을 이루고, 편(偏)을 앞으로 하고 오(伍)
를 뒤로 하여, 오가 받아 미봉(彌縫)한다〔원형을 만들고 전
거를 선진으로 삼되 보병을 후진으로 하고 전거의 간극(間隙)을
보충시켰다〕.'

어려(魚儷) : 생선비늘처럼 줄지어 늘어섬.
편(偏), **오**(伍) : 병사의 대오로, 편은 전거(戰車) 25승(乘), 또는 사졸(士卒) 50명이 한 조이고, 오는 5명이 한 조임.

양군은 정의 땅인 수갈(繻葛)에서 정면충돌을 했다. 장
공은 좌우 양익의 군사에게 "본진의 기가 움직이면 북을
치며 진군하라."고 명령했다.

정이 취한 전략은 바로 들어맞았다. 채, 위, 진의 군사
는 혼란에 빠졌다. 정군은 일거에 왕군을 공격해서 대패
시켰다.

이 전투에서 축담(祝聃)이 왕의 어깨에 화살을 명중시켰
다. 그후 왕은 패했으나 다시 군을 정비하여 머물고 있었
으므로 축담이 계속 추격하려 했다. 그때 장공이 제지하
며 말했다.

"군자란 끝까지 쫓아가 사람을 업신여겨서는 안 된다.
하물며 천자를 업신여길 수는 없다. 원래가 자위(自衛)를
위해서 벌인 싸움이었으니 나라의 안전이 보장되면 그것
으로 족하다."

그날 밤 장공은 제중을 왕의 진영으로 파견해서 왕의
노고를 위로했다고 한다.

이 싸움으로 장공은 이름을 천하에 떨치고 후에 제환공
(齊桓公)에 의해 실현된 패자(覇者)의 길을 열게 되었다.

尾生之信 ❖ 미생지신

미생은 믿음이란 뜻으로, 쓸데없는 명목에 구애된 나머지 너무 고지식하여 임기응변의 변통이 없어서 하나만 알고 둘은 모르는 사람을 비유해서 쓴다.

| 풀이 | 노(魯)나라에 미생(尾生)이라는 아주 정직한 사람이 있었다. 남하고 약속을 하면 무슨 일이 있어도 꼭 지키고야 마는 그런 인물이었다.

어느 날 미생이 개울 다리 밑에서 연인을 만나기로 약속을 하였다.

약속에 1분도 늦는 일 없이 그는 약속 장소로 나갔다. 그러나 아무리 기다려도 여자는 나타나지 않았다. 그러는 동안에 밀물로 개울물이 불어서 그의 몸은 점점 물에 잠기게 되었다. 발에서 무릎, 무릎에서 가슴으로 물은 불어가는데도 그는 단념하지 않았다. 나중에는 물이 머리 위까지 올라와 교각에 매달렸으나 피신하지 않고 끝내 그곳에서 익사해 버리고 말았다고 한다.

전국시대의 유세가(遊說家)로서 유명한 소진(蘇秦)은 연왕(燕王)을 만나 자기 의견을 말했을 때 미생의 이야기를 꼬집어 신의가 두터운 사나이의 보기로 삼고 있다. 그러나 같은 전국시대의 철학자인 장자(莊子)는 그의 특색있는 우언(寓言)에서 공자와 이름높은 도적 도척(盜跖)의 대화 속에서 도척을 통해 미생의 이야기를 비평하고 있다.

出典 : 〈장자(莊子)〉 도척편 (盜跖篇)

유세가(遊說家) : 각처로 돌아다니며 자기의 의견이나 소속 정당의 주장 등을 설명하고 선전하는 사람.

"이런 인간들은 책형(磔刑)을 당한 개, 물에 떠내려가는 돼지, 또는 쪼그라진 깡통을 한 손에 든 비렁뱅이와 같이 쓸데없는 명목(名目)에 구애되어 하나밖에 없는 목숨을 아끼지 않는 자들로, 진정한 삶의 길을 모르는 패거리이다."

盤根錯節 ※ 반근착절

구부러진 뿌리가 많이 내려 마디가 얽혀 있다는 뜻으로,
세력이 뿌리 깊이 박혀 당파가 잘 단결되어 있어 이를 제
거하기가 어려울 때 쓰이는데, 곤란을 상징하는 말이다.

出典 : 〈후한서(後漢書)〉 우
후전(虞詡傳)

| 풀이 | 후한(後漢)의 상제(殤帝)가 재위 8개월 만에 죽
자, 13세인 안제(安帝)가 위에 올랐다. 이렇게 되자 어머니
인 태후가 정사를 맡고 태후의 오빠 등질(鄧騭)이 대장군
이 되었다.

그 무렵 서북 변경에서는 이민족의 세력이 강성하여 병
주(并州)와 양주(涼州)가 침략당하고 있었다. 등질은 국비
부족을 염려해서 양주는 포기하고 병주에 주력을 쏟으려
고 했다. 이때 낭중(郎中)의 직책에 있는 우후(虞詡)가 반대
를 하고 나섰다.

"함곡관의 서쪽에서는 장군이 나오고, 동쪽에서는 재상
이 나온다고 합니다. 예로부터 열사무인(烈士武人)으로 관
서의 양주 출신이 많지 않습니까. 이러한 땅을 이민족에
게 맡긴다는 것은 결코 안 될 말씀입니다."

좌중 인사들은 다 우후의 의견에 찬성했다. 등질은 이
사건으로 우후를 미워하게 되었다.

때마침 조가현(朝歌縣)의 적(賊)이 군장(郡長)을 죽이고 그 고을을 장악하여 폭력을 휘둘렀다. 등질은 바로 이때다 싶어 우후를 조가현장으로 임명해 적을 토벌토록 명했다. 이때 우후의 친구들은 이 소식을 듣고 한결같이 조문(弔問)을 했다고 한다. 기세가 당당한 적과 싸워서 전사할지도 모른다고 생각했던 것이다. 그러나 우후는 태평스럽게 웃으며 말했다.

"생각은 쉬운 것을 찾지 않고 일은 어려운 것을 피하지 않는 것이 신하된 도리이다. 구부러진 뿌리가 내려서 엉클어져 있는 마디에 부딪치지 않으면 날카로운 칼날의 진가도 알 도리가 없지 않은가(志不求安易 事不避困難 臣之職也不遇盤根錯節 何以別利器乎)."

사산(四散) : 사방으로 뿔뿔이 흩어짐.

우후는 조가현에 부임하여 지혜와 용맹으로 적들을 사산시켰다고 한다. 그는 그후에도 외적과 환란을 비롯한 모든 불의와 맞서 끝까지 반근착절에의 도전을 계속하였다.

拔本塞源 ❖ 발본색원

出典 : 〈춘추좌씨전(春秋左氏傳)〉 소공(昭公) 9년조(年條)

뿌리를 뽑아 근원을 막는다는 뜻으로, 근본적인 차원에서 어떤 폐단을 해결하는 것을 말한다.

| 풀이 | "나는 백부(伯父)에게 있어서 마치 옷에 갓이 있고, 나무와 물에 뿌리와 근원이 있고, 백성들에게 집주인

이 있어야 하는 것과 같다. 백부가 만일 갓을 찢어 버리고 뿌리를 뽑고 근원을 막으며 집주인을 아주 버린다면 비록 저 오랑캐들이라도 나 한 사람을 우습게 볼 것이다(我在伯父 猶衣之有冠冕 木水之有本源 民人之有謀主 伯父若裂冠毁冕 拔本塞源 專棄謀主 雖戎狄其何有余一人)."

傍若無人 ⬧ 방약무인

곁에 아무도 없는 것과 같이 남의 입장이나 형편을 살피지 않고 언행을 제멋대로 하는 것을 일컫는다.

出典:〈사기(史記)〉 자객열전(刺客列傳)

| 풀이 | 전국시대 위(衛)나라에 형가(荊軻)라고 하는 자가 있었다.

선조(先祖)는 제(齊)나라 사람이었으나 그는 위(衛)로 옮겨 살며 경경(慶卿)이라 불렸는데, 책을 읽는 것과 검을 쓰는 것을 즐겨했다. 국사에도 마음을 쓰고 있었으므로 위의 원군(元君)에게 정치에 대한 의견을 진언했으나 받아들여지지 않자 그후로는 제국을 떠돌아다니며 각지에서 현인, 호걸들과 사귀었다. 그때의 이야기로서 다음과 같은 것이 전해진다.

산서(山西)의 북부를 지날 때, 개섭(蓋聶)이라는 자와 검에 대해 이야기를 하다가 의견이 충돌하여 개섭이 화를 내자 형가는 곧 그 자리를 떠나 버렸다.

진언(進言):윗사람에게 자기의 의견을 말함, 또는 그런 말.

쌍륙(雙六) : 두 개의 주사
위를 던져 나오는 사위대로
말을 써서 먼저 궁(宮)에 들
여보내는 것을 겨루는 놀이
를 말함.

또 형가가 한단(邯鄲)에 갔을 때의 일이다. 노구천(魯句
踐)이란 자와 쌍륙(雙六)놀이를 하여 승부를 다투다가 노구
천이 화를 내며 소리치자 형가는 말없이 도망쳐 다시는
돌아오지 않았다고 한다.

그는 연(燕)나라로 갔다. 그곳에서 사귄 사람이 개백정
과 축(筑)의 명수인 고점리(高漸離)였다. 축은 거문고 비슷
한 악기로서 대(竹)로 현을 퉁겨서 소리를 낸다. 이 두 사
람과 형가는 날마다 큰 길로 나가 술을 마셨다. 취기가 돌
면 고점리는 축을 퉁기고 형가는 여기에 맞추어 노래하며
함께 즐겼다. 그러다가 감상이 극도에 달하면 울기조차
하였는데 그 모습이 마치 곁에 아무도 없는 것 같았다. 여
기에서 '방약무인'이란 성어가 비롯된 것이다.

杯盤狼藉 ❖ 배반낭자

出典 : 〈사기(史記)〉 골계열
전(滑稽列傳)

술잔과 안주 접시가 질서 없이 뒤섞여 있다는 말로 주연
(酒宴)이 고비에 오르면 주석이 난잡해지는 것을 말한다.

| 풀이 | 전국시대 초, 제위왕(齊威王) 때였다. 아주 작은
사나이로 익살을 잘 부리는 순우곤(淳于髡)이란 수다쟁이
가 있었다. 때마침 제(齊)가 초(楚)의 공격을 받게 되어 조
(趙)로 원병을 청하게 되었다. 그때 곤이 제의 사신으로 조
에 가서 10만 정병을 얻는 데 성공하여 초는 제의 침공 계

획을 포기할 수밖에 없게 되었다. 그리하여 제나라의 후궁에서 축하연이 베풀어졌다.

그 자리에서 제왕은 곤에게 물었다.

"그대는 얼마나 마시면 취하는가?"

"저는 한 되 술을 마셔도 취하고 한 말 술을 마셔도 취합니다."

곤은 수수께끼를 좋아하는 제왕에게 수수께끼 같은 대답을 했다. 제왕은 곧 그 설명을 재촉했다.

"한 되 술을 마시고 취하는 사람이 어떻게 한 말 술을 마신단 말인가, 어서 말해 보게."

"먼저 대왕에게서 술을 받는데, 제 옆에는 법의 집행관이 있고 뒤에는 재판관이 있다고 가정합니다. 그때 저는 황공해하며 마시게 되므로 한 되도 채 못 마시고 취하게 될 것입니다. 또 제 친척으로 근엄한 손님을 상대할 때는 몸을 바르게 하고 마시며 자주 잔을 올리게 되므로 두 되도 마시지 못하고 취할 것입니다. 혹은 오래 만나지 못했던 친구하고 돌연 만나 환담하면서 마시면 대여섯 되로도 취할 것입니다."

곤의 이야기는 점차 열을 띠기 시작했다.

"만약 촌리(村里)의 회합이 있어 남녀가 섞여 앉아 술을 마시며 육박(六博)이나 투호(投壺)를 하면서 손을 잡아도 좋고 물끄러미 쳐다보아도 좋고, 제 곁에 귀고리나 비녀 등이 떨어져 있다면 저는 그만 기뻐서 여덟 되쯤 마시고, 서너 차례 취기가 돌 것입니다. 다시 날이 저물어 주연이

육박(六博) : 주사위 놀이.

마침내 절정에 이르면 술통을 치우고 남녀는 무릎을 맞대며 신발이 흩어져서 배반낭자(杯盤狼藉)가 되지요. 집안의 등불은 꺼지고 주인이 나를 머물게 하고서 손님은 돌려보내는데, 그러한 때 내 곁에서 얄팍한 비단옷의 가슴팍이 풀어지고 은근한 체취가 풍기면 나는 그만 하늘에라도 오른 듯이 한 말의 술을 마실 것입니다."

이렇듯 술과 여자를 좋아하는 제왕을 기쁘게 해 놓고, 교묘하게 간하는 것이었다.

"술이 극도에 달하면 어지러워지고 즐거움이 극도에 달하면 슬퍼진다고 합니다. 그렇게 되면 나라가 쇠해집니다."

이로부터 제왕은 철야의 주연을 그만두고 곤을 제후의 주객으로 삼아 연석에는 반드시 자기 곁에 앉게 했다고 한다.

背水之陣 ❖ 배수지진

出典 : 〈사기(史記)〉 회음후열전(淮陰侯列傳)

물을 등지고 진을 친다는 뜻으로, 목숨을 걸고 어떤 일에 대처하는 경우를 비유하는 말이다. 배수진이라고도 한다.

| 풀이 | 한고조(漢高祖)가 제위에 오르기 2년 전(기원전 240년)의 일이다. 한군의 일지대(一支隊)를 이끌고 있던 한신(韓信)은 위(魏)를 격파한 여세를 몰아 조(趙)로 진격했다.

한신의 내습을 안 조왕헐(趙王歇)과 성안군 진여(陳余)는 급거 20만의 군사를 정경(井陘)의 협로 입구에 집결시키

지대(支隊) : 본대에서 갈라져 독립적인 행동을 하는 작은 부대.

내습(來襲) : 적이 습격해 오는 것.

173

고 견고한 성채를 쌓고서 기다리고 있었다. 미리 내보냈던 첩자로부터 광무군 이좌거(李左車)의 한군이 정경의 협로에 들어오기 시작했을 때 단숨에 격멸해야 한다는 진언이 채택되지 않았다는 것을 안 한신은, 정경의 협로로 맹진(猛進)했다. 그리고 그 출구 10리쯤 되는 곳에서 밤을 기다렸다가 한밤중에 다시 진군했다. 또한 2천 명의 경기병(輕騎兵)을 골라, 각자 붉은 기를 한 자루씩 들게 했다.

맹진(猛進) : 용맹하게 나아감.

"조군의 성채 근처 산에 숨으라. 내일의 전투에서 우리 군은 거짓 패주한다. 조군은 전력을 다해 추격해 올 것이다. 그때 제군은 조의 성채로 들어가 조의 기를 뽑아 버리고 한의 붉은 기를 세우라."

다음에 만여 명의 군사를 정경의 출구에서 진격시켜 하수를 등지고 진을 치게 했다. 끝으로 본대를 협로 맨끝으로 진격시켰다. 조군은 하수를 등지고 진을 치고 있는 한신의 군대를 보고 크게 조소했다.

얼마 후 한신은 대장기를 앞세운 본대를 이끌고 북소리도 우렁차게 진격해 나아갔다. 조군도 성채에서 나와 응전했다. 여러 차례의 각축전을 벌인 끝에 한신은 기고(旗鼓)를 버리고 퇴각하여 하수의 진과 합류했다. 기세를 탄 조군은 한신의 수급(首級)을 차지하고자 전군이 추격해 왔다. 과연 성채는 텅 비게 되고 아무런 저항도 없이 매복했던 군사들이 침입해서 성벽의 기를 바꾸었다. 한편 하수를 등지고 있는 한신의 군대는 분전(奮戰)에 분전을 거듭한 끝에 조의 대군을 격퇴시켰다. 그래서 뒤로 밀린 조군이 성

기고(旗鼓) : 군기와 북.

수급(首級) : 전쟁에서 베어 얻은 적군의 머리.

채로 돌아와 보니 한나라의 붉은 기가 휘날리고 있었다. 이리하여 조군은 더욱 혼란에 빠지고 그 틈을 탄 한군이 전후에서 협공하여 대패시켰다.

싸움이 끝나고 축연이 벌어졌을 때 부장들은 한신에게 물었다.

"병법에는 산을 등지고 물을 앞에 두고서 싸우라고 했습니다. 그런데 이번에는 물을 등지고 싸워 승리를 거두었습니다. 이것은 대체 어떻게 된 일입니까?"

"이것도 병법의 한 수로 제군들이 미처 깨닫지 못했을 뿐이오. 병서에 자신을 사지(死地)에 몰아넣음으로써 살길을 찾을 수가 있다고 적혀 있지 않소. 그것을 잠시 응용한 것이 이번의 배수진(背水陣)이오. 원래 우리 군은 원정에 원정을 계속하여 보강한 군사들이 대부분이니 이들을 생지에 두었다면 그냥 흩어져 달아나 버렸을 것이오. 그래서 사지에다 몰아넣은 것뿐이오."

사지(死地) : 죽을 곳. 죽어야 할 장소. 도저히 살아 나올 수 없는 위험한 곳.

杯中蛇影 ◈ 배중사영

잔 속에 비친 뱀의 그림자라는 뜻으로, 아무것도 아닌 일에 의심을 품으면 쓸데없는 걱정을 하게 된다는 말이다.

出典 : 〈진서(晉書)〉 악광전 (樂廣傳)

| 풀이 | 진(晉)나라에 악광(樂廣)이란 사람이 있었다. 악광은 집안이 가난하여 혼자서 글을 익혔다고 한다. 단정

하고 침착해서 서두르지 않고 남의 이야기를 잘 귀담아 듣는 성격이었다. 후에 인정을 받아 수재로 지목되어 관(官)에 기용되었으나 역시 단정하고 겸손했다. 또 그가 말하는 것을 들은 많은 병사들은 그의 말을 평해서 "수경(水鏡)과 같이 깨끗하고 명료하여 구름이 걷힌 푸른 하늘을 보는 것 같다."고 감탄했다고 한다. 이러한 악광이 하남(河南)의 장관으로 있을 때의 일이다.

친한 친구가 있었는데 오랫동안 찾아오지 않아 이상히 여긴 광(廣)은 그를 찾아가 까닭을 물어 보았다.

"일전에 찾아뵙고 술대접을 받았을 때의 일입니다. 술을 마시려고 하는데 잔 속에 실뱀이 보이지 않겠습니까. 기분이 나빴지만 그냥 마셨더니 그후부터 몸이 나빠졌습니다."

이상한 일이라고 광은 생각했다. 요전에 마신 곳은 관청의 한 방이었다. 그곳 벽에는 활이 걸려 있었는데 그 활에는 뱀의 그림이 그려져 있었다. 광은 다시 그 사람을 불러 그전과 같은 곳에서 술을 마셨다. 잔에 술을 붓고 친구에게 물었다.

"잔 속에 또 뱀이 보입니까?"

"그래요, 전과 같군요."

"그 뱀은 저 활의 그림자요."

친구는 순간 의혹이 풀려 병이 나았다고 한다.

'배중지사영(杯中之蛇影)' 이라고 하면 '뭐 걱정할 필요는 없습니다.' 라는 뜻이 된다. "의심이 암귀(暗鬼)를 만든다."는 말과 일맥상통되는 말이다.

수경(水鏡) : ① 물이 물체의 모양을 있는 그대로 비치는 것처럼, 공평하게 사물을 관찰하며 그 형상을 통찰하여 뭇사람의 모범이 되는 일, 또는 그런 사람. ② 물을 거울에 비겨 일컫는 말. 거울같이 물체의 그림자를 비치는 물이라는 뜻. ③ 달의 이칭.

암귀(暗鬼) : 어둠을 지배하는 귀신.

百年河淸 ❖ 백년하청

出典 : 〈춘추좌씨전(春秋左氏傳)〉 양공(襄公) 8연조(年條)

중국의 황하는 물이 항상 누렇게 흐려 있으며 백 년에 한 번 물이 맑아질까 말까 한다는 뜻으로, 아무리 기다려도 소용이 없다는 말로 쓰인다. 또는 아무리 오래되어도 사물이 이루어지기 어려움을 일컫는 말이다.

┃풀이┃ 정(鄭)나라 주영왕(周靈王) 7년의 일이다. 초나라가 정나라로 쳐들어오자 정의 6경이라고 일컬어진 지도자들이 도성에 모여 회의를 하는데, 항복을 하자는 측과 진(晉)나라의 구원을 기다려 저항을 해야 한다는 측이 맞서의견의 일치를 보지 못하고 있었다. 이때 항복을 주장하는 측의 자사(子駟)가 나서며 말했다.

"주나라의 시에 이르길 '황하가 맑아지기를 기다린다는것은 한이 없어 사람의 짧은 목숨으로는 도저히 부족하다. 점쳐서 꾀하는 일이 많으면 새가 그물에 얽힌 듯 갈피를 못 잡는다(周詩有之曰 待河之淸 人壽幾何 兆云詢多 職競作羅).'고 했습니다. 그러니 급한 대로 초나라 군사를 맞아그들의 밀을 따르기로 하고 후에 진나라 군사가 오면 나시진나라를 따르면 그만입니다. 우리는 그들을 맞이할 선물이나 준비해 두고 기다리는 것이 마땅할 듯하옵니다."

이 말은 어느 세월에 진나라의 구원병이 오길 기다리겠느냐는 뜻으로 황하가 맑기를 기다리는 것과 다를 바가 없다고 역설한 것이다.

이렇게 해서 정은 초와 화평을 맺고 위기를 면했다고
한다.

白眉 ❖ 백미

원뜻은 흰 눈썹을 지닌 사람으로 여럿 가운데 가장 뛰
어난 자를 이르는 말이나 때로는 예술 작품 중에서 뛰어
난 것을 지칭할 때 쓴다.

出典 : 〈삼국지(三國志)〉 촉
지(蜀志) 마량전(馬良傳)

| 풀이 | 촉한(蜀漢)의 유비(劉備)는 적벽대전(赤壁大戰) 이
후에 군사(軍師)인 제갈량의 계책에 의해 형주(荊州), 양양
(襄襄), 남군(南郡)을 얻자 마음이 무척 흡족하였다. 그리하
여 군신들을 모아놓고 구원지계(久遠之計)를 묻는데 문득
한 사람이 계책을 올리고자 청(廳) 위로 올라왔다. 지난날
에 두 번이나 유비를 구하여 준 이적(伊籍)이었다.

군사(軍師) : 주장(主將) 밑
에서 군기를 장악하고 군대
의 운용을 담당하며, 계략
이나 작전을 궁리해 내는
사람.

유비는 십분 공경하여 즉시 그에게 자리를 내주고 계책
을 물었다. 그러자 이적이 말했다.

"형주의 구원지계를 아시려고 하면 어찌하여 먼저 어진
선비를 구하셔서 찾지 않으십니까?"

"어진 선비가 누구요?"

"형양(荊襄)에 있는 마량(馬良)의 다섯 형제가 모두들 재
명(才名)이 있는데 가장 어진 이는 양 눈썹 사이에 흰 털이
난 양(良)으로 자는 계상(季常)이라고 합니다. 향리에서 평

재명(才名) : 재주와 명망.

판이 자자한데 '마씨집 오상(五常)'이 모두 뛰어나지만 그 중에서도 백미가 있는 마량이 제일 뛰어나다(馬氏五常白眉最良)고 하더이다. 공께서는 어찌하여 청하여다 물으시지 않으십니까?"

이에 유비는 즉시 명하여 그를 청하여 오게 하였다.

百發百中 ◈ 백발백중

出典 : 〈사기(史記)〉 주기 (周紀)

백 번 쏘아 백 번 맞힌다는 것이 본래의 뜻으로 활의 경우에만 쓰던 말이었으나, 요즘에는 일이나 계획하고 있던 바가 생각했던 대로 들어맞음을 뜻한다.

| 풀이 | 춘추시대 초(楚)나라에 활의 명수인 양유기(養由基)라는 사람이 있었다. 그에 대해 〈사기〉에는 이렇게 씌어 있다.

"초나라에 양유기라는 사람이 있었는데 활을 잘 쏘았다. 버드나무 잎을 백 보 떨어진 곳에서 백 번 쏘아 백 번을 다 맞히었다(楚有養由基者 善射者也 去柳葉百步而射之 百發而百中之)."

양유기가 이름없는 하급장교였을 때의 일화이다.

투월초(鬪越椒)란 초나라 재상이 반란을 일으켰을 때의 일이다. 외국으로 초장왕(楚莊王)이 출정나간 틈을 타서 반란을 일으킨 투월초는 장왕이 돌아오는 길을 막았다.

179

양쪽은 강을 끼고 대처하게 되었다. 관군이 가장 무서워하는 것은 투월초의 뛰어난 활솜씨였다.

투월초가 강 저쪽에서 활을 높이 들고 "나를 대항할 놈이 누구냐."고 외쳤을 때 양유기가 나섰다. 양유기는 "많은 군사를 괴롭히지 말고 우리 둘이서 활로 승부를 결정짓자."고 제안했다. 투월초는 약간 겁이 났으나 거절하지 못하고, 각각 세 번씩 활을 쏘아 승부를 결정하기로 했다. 투월초는 자기가 먼저 쏘겠다고 했다. 먼저 쏘아 죽여 버리면 제아무리 명사수라도 무슨 소용이 있겠느냐는 생각에서였다.

이리하여 먼저 투월초가 양유기를 향해 화살을 쏘아 보냈다. 양유기는 처음은 활로 화살을 쳐서 떨어뜨리고 두 번째는 몸을 옆으로 기울여 화살을 피했다. 투월초는 당황한 끝에 "대장부가 몸을 피하다니 비겁하지 않느냐." 하고 억지를 썼다.

"좋습니다. 그럼 이번에는 몸을 피하지 않겠소."

양유기는 날아오는 화살 끝을 두 이빨로 물어 보였다. 그러고는 투월초에게 큰 소리로 외쳤다.

"세 번으로 약속이 되어 있지만 나는 단 한 번만으로 승부를 결정하겠소."

이렇게 말하고 먼저 빈 줄을 퉁겨 소리를 보냈다.

투월초는 줄이 우는 소리에 화살이 오는 줄 알고 몸을 옆으로 기울였다. 순간 기울이고 있는 그의 머리를 향해 양유기는 재빨리 화살을 보냈다. 이리하여 투월초는 죽고 반란은 간단히 끝났다고 한다.

伯牙絶絃 ❖ 백아절현

出典 : 〈열자(列子)〉 탕문편
(湯問篇)

백아가 친구의 죽음을 슬퍼하여 거문고 줄을 끊어 버렸
다는 뜻으로, 서로 마음속 깊은 곳까지 샅샅이 이해하고
있는 참다운 벗의 죽음을 일컫는 말이다.

｜풀이｜ 춘추시대 때 백아(伯牙)라는 거문고의 명수가 있
었다.

친구인 종자기(鍾子期)는 백아가 거문고를 타서 높은 산
의 모습을 표현하려고 하면 "아, 굉장하다. 높이 치솟는
느낌인데, 마치 태산 같구나." 하고 칭찬해 주었으며, 흐
르는 물의 기상을 표현하려고 하면 "정말 좋다. 양양하게
물이 흐르는 느낌인데, 마치 장강이나 황하 같구나." 하고
기뻐해 주었다. 이런 식으로 백아가 마음속으로 생각하고
거문고에 의탁하는 기분을 종자기는 정확하게 들어서 틀
리는 법이 없었다.

어느 날 두 사람은 함께 태산 깊숙이 들어간 일이 있었
다. 그런데 도중에 갑자기 큰 비를 만나 두 사람은 어느
바위 밑에 은신했으나 아무리 시간이 지나도 비는 그치지
않고 물에 씻겨 흐르는 흙과 모래 소리만 요란했다. 겁에
질려 덜덜 떨면서도 백아는 언제나 떼어놓는 일이 없는

거문고를 집어들고 서서히 타기 시작했다. 처음에는 임우지곡(霖雨之曲), 다음에는 붕산지곡(崩山之曲), 한 곡을 끝낼 때마다 여전히 종자기는 정확하게 그 곡의 취지를 알아맞히고는 칭찬해 주었다.

그것은 항상 있었던 일이었으나 그런 사태 속에서도 하나도 틀리지 않고 자기의 음악을 알아주는 종자기에게 크게 감격한 백아는 거문고를 내려놓고 말했다.

"아아, 정말 자네의 듣는 귀는 굉장하네. 자네의 그 마음의 깊이는 내 맘 그대로가 아닌가. 자네 앞에 나오면 나는 거문고 소리를 속일 수가 없네."

두 사람은 그만큼 마음이 맞는 친구였다. 하지만 그로부터 얼마되지 않아 불행하게도 종자기는 병을 얻어 죽고 말았다.

그러자 백아는 그토록 거문고에 정혼을 기울여 일세의 명인으로 일컬어졌음에도 불구하고, 그 애용하던 거문고를 부숴 버리고 줄을 끊어 죽을 때까지 두 번 다시 거문고를 손에 들지 않았다. 그것은 종자기라는 얻기 어려운 친구, 다시 말해서 자기 거문고 소리를 정확하게 들어 주는 친구를 잃은 비탄에서였다고 한다.

또 지기(知己)를 지음(知音)이라고 하는 것도 이 고사에서 비롯되었다.

임우(霖雨) : 장마.

비탄(悲歎) : 슬퍼하고 탄식함.

白眼視 ❈ 백안시

出典:〈진서(晉書)〉완적전
(阮籍傳)

흘겨본다는 말로, 남을 나쁘게 여기거나 냉대하는 경우
에 쓰는 말이다.

| 풀이 | 완적(阮籍)이라는 생김새가 수려한 사나이가 있
었다. 그는 의기가 대단한데다 자기 혼자만이 높은 산에
올라가 만족하고 있는 것 같은 점이 있고, 언제나 제 생각
대로 행동해서 남의 눈치를 살피는 일이 없었다. 그리고
기쁘나 슬프나 항상 안색이 변하지 않았다.

책을 읽기 시작하면 문을 닫아 걸고 몇 달씩 나오지 않
았으며, 산으로 가도 며칠씩 돌아오지 않았다. 그는 학문
에서는 발군(拔群)이나 특히 노자, 장자 등 소위 도가(道家)
의 자연철학을 좋아했다. 술을 좋아하며 노래하고 시를
읊으며 거문고도 능숙하게 탔다. 그러다가 기분이 고조되
면 자기 몸이 어떻게 되는지조차 잊어버리곤 했다.

발군(拔群):여럿 가운데서
특별히 빼어남.

사람들은 그를 미치광이로 취급했으나 그것은 난세 속
에서 살아가기 위한 하나의 방편이었다.

당시는 후한(後漢)의 정치가 어지러워지고 환관이 세력
을 잡아 옳은 말을 하는 학자나 관리를 제멋대로 감금하
거나 죽이곤 했다. 그 결과 황건적이 일어났고, 그것을 없
애자 이번에는 천하가 셋으로 나뉘어 그 중의 하나였던
위(魏)나라의 대신인 사마중달(司馬仲達)의 자손이 진(晉)나
라를 세우는 등 난세가 계속되었다.

완적이 살고 있던 때는 이와 같이 위에서 진으로 움직이려고 하던 시대였다. 위나라 대신의 집안인 완적은 위험을 느껴 언제나 술에 취하고 미친 척하여 위험을 피할 수가 있었다.

어느 날 그가 바둑을 두고 있을 때, 어머니가 돌아가셨다는 소식을 들었다. 바둑 상대는 그만두자고 했으나 완적은 그대로 계속해서 기어이 승부를 냈다. 그런 후 그는 두 말이나 되는 술을 마시고 큰 소리로 울부짖으며 한 되나 되는 피를 토하고 무척 슬퍼하였다. 그는 어머니를 매장할 때 오직 한마디, 큰일났다고 말했을 뿐이었다. 그러나 어머니의 장례를 치르고 나서는 지독하게 여위어 목숨이 위태롭게까지 되었다.

완적은 이렇듯 세상의 형식은 무시하였으나 사실은 마음이 착한 사람이었다. 그래서 예의에 얽매이는 사람을 보면 눈을 옆으로 돌려 흰자위를 보였다(籍見禮俗之士 以白眼對之). 보기도 싫다는 뜻이었다.

혜희(嵇喜)가 어머니의 조상을 왔을 때 완적은 형식에 얽매여 하는 조상을 싫어해 백안을 보여 쫓아 버렸다. 그 말을 들은 동생 혜강(嵇康)은 술과 거문고를 들고 찾아왔다. 그제서야 완적은 크게 기뻐하며 눈동자를 바로하고〔靑眼〕대했다. 이 때문에 당시의 지식인들은 완적을 마치 원수 대하듯 몹시 미워했다고 한다.

柏舟之操 ❖ 백주지조

出典 : 〈시경(詩經)〉 용풍 (鄘風)

편백나무의 지조란 뜻으로 과부의 굳은 정조, 곧 남편을 잃은 처가 정절을 지켜 재혼하지 않는 것을 말한다.

음풍(淫風) : 음란한 풍속.

┃ 풀이 ┃ 서주(西周)의 말기에 세상은 음풍(淫風)이 성행하여 올바른 예의의 전통을 전하고 의(義)를 지키는 풍습은 온데간데가 없는 상태였다. 그런 세태 속에서 홀로 정절을 지킨 공강(共姜)이란 여인이 있었다.

주(周)의 여왕(厲王) 때 위국(衛國) 희후(僖侯)에게 여(余)라는 세자가 있었다. 여의 처는 강(姜)이었는데 두 사람 사이는 지극히 화목했으나 여가 불행하게도 일찍 세상을 떠나 버렸다. 젊어서 미망인이 된 강은 죽은 남편 여에 대한 정절을 다하고자 굳게 결심했다. 여는 공백(共伯)이란 시호를 받았으므로 강도 남편의 시호를 따서 공강(共姜)이라고 부르게 되었다. 공강은 남편의 명복을 빌면서 혼자 조용히 여생을 보내려고 했으나 주위에서 그냥 내버려두지 않았다. 강의 어머니는 무슨 일이 있어도 딸을 재가시키려고 온갖 노력을 다 기울였다.

"너를 처로 삼겠다는 사람이 많은데 네 맘에 드는 사람은 과연 누구냐?"

"제 남편은 공백님 단 한 분이십니다."

공강은 한결같이 이렇게 대답하였으나, 어머니는 그렇다고 그냥 물러서지 않았다.

185

"아니, 네 남편이 어디서 금방이라도 살아 돌아온다는 말이냐? 여자는 젊었을 때가 한창이야. 지금 때를 놓치면 어느 누가 네 뒷바라지를 해준다더냐. 이제 고집 그만 피우고 내 말을 들으려무나."

어머니는 딸의 앞날을 걱정하여 현실적으로 나가고자 했지만 젊은 강으로서는 그런 현실적 득실(得失)을 애정이나 정절과 바꾸려는 처사를 도저히 용납할 수가 없었다. 그래서 스스로의 맹세를 써서 노래한 것이 바로 다음과 같은 시였다.

범연히 뜬 편백나무 배　　　　　汎彼柏舟
큰 강 가운데 있네　　　　　　　在彼中河
두 갈래의 더벅머리　　　　　　髧彼兩髦
참된 내 배우자　　　　　　　　實維我儀
죽어도 따르오리다　　　　　　　之死矢靡它
어머니의 은혜는 하늘과도 같지만　母也天只
어찌하여 내 마음 몰라줄까요　　不諒人只

이 시는 〈시경〉의 용풍에 있는 백주(柏舟)의 1장이다.

病入膏肓 ❖ 병입고황

고(膏)는 심장 밑에 있는 얇은 뼈, 황(肓)은 그 밑의 횡격막으로 몸의 가장 깊숙한 부분이다. 따라서 병이 깊고 무거

出典 : 〈춘추좌씨전(春秋佐氏傳)〉 성공(成公) 10년

워져 회복할 가망이 없음을 말한다. 또 나쁜 버릇이나 습관 등이 손을 쓸 수 없을 정도가 되어 버린 경우에도 쓰인다.

| 풀이 | 춘추시대의 다섯 강국(5패) 중에서도 당시 진(晋) 은 첫째가는 강국이었다. 그 진나라의 경공(景公)이 어느 날 아주 큰 유귀(幽鬼)를 꿈에 보았다.

땅에 흐트러진 긴 머리를 끌며 가슴을 두드리고 발을 구르면서 유귀가 외쳤다.

"내 자손을 잘도 죽였구나. 천제(天帝)의 허락이 내렸다. 자아, 오너라."

유귀는 궁전의 문들을 부수면서 쫓아왔다. 혼비백산한 경공은 방안으로 도망쳐 들어왔으나 유귀는 그 문 역시 두드려서 부숴 버렸다.

바로 그때 꿈을 깼다.

경공은 꿈풀이를 하려고 무당을 불렀다. 무당은 말도 채 듣기 전에 꿈과 같은 예언을 했다.

"금년에 수확되는 햇곡식을 잡수시기 전에 목숨을 잃으십니다."

경공은 병이 들어 나날이 악화되었다. 서쪽에 있는 진 (晋)나라에 의사를 보내 달라고 부탁하자 진나라에서는 명의인 고완(高緩)을 보내겠다고 전해 왔다.

고완이 도착하기 전에 경공은 또 꿈을 꾸었다. 그런데 병이 두 어린이가 되어 의논을 하고 있는 것이었다.

"명의한테 이번에는 죽을 거야. 다른 데로 도망가자."

천제(天帝) : 하늘을 다스리는 신. 하느님.

"그래! 심장 아래 횡격막 위로 도망치면 아무렇지도 않을 거야."

의사 고완이 도착하여 진찰을 하고 난 뒤 말했다.

"병은 고칠 수가 없습니다. 심장 아래 횡격막 위로 들어가 있으므로 아무리 손을 써도 소용이 없습니다. 침도 닿지 못하고 약도 통하지 않습니다. 어떻게 할 수가 없습니다."

"역시 명의로구나."

꿈을 꾼 그대로 조금도 틀리지 않은 진찰에 탄복한 경공은 후한 예물을 주어 돌려보냈다.

그후 경공이 새로 수확한 보리가 먹고 싶다고 했다. 이에 공전(公田)에서 햇보리를 바쳐서 보리밥을 지었다.

그러자 경공은 예전의 무당을 불러 '보리밥을 먹을 수 있지 않은가.' 하고 죽여 버렸다.

그리고 나서 보리밥을 막 먹으려고 하는데 배가 켕기기 시작했다. 도무지 견딜 수가 없어 변소로 갔는데 그냥 떨어져 죽고 말았다.

곁에서 보살피던 시종이 그날 아침 경공을 업고 하늘로 올라가는 꿈을 꾸었었는데 낮에 경공을 업고 변소에서 나오게 되었다. 그런 관계로 그는 순사하였다.

공전(公田) : 국가 소유의 논밭. 중국의 정전법에서 중앙(中央)에 자리잡고 있던 공유의 논밭을 말하기도 한다.

순사(殉死) : ① 나라를 위해 스스로 목숨을 버림. ② 왕이나 남편의 뒤를 따라 죽음.

不得要領 ❖ 부득요령

'요령을 얻지 못하다.' 라는 뜻으로, 아주 긴요한 일을

出典 : 〈한서(漢書)〉 장건전

달성시키지 못하는 것을 일컫는 말이다.

| 풀이 | 한(漢)나라 무렵까지 만리장성 서쪽은 미지의 세계였다. 한무제(漢武帝) 때, 흉노가 최전성기를 맞아 침략을 일삼았으므로 한은 큰 고초를 겪게 되었다. 그래서 무제(武帝)는 대월지국과 손을 잡고 숙적인 흉노를 협공하기 위해 대월지국으로 갈 사신을 모집했는데, 이 결사적인 모험을 맡고 나선 이가 장건(張騫)이라는 낭관(良官)이었다.

장건은 기원전 139년, 흉노 출신인 감부(甘父)라는 자를 안내자로 하여 백여 명의 일행을 이끌고 출발했는데, 농서(隴西)에서 흉노의 영토로 들어선 직후 그들에게 체포되어 선우(單于)에게 보내졌다.

그는 거기서 10년이 넘게 억류되어, 그 동안 흉노의 여인과 결혼하여 아들까지 두었으나 자기의 사명을 잊지 않고 있었다. 그러던 중 그는 기회를 얻어 처자와 수행원을 데리고 탈출에 성공하여 대원국(大宛國)에 도달할 수 있었다.

대원국의 왕은 한과의 물자 교역을 바라고 있었으므로 장건을 위해 안내자를 붙여 대월지국까지 보내 주었다.

그때 대월지국에서는 왕이 흉노와의 싸움에서 죽은 직후라 태자가 대신 왕위에 올라 있었다. 신왕(新王)은 대하국(大夏國)을 정복하여 그곳에 거주하고 있었는데, 땅이 비옥하여 농산물의 생산이 많았으므로 매우 만족스러워했다. 그래서 흉노에 대한 복수심도 누그러져 갔고, 너무나 먼 거리에 있는 한과의 국교 같은 것에는 관심조차 보이

(張騫傳)

대월지국(大月氏國) : 기원전 3세기경, 중앙아시아의 아무강 유역에 터키계 또는 이란계 등의 민족이 세운 나라.

선우(單于) : 임금을 일컫는 흉노의 말.

대원국(大宛國) : 한나라 때 중국인이 중앙아시아의 동부, 페르가나(Fergana) 지방을 부르던 이름.

대하국(大夏國) : 한나라 때 서역(西域) 지방의 한 나라. 아무강 남쪽에 있어 남시성(藍市城)에 도읍했다고 한다.

지 않게 되었다.

그리하여 장건은 끝내 대월지국 왕의 동의를 얻지 못하고, 그 나라에 1년 남짓 머물다가 귀국길에 올랐다(騫從月氏至大夏 竟不能得月氏要領 留歲餘還).

그러나 그는 또다시 흉노에게 잡히고 말았다. 1년쯤 억류되어 있다가 선우가 죽고 혼란이 생긴 틈을 타서 탈주하여 겨우 고국으로 돌아올 수가 있었다. 장안(長安)을 떠난 지 13년 만으로 출발할 때의 백여 명의 일행은 다 없어지고, 흉노 출신의 처와 장인을 합친 세 사람뿐이었다.

그는 대하(大夏)에 체류하던 중 각처를 돌아다니면서 견문을 넓힌 바가 있었기에 비록 소기의 목적은 부득요령(不得要領)으로 끝났지만, 서역문명(西域文明)의 소개자로서 청사(靑史)에 길이 업적을 빛내기에 이르렀다.

요령(要領)은 요령(腰領)이라고도 쓰는데 두 가지 뜻이 있다. 하나는 자의(字義) 그대로 허리〔要·腰〕와 목〔領〕이라는 뜻이다. 이를테면 〈예기(禮記)〉 단궁하편(檀弓下篇)에 '전요령(全要領)'이라 한 것이 그것이다. 사형은 죄의 경중에 따라 무거우면 요참(腰斬), 가벼우면 경형(頸刑)에 처했다. 그러므로 죄를 범하지 않고 사는 것을 전요령(全要領), 즉 허리와 목을 보존했다고 한 것이다.

또 〈관자(管子)〉 소광편(小匡篇)에는 속요령(屬要領)이라는 말이 나오는데, 이것은 허리와 목이 이어진다는 것이어서 사형이 면죄되는 뜻으로 쓰인 말이며, 이밖에 '요령지죄(要領之罪), 요령지사(要領之死), 불속요령(不屬要領)' 등은 다

청사(靑史) : 옛날 푸른빛과 기름을 뺀 대껍질에 사실을 적은 데서 유래하여, 역사·기록을 뜻함.

요참(腰斬) : 중죄인의 허리를 잘라 죽이던 형벌.

죽을 죄를 의미했다.

　요령의 또 하나의 뜻은 허리띠와 옷깃이라는 의미이다. 바지에는 반드시 허리띠가 있어서 그것을 몸에 붙어 있게 하고, 저고리에는 옷깃이 있어서 이것을 여밈으로써 저고리 입는 일이 끝난다. 이같이 띠와 옷깃은 아주 요긴한 것들이므로 요령이라는 말도 아주 긴요한 것, 곧 요점(要點)을 가리키게 되었다.

駙馬 ◈ 부마

出典 : 〈수신기(搜神記)〉

　원래 예비의 말을 뜻했으나 한무제 때 공주의 남편을 부마도위(駙馬都尉)란 관직에 임명한 데서 천자의 사위를 뜻하는 말로 쓰이게 되었다.

| 풀이 | 옛날 농서(隴西)에 신도탁(辛道度)이라는 자가 있었다. 지방에 유학했으나 돈이 떨어져 배를 주리면서 살다가 옹주(雍州)의 서쪽 5리 지점까지 이르렀다. 그때 문득 보니 앞에 큰 서백이 있고 문에 하녀 같은 여인이 서 있었다. 신도탁이 사정을 이야기하고 음식을 청하자 하녀는 일단 안으로 들어갔다가 곧 다시 나와 그를 안주인이 있는 방으로 안내했다. 그는 거기서 대접을 후하게 받았다. 식사가 끝나자 여주인이 말했다.

　"저는 진(秦)나라 민왕(閔王)의 딸이었는데 조(曹)나라로

191

시집갔다가 불행히도 남편과 헤어져, 그후 23년 동안 쭉 혼자 이곳에서 지내고 있습니다. 이렇게 모처럼 오셨으니 부디 저하고 부부가 되어 주십시오."

처음엔 거절했으나 여인의 간곡한 청으로 인연을 맺었다. 3일째 되는 날 여자는 슬픈 듯 신도탁에게 말했다.

"좀더 당신과 지내고 싶지만 3일 이상은 안 됩니다. 더 이상 지내면 화가 미치게 되므로 이별하지 않으면 안 됩니다만, 이별해 버리면 저의 진심을 보일 수가 없게 되는 것이 슬프옵니다. 이것이라도 표적으로 드리고 싶습니다."

여자는 신도탁에게 금베개를 내주고 하인을 시켜 대문까지 전송하게 했다. 대문을 나선 신도탁이 뒤를 돌아다보니 저택은 온데간데 없고, 근처는 풀이 무성한 들판으로 무덤 하나가 있을 뿐이었다. 그러나 품에 손을 넣어 보니 여자가 준 금베개는 있었다.

그는 그 베개를 팔아 음식으로 바꾸었다. 그후 진의 황비가 그 베개를 시장에서 발견하고 조사하여 신도탁을 찾아내 경위를 알게 되었다. 황비가 수상히 생각하고 무덤을 파헤쳐 관을 열어 보니 장례 때 넣어 준 물건은 다 있었으나 오직 금베개만이 없었다.

황비는 비로소 신도탁의 이야기가 진실이란 것을 알고 사위 대접을 하고 부마도위의 벼슬을 내렸으며 금백거마 (金帛車馬)를 하사하여 본국으로 돌아가게 했다. 이 일로 해서 사위를 부마라고 하게 된 것이다.

금백거마(金帛車馬) : 금과 비단, 수레와 말.

焚書坑儒 ⟡ 분서갱유

出典 : 〈사기(史記)〉 진시황
본기(秦始皇本記)

책을 불사르고 선비들을 생매장한다는 말로, 흔히 서적이나 인사들을 탄압하는 행위나 독재자들을 뜻한다.

| 풀이 | 진시황 34년(기원전 213년)에 함양궁(咸陽宮)에서 주연이 베풀어졌다. 이때 군현제도(郡縣制度)를 찬양하는 복야(僕射) 주청신(周靑臣)과 봉건제도의 부활을 주장하는 박사(博士) 순우월(淳于越)이 시황 앞에서 대립된 의견을 놓고 싸웠다.

시황은 이 문제를 신하들에게 토의하게 했다. 승상 이사(李斯)는 순우월의 의견을 몹시 못마땅하게 생각했다. 진시황의 독재 뒤에는 이사의 이기적인 칼날이 언제나 빛나고 있기 때문이었다. 이사는 선비들의 그같은 태도는 임금의 권위를 떨어뜨리고 당파를 조성하는 결과를 가져오게 되므로 이를 일체 금해야 한다고 주장한 다음 구체적으로 안을 제시했다.

"사관(史官)이 맡고 있는 진나라 기록 이외의 것은 모두 태워 없앤다. 박사(博士)가 직무상 취급하고 있는 것 이외에 감히 시서(詩書)나 백가어(百家語)들을 가지고 있는 사람이 있으면 모두 고을 수령들에게 이를 바치게 해서 태워 없앤다. 감히 시서를 말하는 사람이 있으면 모두 저자에 끌어내다 죽인다. 옛날 것을 가지고 지금 것을 비난하는 사람은 일족을 다 처형시킨다. 관리로서 이를 알고도

이사(李斯) : 초나라 사람.
진나라의 객경(客卿)으로
후일 승상이 되었다.

백가어(百家語) : 중국 전국
시대의 제자백가(諸子百家)
의 말.

검거하지 않는 사람도 같은 죄로 다스린다. 금령이 내린 30일 이내에 태워 없애지 않는 사람은 이마에 먹물을 넣고 징역형에 처한다. 태워 없애지 않는 것은 의약(醫藥), 복서(卜筮), 농사(種樹)에 관한 책들이다. 만일 법령을 배우고자 할 때는 관리에게서 배워야 한다."

시황은 이사의 이 안을 채택하여 실시케 했다. 이것이 분서(焚書)이다. 이듬해인 35년에는 진시황이 불로장생(不老長生)을 원한 나머지 신선술을 가진 방사(方士)들을 불러 모았다.

방사(方士) : 신선의 술법을 닦는 사람.

그 중에서도 특히 우대를 한 것이 후생(侯生)과 노생(盧生)이었다. 그런데 그들은 시황의 처사에 불안을 느꼈던지 시황을 비난하고 자취를 감춰 버렸다.

그런 시기에 정부를 비난하는 수상한 학자가 있다는 보고가 들어왔다. 시황은 어사(御史)를 시켜 학자들을 모조리 잡아다가 심문하게 했다.

사실상 학자들은 비난한 일이 없지도 않은지라 서로 책임을 전가하며 자기만 빠져나가려 했다. 그 결과 법에 저촉된 사람이 460여 명이나 되었는데, 이들은 모두 함양성 안의 구덩이에 묻혔다. 이것이 바로 갱유(坑儒)이다.

不俱戴天之讐 ❖ 불구대천지수

하늘을 함께 질 수 없는 원수라는 뜻으로, 세상에 함께

出典 : 〈예기(禮記)〉 곡례 상(曲禮上)

살아 있을 수 없는, 즉 사생결단(死生決斷)을 내야 할 원수
를 일컫는다.

| 풀이 | "어버이의 원수는 함께 하늘을 질 수 없다. 반드
시 죽여야 한다. 형제의 원수는 집에 가서 무기를 가져올
여유가 없다. 언제나 무기를 휴대하고 있다가 즉시 죽여
야 한다. 친구의 원수는 나라를 같이하고 살 수 없다. 역
시 죽여야 한다(父之讐 弗與共戴天 兄弟之讐 不反兵 交遊之讐
不同國)."

이렇듯 〈예기(禮記)〉에서는 당연한 복수를 한 사람에게
는 벌이 내려지지 않는다고 했다. 당시에는 이러한 것이
하나의 윤리관으로 인정되고 있었던 모양이다.

그러나 〈맹자〉의 진심장(盡心章)을 보면 다음과 같은 구
절이 나오는데 위의 글과 연관지어 생각해 볼 만하다.

"맹자께서 말씀하시기를 내 이제야 다른 사람의 어버이
를 죽이는 것이 위험한 줄을 알았노라. 다른 사람의 어버
이를 숙이면 다른 사람이 또한 그 아비를 숙이고 다른 사
람의 형을 죽이면 다른 사람이 또한 그 형을 죽일 것이니,
그러면 스스로 제 아비나 형을 죽이지는 않았지만 결과는
마찬가지이다."

같은 뜻의 말로 불공대천지수(不共戴天之讐), 불공대천,
불우대천, 대천지수 등이 쓰인다.

195

不入虎穴 不得虎子 ❖ 불입호혈 부득호자

범의 굴에 들어가지 않으면 범의 새끼를 얻을 수 없다는 말로, 큰 결과를 얻기 위해서는 그만큼 큰 위험을 무릅쓰고 행해야 한다는 뜻이다.

出典 : 〈후한서(後漢書)〉 반초전(班超傳)

| 풀이 | 반초(班超)는 전한(前漢)의 역사책인 〈한서〉의 편찬을 시작한 사람인 후한(後漢)의 반표(班彪)의 아들로, 아버지의 뜻을 이어받아 〈한서〉를 완성시킨 형인 반고(班固)와 누이동생인 반소(班昭)와는 달리 무인(武人)으로 이름을 떨쳤다.

반초는 변설이 능숙한 인물로 형식에 구애받지 않고 언제나 큰 인물이 되고자 하였다. 하지만 집안이 가난한데다가 역사 자료 수집으로 더욱 생활이 곤란해져 지루한 관리 생활을 하고 있었다. 그러다가 두고(竇固)를 따라 흉노를 정벌함으로써 군사적 재능을 인정받게 되었는데 그때는 거의 사십을 바라보는 나이였다.

그후 반초는 서쪽의 선선(鄯善)에 사자(使者)로 떠나게 되었다. 처음에는 선선왕이 정성껏 후대를 했으나 날이 갈수록 숙사(宿舍)에 묵게 한 후 냉대했다. 틀림없이 북쪽 흉노에게서 사신이 왔기 때문에 자신을 적당히 취급하고 있는 것이라고 생각한 반초는, 어느 날 왕의 시종을 불러내어 흉노의 사신이 있는 곳을 알아냈다.

그날 밤 반초는 부하 36명을 불러모아 술자리를 베풀고

선선(鄯善) : 누란(樓蘭). 한나라 때의 서역의 여러 나라 중의 하나.

나서 말했다.

"요즘 우리를 냉대하는 것은 여러분도 다 아는 일, 잘못하면 우리를 흉노에게 넘겨 포로로 만들 수작이다. 호랑이 굴에 들어가지 않으면 호랑이 새끼를 얻지 못한다. 이제 길은 단 하나, 밤을 타서 흉노의 사신을 화공(火功)해 버리자. 그러면 선선왕도 혼쭐이 나서 우리들의 말을 들어줄 것이다."

부하 중에는 문관과 의논을 해야 한다는 자도 있었으나 반초는 결연히 말했다.

"일의 성패는 지금 당장에 있다. 하급 관리들에게 말했다가 일만 탄로나면 어떻게 할 셈인가? 목숨을 잃고 이름을 남기지 못하는 결과를 초래하는 것은 사내대장부가 할 일이 아니다."

결정이 내려지자, 어둠을 이용해서 부하들은 흉노의 숙사를 포위했다. 때마침 불어닥치는 대풍(大風) 속에서 반초는 부하에게 명령했다.

"10명은 뒤에서 기다렸다가 불길을 보거든 북을 치고 함성을 질러라. 나머지는 칼과 활을 가지고 앞문에서 나오는 흉노들을 협공하라."

이렇게 해서 화공을 당한 흉노들은 대혼란에 빠져 불타 죽었다. 흉노의 사신의 목을 본 선선왕이 한(漢)에 복종을 맹세한 것은 말할 나위도 없다.

화공(火功) : 불로써 들이치는 병법(兵法).

鵬程萬里 ❖ 붕정만리

붕(鵬)이란 상상의 큰 새로 붕의 갈 길은 수만 리라는 뜻인데, 범인(凡人)으로는 생각도 미치지 않는 원대한 사업이나 계획을 비유하는 말이다. 또는 훤히 펼쳐진 긴 앞길이나 앞길이 매우 멀고도 큼을 일컫기도 한다.

出典 : 〈장자(莊子)〉소요유 편(逍遙遊篇)

| 풀이 | "북해(北海) 끝에 곤(鯤)이란 이름의 고기가 있다. 곤의 크기는 몇 천 리인지 모른다. 곤이 변해서 붕(鵬)이란 이름의 새가 된다. 붕의 등도 몇 천 리인지 모른다. 이 새가 한 번 힘을 내어 날면 그 날개는 하늘 전체를 뒤덮는 구름이 아닌가 생각되고, 해면이 한꺼번에 뒤집힐 듯한 대풍(大風)이 불면 그 바람을 타고 북해 끝에서 남해 끝까지 날려고 한다. 제해(齊諧)라는 이 세상의 불가사의를 잘 아는 사람의 말에 의하면 '붕이 남해로 옮기자면 바닷물에 날갯짓을 3천 리, 회오리바람을 타고 오르기 9만 리, 6개월 동안 계속 난 다음 비로소 그 날개를 쉰다고 한다.'라고 씌어 있다."

장자는 이 붕을 빌려 세속의 상식을 초월한 무한히 큰 것, 그 무엇에도 사로잡히지 않는 정신의 자유 세계에 소요하는 위대한 자의 존재를 시사하려고 했으나, 그래도 곤(鯤)이라는 극히 미세하고 작은 것을 큰 물고기의 이름으로, 그 곤이 새로 변한 것이 붕이라 하니 아주 기발한 착상이다.

곤(鯤) : 물고기의 뱃속의 알.

마지막에 장자는 이 9만 리를 나는 대붕(大鵬)에 비해 상식의 세계에 만족하고 얕은 지혜를 농(弄)하며 스스로 족하게 생각하는 비소한 범속배의 천박함을 척안(斥鷃)은 물새)에 비유하여 풍자했다.

"9만 리를 나는 대붕을 보고 척안은 도리어 그것을 비웃으며, '저것 봐라, 저 붕이란 녀석은 도대체 어디까지 가려고 하는 걸까. 우리들은 힘껏 뛰어올라도 기껏해야 5, 6칸으로 내려와서는 쑥이 무성한 위를 날 뿐이지만, 그래도 충분히 나는 재미는 있거든. 그런데 녀석은 도대체 어디까지 날아갈 작정이지?' 하고 빈정댄다. 결국 왜소한 것은 위대한 것의 마음이나 행동을 알 턱이 없다. 이것이 바로 대와 소의 차이점이다."

髀肉之嘆 ❖ 비육지탄

무사가 오랫동안 전장에 나아가지 않아 말을 탈 기회가 없었으므로 허벅지에 살만 찐다는 뜻으로, 세상에 나와 공명을 떨치지 못함을 한탄하는 말이다. 즉 자신의 재주나 수완, 역량을 발휘할 기회가 없음을 탄식하는 말이다.

| 풀이 | 한실의 부흥을 외치며 관우, 장비와 도원결의를 하여 일어선 유비는, 힘이 미약한 까닭에 조조(曹操)에게 쫓겨 기주(冀州), 여남(汝南) 등지로 전전하다가 끝내는 형

주(荊州)의 유표(劉表)에게 몸을 의탁하여 신야(新野)라는 작은 성(城) 하나를 맡고 있었다.

어느 날 유표가 술자리를 마련하여 유비를 불렀다. 그의 후계자 문제를 상의하기 위해서였다. 유비는 폐장입유(廢長立幼)란 취란지도(取亂之道)라 하여 자신의 의견을 말하였다.

이렇게 술을 마시며 얘기를 하다가 유비는 자리에서 일어나 측간(廁間)으로 갔는데 무심코 넓적다리에 두둑히 오른 살을 보게 되었다. 그러자 자신의 신세가 한스러워 저도 모르게 두 줄기 눈물이 뺨을 타고 흘러내렸다. 그가 다시 자리로 돌아오자 유표가 그의 얼굴을 물끄러미 쳐다보며 물었다.

"얼굴에 눈물 흔적이 있는데 웬일이오?"

유비는 깊이 탄식하며 대답하였다.

"전에는 하루라도 몸이 말안장을 떠나지 않아 넓적다리에 도무지 살이 없더니 이제는 오랫동안 말을 타지 않으니 살이 올랐습니다. 세월은 덧없이 가건만 이제껏 공업(功業)을 쌓지 못하였으니 이 점이 서러울 뿐입니다(常時身不離鞍 髀肉皆消 今不復騎 髀裏肉生 日月如流 老將至 而功業不建 是以悲耳)."

폐장입유(廢長立幼) : 장자를 후계자로 하지 않고 다른 아들을 후계자로 세우는 것.

공업(功業) : 공적이 뚜렷한 큰 사업.

牝鷄之晨 ❀ 빈계지신

出典 : 〈서경(書經)〉 목서편
(牧誓篇)

암탉이 울어서 새벽을 알린다는 뜻으로 음양의 이치가
바뀌어 집안이 망할 징조라고 한다. 곧 아내가 남편을 무
시하고 남편의 권리를 빼앗는 것을 비유하는 데 쓰인다.
빈계사신(牝鷄司晨)이라고도 한다.

상(商) : 중국 고대 은(殷)나
라의 처음 이름.

달기(妲己) : 은나라 주왕의
비(妃). 왕의 총애를 믿고
음탕하고 포악했는데, 뒤에
주나라 무왕이 죽였다. 남
자를 호리는 요염한 계집을
비유하기도 한다.

| 풀이 | 빈계지신이란 주(周)나라 무왕이 상(商)나라 주왕
(紂王)의 죄상을 폭로하는 가운데 나오는 성어인데, 여기
서 주왕이 달기의 말만 듣고 국정을 그르친 사실을 열거
하고 있다. 이 대목을 〈서경〉의 목서편에서 인용해 보면
다음과 같다.

왕이 말하였다.

"옛 사람이 이르되 암탉은 아침에 울지 않는 법이다. 또
암탉이 새벽에 울면 집안이 망한다고 했다(古人有言日 牝鷄
無晨 牝鷄之晨 惟家之索). 그런데 오늘날 상왕(商王)인 수(受)
는 여인의 말만을 듣고 있다. 조상의 제사를 전혀 돌보지
않고 한 조상을 모신 백이(伯夷)와 숙제(叔齊) 형제들도 전
혀 놀보지 않으며 그들을 임용(任用)하지도 않았다. 다만
천하 곳곳에서 많은 죄를 짓고 사방에서 도망쳐온 자들을
높이고 기르며 믿고 임용했다.

또 이 자들을 대부(大夫)와 경사(卿士)로 삼아 백성들에
게 포악한 일을 저지르게 하여 상(商)나라가 범죄로 인하
여 문란해지게 하였다.

이제 나 발(發)은 삼가 하늘의 벌을 대행코자 한다."

이와 같이 무왕은 상왕(商王) 수(受)의 무궤도한 정치에 대해 힐난을 가하면서 현 집권자의 행패가 이런 상태이므로 무왕 자신은 하늘의 뜻을 받들어 상(商)의 주왕을 치기 위하여 군사를 일으켰다고 사명을 분명히 밝히고 있다.

무궤도(無軌道) : 궤도가 없음. 사고방식이나 행동에 일정한 방향이 없음. 상규(常規)에 벗어나 있음.

貧者一燈 ◈ 빈자일등

가난한 사람이 밝힌 등불 하나라는 뜻인데, 이는 가난 속에서 보인 성의가 부귀한 사람들의 많은 보시(布施)보다도 가치있다는 것으로 정성의 소중함을 일컫는 말이다.

出典 :〈현우경(賢愚經)〉빈녀난타품(貧女難陀品)

| 풀이 | 석가 세존(釋迦世尊)께서 사위국(舍衛國)의 어느 정사(精舍)에 계실 때의 일이다.

사위국에 난타(難陀)라는 한 가난한 여인이 있었는데 몸을 의지할 곳이 없어 구걸하며 살았다. 그녀는 국왕을 비롯해 많은 사람들이 각각 신분에 맞는 공양을 석가와 그 제자들에게 하고 있는 것을 보고 스스로 한탄하여 이렇게 말했다.

"전생에 범한 죄 때문에 가난하고 천한 몸으로 태어나 모처럼 고마우신 스님을 뵙게 됐는데 아무 공양도 할 수가 없구나."

이렇게 한탄하며 온종일 거리를 돌아다니면서 구걸을

정사(精舍) : ① 학문을 가
르치려고 지은 집. ② 정신
을 수양하는 곳. ③ 중이 불
도를 닦는 곳.

한 끝에 겨우 돈 한 푼을 얻게 되었다. 그녀는 그 돈 한 푼
을 가지고 기름집으로 갔다. 기름을 사서 등불을 만들려
는 것이었다. 그러나 기름집 주인은 "아니, 겨우 한 푼어
치 기름을 사다가 어디에 쓰려오?" 하며 기름을 주려고
하지 않았다. 난타는 마음속에 있는 뜻을 다 이야기했다.
그러자 기름집 주인은 딱한 생각에 돈 한 푼을 받고 몇 배
나 되는 기름을 주었다. 난타는 기뻐 어쩔 줄을 모르며 등
을 하나 만들어 석가가 계신 정사로 달려갔다. 이를 석가
에게 바치고 불을 밝혀 불탁 앞에 있는 무수한 등불 속에
놓아두었다. 그런데 이상하게도 난타가 바친 등불만이 새
벽까지 홀로 타고 있었다. 손을 저어 바람을 보내도, 옷을
흔들어 바람을 보내도 꺼지지를 않았다. 뒤에 석가는 난
타의 정성을 알고 그녀를 비구니로 받아들였다고 한다.

氷炭不相容 ❖ 빙탄불상용

出典 : 〈사기(史記)〉 골계전
(滑稽傳), 〈초사(楚辭)〉 질
간(七諫)

얼음과 불은 성질이 정반대여서 서로 융합하지 못한다.
즉 성질이 서로 상반되어 도서히 화합될 수 없음을 뜻하
는 말이다.

| 풀이 | 한무제(漢武帝) 때 유별나게 남다른 명신으로서 동
방삭(東方朔)이란 사나이가 있었다. 대단한 박식가(博識家)로
무엇을 물어도 모르는 것이 없어 무제의 좋은 말상대였다.

또 그는 어전에서 나온 식사를 하고 나서는 남은 찌꺼기를 싸서 품에 넣고 물러가는가 하면 하사받은 옷을 어깨에 걸치고 퇴출했다. 그래서 세인은 삭을 미친 사람 취급을 했으나, 장본인은 눈하나 깜짝하지 않았다.

"궁정에서 빈들대고 있는 은자라네."

하고 흰소리를 치면서도 어지러운 세상을 시문으로 풍자하였다.

〈초사〉에는 칠간(七諫)이 수록되어 있는데 동방삭이 굴원을 추모하여 지은 것으로 여기에 빙탄불상용이란 구가 나온다.

인사의 불행을 슬퍼하면서

수명은 천명에 속한 바 함지에 위임한다

몸은 병들어 쾌유되지 않은 채 있고

마음은 들끓어서 뜨거운 물과도 같다

얼음과 숯이 서로 같이할 수 없음이여

내 처음부터 목숨이 길지 못한 것을 알았노라

홀로 고생하다 죽어 낙이 없음이여

내 나이를 다하지 못함을 안타까워하노라

哀人事之不幸兮

屬天命而委之咸池

身被疾而不間

心沸熱其若湯

氷炭不可以相竝兮

吾固知乎命之不長

哀獨苦死之無樂兮

惜予年不未央

여기서 얼음과 불이 나란히 할 수 없다는 것은, 즉 충성과 아첨이 함께 있을 수 없음을 비유한 것이다.

퇴출(退出) : 물러나서 나감.

함지(咸池) : ① 해가 진다고 하는 큰 못. ② 요임금 때의 음악의 이름. ③ 오곡을 주관하는 별 이름. ④ 천신(天神).

人

四面楚歌 ❖ 사면초가

出典 : 〈사기(史記)〉 항우본
기(項羽本紀)

사방에서 초나라 노랫소리가 들린다는 뜻으로, 적에게
완전히 포위당하여 고립 상태에 빠진 것을 말한다.

┃ 풀이 ┃ 초패왕 항우(項羽)는 한왕 유방(劉邦)과 5년 동안
에 걸쳐 천하의 패권을 다투었으나 힘과 기세만을 믿은 나
머지 범증(范增)과 같은 모장(謀將)에게까지 버림을 받고 마
침내 유방과 천하를 양분하기로 강화를 맺었다. 그러나 장
량(張良), 진평(陳平)의 계략에 의해 동(東)으로 돌아가는 도
중 해하(垓下)에서 한신(韓信)이 지휘하는 한군(漢軍)의 포위
에 빠지고 말았다. 한(漢) 5년(기원전 202년)의 일이다.

강화(講和) : 교전국(交戰
國)끼리 싸움을 그만두고
서로 화해함. 또는 그런 조
약을 맺는 일.

항우는 싸움에 패하여 군사도 줄고 식량도 떨어져 없었
다. 그런데 밤이 되자 어디서인지 노랫소리가 들려왔다.
귀를 기울이니 초나라의 노래가 사방에서 흘러나오는 것
이었다. 이것은 장량의 계략으로 한군에 항복한 초나라
구강(九江)의 병사들에게 부르게 했던 것이다. 그러자 초
나라 병사들은 그리운 고향의 노랫소리를 듣고 고향 생각
이 간절해서 전의를 잃고 탈주해 갔다. 항우는 노랫소리
를 듣고 당황하여 말했다.

"한은 이미 초를 점령했단 말인가? 어찌 이렇게도 많은

초인(楚人)이 있단 말이냐(漢皆旣得楚乎 何時楚人之多也)?"

　이젠 끝장이라고 생각한 항우는 자리에서 일어나 장막 안으로 들어가서 결별연(訣別宴)을 열었다. 항우의 군중에 우미인(虞美人)이라는 총희(寵姬)가 있었는데 그림자와 같이 언제나 항우의 곁에서 떠나지 않았다. 또 추(騅)라는 준마(駿馬) 오추마가 있어 항우는 언제나 이 말을 타고 다녔다. 항우는 이런 모든 것들을 비감에 젖어 스스로 시를 지어 노래했다.

<table>
<tr><td>총희(寵姬) : 총애를 받는 여자.</td></tr>
</table>

총희(寵姬) : 총애를 받는 여자.

　　힘은 산을 뽑고 기(氣)는 세상을 덮지만
　　때는 불리하고 추(騅)는 가지 않는구나
　　추는 가지 않으니 어찌할 것인가
　　우(虞)야 우야 너는 어찌할 것인가

力拔山兮氣蓋世
時不利兮騅不逝
騅不逝兮可奈何
虞兮虞兮奈若何

비감(悲感) : 슬픈 느낌. 슬픈 감회.

　반복해서 몇 번 노래하자 우미인도 이별의 슬픔을 가득 담고 애절하게 따라 불렀다.

　　한나라 군사들은 이미 땅을 차지해
　　사방에 초나라의 노랫소리
　　대왕의 의기도 다 되니
　　천첩이 어찌 살아 남으리오

漢兵已略地
四方楚歌聲
大王意氣盡
賤妾何聊生

　귀신이라도 꺾을 듯했던 항우의 얼굴에 몇 줄기 눈물이 흘러내렸다. 좌우도 다 울어 누구 하나 고개를 드는 자가 없었다. 비분(悲憤)의 기운이 당(堂)에 넘치고 우미인은 항우의 품속에 기댄 채 항우에게서 보검을 빌려 자결해 버렸다. 그날 밤 겨우 8백여 기를 이끌고 탈출한 항우는 이튿날 한군(漢軍)에 돌입, 스스로 제 목을 쳐서 31세의 젊은 나이로 죽었다. 고향이 그리워 일단 오강(烏江)까지 달려가긴 했으나 패군지장으로서 돌아가는 것을 부끄럽게 생각하고 자결한 것이었다.

駟不及舌 ❖ 사불급설

出典 : 〈논어(論語)〉 안연편 (顔淵篇)

사(駟)는 네 마리의 말이 끄는 빠른 수레로, 곧 아무리 빠른 수레라도 혀에는 미치지 못한다는 뜻이다. 이는 소문이 삽시간에 퍼지는 것을 비유한 말이다. 또 한번 내뱉은 말은 주워 담지 못한다는 뜻도 포함되어 있다.

┃풀이┃ 극자성(棘子成)이란 사람이 자공을 보고 말했다.

"군자는 바탕만 있으면 그만이지 문(文)이 무엇 때문에 필요하겠습니까(君子質而矣何以文爲)?"

"안타깝도다! 그대의 말이 군자다우나 사(駟)도 혀를 미치지 못한다. 문이 질과 같고 질이 문과 같다면 호랑이나 표범의 가죽이 개나 양의 가죽과 같단 말인가(惜乎夫子之說君子也駟不及舌 文猶質也 質猶文也 虎豹之鞟 猶犬羊之鞟)?"
라고 자공은 그의 경솔한 말을 반박했다.

〈논어〉에서뿐만 아니라 말을 조심해야 한다는 경계의

말은 예로부터 많이 전해 오고 있다. 〈시경(詩經)〉의 대아편(大雅篇)에는 다음과 같은 시구가 나와 있다.

흰 구슬이 깨진 것은 갈 수가 있지만
말이 어긋난 것은 어쩔 수 없네

白圭之玷尙可磨也
斯言之玷不可爲也

또 당나라 때의 명재상인 풍도(馮道)는
"입은 화의 문이요, 혀는 몸을 베는 칼이다(口是禍之門 舌是斬自刀)." 하는 말을 남겼다.
명심보감(明心寶鑑)에는 다음과 같은 말이 실려 있다.
"입은 사람을 상하게 하는 도끼요 말은 혀를 베는 칼이니, 입을 막고 혀를 깊이 감추면 몸이 어느 곳에 있으나 편안할 것이다(口是傷人斧 言是割舌刀 閉口深藏舌 安身處處宇)."
이렇듯 말이 얼마나 중요한 것인가를 예로부터 주지시키고 있는 것이다.

似而非 ❖ 사이비

겉으로 보기에는 비슷한 것 같으나 실제로는 아주 다른 가짜를 가리키는 말이다.

出典 : 〈맹자(孟子)〉 진심장구 하(盡心章句下)

| 풀이 | 맹자의 제자 만장(萬章)이 물었다.
"공자께서 진(陳)으로 가셨을 때 '어찌 돌아가지 않는

광간(狂簡) : 뜻하는 바는
크나 행함은 이에 따르지
못하고 소홀하고 거칢.

가. 우리 당(黨)의 사(士)는 광간(狂簡)으로써 진취(進取), 그
처음을 잊지 않는다.' 고 말씀하셨는데 어째서 노(魯)의 광
사 같은 것을 생각하셨을까요?"

"공자께서는 중도(中道)의 사람을 구하셨으나, 그것을
얻지 못했으므로 그에 버금가는 광견의 사람을 구하셨던
것이다."

만장은 계속해서 '광(狂)', '견(獧)' 에 대한 설명을 구했다.

"광이란 뜻만은 커서 옛사람, 옛사람 하고 입버릇처럼
말하며 덕을 사모하나 행동이 그것을 따르지 못하는 자이
고, 중도(中道), 즉 중정(中正)한 행동을 하는 사람에게는
미치지 못하나 그에 버금가는 좀처럼 얻기 어려운 인물이
다. 견이란 적극성은 없으나 사악한 행동은 하지 않는 자
로서, 이것도 범인으로서는 좀체로 할 수 없는 일로 광자
에 버금가는 자이다."

"공자의 말씀에 '우리 문을 지나고 우리 방으로 들어가
지 않건만 나의 유감으로 생각지 않는 건 오직 향원(鄕原)
뿐일까, 향원은 덕의 적이니라.' 라고 했는데 향원이란 어
떤 인물인가요?"

근직(謹直) : 신중하고 곧
음.

만장이 다시 물었다. 향원, 즉 일향(一鄕) 속에서 근직한
선비라 불리는 자는 훌륭한 사람같이 여겨지는데 어째서
공자께서 그걸 공격하는지 의문을 가졌던 것이다. 맹자께
서 대답했다.

"광자를 악평해서 '행실과 말이 일치도 되지 않는 주제
에 옛사람, 옛사람 하고 어째서 그렇게 뽐내느냐.' 고 하

고, 또 '자기 하나만의 행실에만 조심을 하고 남의 일에 대해서는 조금도 상관을 하지 않는가, 이 세상에 태어난 이상 이 세상 일을 하면 좋은데.' 하고 견자(獧者)를 나무라며 속세에 아첨하는 것이 향원이라는 것이다.

특별히 꼬집어서 비난할 점은 없다. 충직·염결한 군자 같이 보인다. 그러나 이것은 다만 세속에 아첨해서 남에게 좋은 소리를 듣고 자기도 만족하고 있는 것으로 결코 함께 성인의 길을 행할 인물은 못 된다. 그러므로 덕의 적(賊)이라는 말을 듣는다. 공자께서는 이렇게도 말씀하셨다. '사이비(似而非)한 자를 미워한다. 강아지풀(莠)은 잡초이나 벼의 모와 비슷해서 한층 방해가 된다. 말을 잘하는 자를 미워하는 것은 정의를 혼란케 하기 때문이다. 정(鄭)나라 음악을 미워하는 것은 그것이 아악과 비슷해서 올바른 음악을 혼란시키기 때문이다. 똑같이 향원을 미워하는 것은 덕을 어지럽히기 때문이다. 군자란 도덕의 근본 이치를 반복 실천할 따름이다. 세상에 아첨하는 법은 없다. 올바른 길을 행하면 백성들도 따라온다. 그렇게 되면 세상의 사악도 없어질 것이다.'"

獅子吼 ❖ 사자후

사자의 부르짖음이란 뜻으로 오늘날에는 열변이나 웅변을 토한다는 의미로 주로 쓰이고 있다.

出典: 〈불경(佛經)〉, 소동파(蘇東坡)의 시

풀이 석가모니는 태어나자마자 한 손으론 하늘을 가리키고 한 손으론 땅을 가리키며 일곱 걸음을 옮겨 돈 다음 사방을 둘러보고 "하늘 위 하늘 아래에 오직 나만이 홀로 높다(天上天下唯我獨尊)."고 했다는 이야기가 〈전등록(傳燈錄)〉에 나오는데 "석가모니 부처님께서는 도솔천(兜率天)에서 태어나 손을 나눠 하늘과 땅을 가리키며 사자후 소리를 질렀다(牟尼佛生兜率天 分手指天地 作獅子吼聲)."고 씌어 있다.

또 〈유마경(維摩經)〉에는 석가의 설법은 그 위엄있는 것이 마치 사자후와 같다고 하였다.

석가의 설법이 사자후와 같다고 한 말이 다시 일반에게 전용되어 열변을 토하며 정당한 의론으로 남을 설복한다는, 다시 말해 웅변이란 뜻으로 쓰이게 되었다.

그런데 이 사자후란 말을 아내의 불호령이란 뜻으로 쓴 예가 있다. 소동파(蘇東坡)가 친구인 오덕인(吳德仁)에게 보낸 시 가운데서 같은 친구인 진계상(陳季常)의 아내가 남편에게 퍼붓는 욕설을 '사자후'라고 표현하고 있다. 편지로 된 이 긴 시에는 다음과 같은 대목이 있다. 시 속에 나오는 용구거사(龍丘居士)는 진계상을 말한다.

龍丘居士亦可憐
談空說有夜不眠
忽聞河東獅子吼
拄杖落手心茫然

용구거사는 역시 가련하다
공(空)과 유(有)를 말하며 밤에도 자지 않는데
문득 하동의 사자후를 듣자
지팡이가 손에서 떨어지며 마음이 아찔해진다

도솔천(兜率天) : 욕계 육천(欲界六天) 가운데 넷째 하늘. 하늘에 사는 사람의 욕망을 이루는 외원(外院)과 미륵보살의 정토인 내원(內院)으로 이루어졌다 함.

소동파(蘇東坡) : 소식(蘇軾)을 말함. 동파는 그의 호. 북송(北宋)의 문인으로 아버지 순(洵), 아우 철(轍)과 더불어 삼소(三蘇)라고 불린다.

蛇足 ❖ 사족

뱀의 발이란 뜻으로, 하지 않아도 될 쓸데없는 일을 공연스레 하다가 도리어 일을 그르침 또는 필요 이상의 것을 일컫는다. 화사첨족(畫蛇添足)이 원말이다.

出典: 〈사기(史記)〉 초세가 (楚世家), 〈전국책(戰國策)〉 제책(齊策)

| 풀이 | 초(楚)나라 회왕(懷王) 6년(기원전 323년)의 일이다. 초는 영윤(令尹)인 소양(昭陽)에게 군사를 주어 위(魏)를 치게 했다. 소양은 위를 격파하고 다시 군사를 이동시켜 제(齊)를 공격하려고 했다. 제의 민왕(閔王)은 이것을 우려하여 마침 진(秦)의 사신으로서 내조하고 있던 진진(陳珍)에게 어떻게 하면 좋을지 의논을 하였다.

내조(來朝): 외국의 사신이 옴.

"걱정하실 필요는 없습니다. 제가 가서 초로 하여금 싸움을 중지하도록 하겠습니다."

진진은 곧 초군(楚軍)으로 달려가 진중(陣中)에서 소양과 회견하며 말했다.

"초나라의 법에 대해 묻겠습니다. 적군을 격파하고 적장을 죽인 자에게는 어떤 은상을 내리십니까?"

"상주국(上柱國)에 임명하고, 또한 상급 작위인 규(珪)를 하사합니다."

"상주국보다 더 위인 고관이 있습니까?"

"영윤(令尹)입니다."

"이미 당신은 영윤입니다. 즉 초의 최고 관직에 있습니다. 그런 당신이 제나라를 공격해봤자 더 좋을 수는 없지 않습니까? 이런 이야기가 있습니다. 옛날 어떤 사람이 하인들에게 큰 잔 하나 가득히 술을 주었는데, '여러 사람이 마시면 마음껏 마실 수가 없다. 땅에 뱀을 그려 제일 먼저 그린 자가 혼자서 마시기로 하자.' 하고 하인들이 말했습니다. 그래서 일제히 그리기 시작했는데, 좀 있다가 한 사람이 '내가 제일 먼저 그렸다.' 하고 술잔을 집어들더니 '다리까지도 그릴 수 있지.' 하면서 그리기 시작했습니다. 다리를 다 그렸을 때 다음으로 뱀을 그린 자가 그 술잔을 빼앗아 마시면서 '뱀에게 무슨 다리가 있나, 자넨 지금 다리를 그렸는데 이건 뱀이 아니야.' 하고 말했다고 합니다. 이미 당신은 초나라의 대신입니다. 그리하여 위를 공격해서 위군을 격파하고 그 장군을 죽였습니다. 그 이상의 공적은 없습니다. 최고 관직 위에는 이제 더 더해야 할 관직도 없는 것입니다. 그런데 당신은 또 군사를 이동시켜 제를 공격하려고 하십니다. 또 승리를 거두어도 당신의 관직은 현재 이상으로는 오르지 못합니다. 그러나 만약 패하면 관직이 박탈됨은 물론 목숨까지 위태롭게 되며, 초에게는 비난을 받을 것입니다. 그렇게 되면 뱀을 그리고 다리까지 그리는 것과 같습니다. 싸움을 중지하고 제나라에 은혜를 베푸는 편이 좋을 것입니다. 그렇게 하시는 것이 얻을 수 있는 것을 충분히 얻고, 또 잃는 것이 없는 술책입니다."

마침내 소양은 군사를 거두고 그곳을 떠났다.

四知 ❖ 사지

넷이 안다. 곧 하늘과 땅 그리고 너와 내가 안다는 의미로 이 세상에 아무도 모르는 비밀은 없다는 뜻이다.

出典 : 〈18사략(十八史略)〉
양진전(楊震傳)

| 풀이 | 후한(後漢)의 양진(楊震)은 그의 해박한 지식과 청렴결백으로 관서공자(關西孔子)라는 칭호를 들었다고 한다.

그가 동래(東萊) 태수로 부임할 때의 일이다. 그는 부임 도중 창읍(昌邑)이란 곳에서 하루를 묵게 되었다. 이때 창읍의 현령인 왕밀(王密)이란 사람이 그를 찾아왔다. 그는 양진이 형주(荊州) 자사로 있을 때 무재(茂才)로 추천한 사람이었다.

무재(茂才) : 부현(府縣)의
지사(知事)의 높임말.

밤이 되자 왕밀은 자신의 품 속에 품고 있던 10금(金)을 꺼내어 양진에게 주었다. 양진이 이를 거절하면서 좋게 타일렀다.

"나는 당신을 정직한 사람으로 믿어 왔는데 당신은 나를 이렇게 대한단 말인가?"

"지금은 밤중이라 아무도 아는 사람이 없습니다."
하고 왕밀은 마치 양진이 소문날까 두려워서 그러는 듯이 말했다.

양진은 그의 말을 받아 이렇게 나무랐다.

"아무도 모르다니, 하늘이 알고(天知) 땅이 알고(地知) 그대가 알고(子知) 내가 아는데(我知) 어째서 아는 사람이 없단 말인가?"

四海兄弟 ◈ 사해형제

出典 : 〈논어(論語)〉 안연편
(顔淵篇)

사해(四海)란 곧 온 천하를 가리키는 말로, 천하의 뭇사람들은 모두 동포요 형제라는 뜻이다.

| 풀이 | 공자의 제자로 사마우(司馬牛)라는 사람이 있었다. 또 사마우에게는 환퇴(桓魋)라는 포악무도한 형이 있었다. 환퇴는 공자를 죽이려고 한 적도 있었다. 사마우는 이를 아주 슬퍼하며 "남에게는 다 형제가 있으나 나만이 형제를 잃고 혼자입니다."라고 말했다.

공자의 수제자인 자하(子夏)가 그를 위로하고자 다음과 같이 말했다.

"살고 죽음은 천명이고, 부귀 역시 천운에 의한다는 말을 들었다. 군자는 공경해서 잃지 않고 남에게 공손히 해서 예(禮)가 있으면 사해(四海)가 모두 형제이다. 그러므로 군자라면 형제가 없는 것을 걱정하지 않는다(死生有命 富貴在天 君子敬而無失 與人恭而有禮 四海之內 皆兄弟也 君子何患乎無兄弟也)."

또 어느 날, 사마우가 공사에게 물었다.

"군자란 어떤 사람입니까?"

"군자는 걱정 근심을 하거나 겁을 내거나 하지 않는 사람이니라."

하고 공자가 대답하였다.

"그럼 걱정하지 않고 겁내지 않으면 군자라고 할 수 있습니까?"

하고 다시 사마우가 물었다.

"안으로 반성을 해서 떳떳하다면, 무엇을 걱정하고 무엇을 겁내겠는가."

하고 공자가 대답했다.

殺身成仁 ◈ 살신성인

자신의 몸을 희생하여 인(仁)을 이룩한다는 뜻으로, 몸을 바쳐 옳은 도리를 행하는 것을 일컫는다.

出典 : 〈논어(論語)〉 위영공편(衛靈公篇)

| 풀이 | 공자께서 말씀하셨다.

"뜻이 있는 선비와 인자(仁者)는 삶을 구하여 인(仁)을 해치는 일이 없고 몸을 죽여 인을 이루는 일은 있느니라 (志士仁人 無求生以害仁 有殺身以成仁)."

여기서 '뜻이 있는 선비'는 굳은 뜻을 지닌 선비요, 인자(仁者)는 덕을 이룬 사람을 일컫는다. 이치에 마땅히 죽을 것인데 삶을 구하면 곧 그 마음에 편치 못한 것이 있을 것인즉 이것은 곧 그 마음의 덕을 해치는 것이요, 마땅히 죽을 때 죽으면 그 마음이 편안하고 덕이 온전할 것이다.

또 정자(程子)는 여기에 대해 이렇게 말하고 있다.

"실질적인 이치를 마음에 얻어서 스스로 분별하는 것이니 실질적인 이치라는 것은 실제로 옳은 것을 보며 실제

정자(程子) : 송(宋)나라의 유학자 정호(程顥)·정이(程頤) 형제에 대한 존칭.

로 그른 것을 보는 것이다. 옛사람이 몸을 버리고 죽은 자가 만일 실제로 얻은 것을 보지 못하면 어찌 능히 이와 같겠는가? 모름지기 실제로 삶이 의보다 중하지 아니한 것을 보면 삶이 죽는 것보다 편안치 못하다. 그러므로 몸을 죽여서 어진 것을 이루는 것은 다만 한 개의 옳은 것을 이룰 뿐이다."

결론적으로 지사(志士)나 인자(仁者)의 마음은 항상 인(仁)을 위해 존재하는 것임을 강조한 말이라고 할 수 있겠다.

三十六計 走爲上策 ❈ 삼십육계 주위상책

出典 : 〈자치통감(資治通鑑)〉 제141권

36가지나 되는 많은 꾀 가운데서 도망치는 것이 제일 좋은 꾀가 된다는 뜻으로, 겁이 많은 자를 조롱할 때 쓰기도 하고 자신없는 일은 주저할 것 없이 얼른 포기해 버리거나, 형편이 불리할 때는 피해 버리는 게 제일이라는 의미로 쓰이기도 한다.

| 풀이 | 송나라의 뒤를 이어 남조의 제(齊)나라를 세운 고조(高祖) 소도성(簫道成)은 자손들에게 자기 손에 비참하게 망해 간 송(宋)나라의 전철을 밟지 말도록 유언을 하고 죽었지만 제나라 역시 겨우 30년 만에 망하고 말았다.

고조의 조카인 명제(明帝) 소란(簫鸞)은 갖은 음모와 포학으로 황제의 위를 강탈한 다음 반란과 보복이 두려워 자

기를 반대해온 형제와 조카들을 두 달 동안에 14명이나 죽였다. 그런 피바다 위에 용상을 차지한 소란은 황제가 된 지 3년 남짓해서 우연히 병을 얻어 자리에 눕게 되었다. 병상에 있던 그는 아직 살아 있는 고조 소도성의 혈통을 받은 10명의 왕족들이 마음에 걸렸다. 그래서 후환을 없애기 위해 심복을 시켜 그들 10명을 한꺼번에 죽여 버렸다.

이때 건국공신인 왕경칙(王敬則)이 소란이 자기를 제거하기 위해 장괴(張壞)를 평동장군(平東將軍)에 임명하여 자기가 태수로 있는 회계(會稽)와 경계를 맞대고 있는 오군(吳郡)으로 파견한 것을 알자 즉시 반기를 들고 일어났다. 겨우 만여 명밖에 안 되는 군사였지만 행군 도중 몽둥이와 괭이를 든 농민들이 가담하자 얼마 안 가서 10만여 명으로 불어났다. 회계를 출발한 반란군은 10여 일 사이에 무진(武進)을 넘어 흥성(興盛)에 이르렀다. 서울인 건강(建康)까지는 얼마 남지 않게 된 것이다.

왕경칙의 반란군 소식을 들은 조정은 큰 공포에 휩싸여 있었다. 태자인 보권(寶卷)은 정신을 못 차리고 측근을 누대 위로 올려보내 동정을 살피게 하는 형편이었다.

때마침 도성 북쪽에 있는 정로정(征虜亭)에 불이 나서 연기가 올라오자 누대에 가 있던 사람이 달려와서 황급히 보고를 했다.

"왕경칙이 벌써 정로정까지 쳐들어왔습니다."

보권은 어디로 달아나야 할지를 몰라 허둥대고만 있을 뿐이었다. 이 소문을 전해 들은 왕경칙은 만족한 듯이 웃

건강(建康) : 남경(南京).

누대(樓臺) : 누각과 대사 따위의 높은 건물을 이르는 말임.

으며 "단공의 서른여섯 가지 꾀 중에는 달아나는 것이 상
책이 된다고 했다. 이제 너희 부자도 다만 달아나는 길만
이 있을 뿐이리라(檀公三十六策 走爲上策 計汝父子唯有走
耳)." 하고 말했다는 것이다.

그러나 왕경칙은 흥성을 포위했을 때 관군으로부터 기
습을 받아 무기다운 무기를 갖지 못한 농민군이 혼란에
빠짐으로써 패해 죽고 말았다.

여기서 단공이란 전대(前代)인 송(宋)을 섬긴 명장 단도
제(檀道濟)를 말한다.

三人成虎 ❖ 삼인성호

出典 : 〈전국책(戰國策)〉 위
편(魏篇)

세 사람이 똑같이 말하게 되면 호랑이도 정말 나타난
줄로 믿게 된다는 것으로, 거짓말이라도 여러 사람이 하
면 참말로 믿게 된다는 뜻이다.

| 풀이 | 전국시대의 위혜왕(魏惠王) 때의 일이다. 방총(龐
葱)이란 자가 위(魏)의 태자와 함께 조나라의 한단(邯鄲)으
로 인질로 가게 되었을 때 방총이 혜왕에게 말했다.

"여기 한 사람이 있어 시장에 호랑이가 나왔다고 하면
왕께서는 그 말을 믿으시겠습니까?"

"누가 믿겠는가!"

"그럼 두 사람이 똑같이 시장에 호랑이가 나왔다고 하

면 어떻게 하시겠습니까?"

"역시 의심스럽지!"

"그럼 세 사람이 똑같이 말하면 왕께서 믿으시겠지요?"

"그건 믿지!"

"애초 시장에 호랑이가 나온다는 것은 있을 수 없는 일입니다. 그러나 세 사람이나 같은 말을 하면 시장에 틀림없이 호랑이가 나온 것이 됩니다(三人言城虎). 저는 지금 양(梁)을 떠나 한단으로 갑니다만, 한단은 양에서 시장보다는 훨씬 멉니다. 더구나 제가 떠난 뒤 제 일에 대하여 이러쿵저러쿵 말을 하는 사람이 아마도 세 사람 정도가 넘을 것입니다. 대왕께서는 부디 귀를 기울이지 마십시오."

"안심하라! 나는 내 자신의 눈밖에 믿지 않으니까."

그러나 혜왕과 헤어진 방총이 출발하자마자 바로 왕에게 참언하는 자가 나타났다. 그리하여 후일 인질이 풀려 귀국한 것은 태자뿐이었고, 방총은 혜왕의 의심을 받아 위로 돌아오지 못하는 몸이 되고 말았다.

참언(讒言) : 거짓으로 꾸며서 남을 헐뜯는 말.

喪家之狗 ❖ 상가지구

상갓집 개, 즉 주인 없는 개란 뜻으로 여위고 지칠대로 지쳐 수척한 사람을 비유하여 일컫는다.

出典 : 〈사기(史記)〉 공자세가(孔子世家)

| 풀이 | 노정공(魯定公) 14년, 공자는 노나라에서 대사구

(大司寇)로서 선정을 펴고 있었으나 왕족인 삼환씨(三桓氏)와 의견이 맞지 않아 마침내 노나라를 떠났다. 이리하여 그때부터 공자는 십수년 동안 위(魏), 조(曹), 송(宋), 정(鄭), 채(蔡) 등지를 돌아다니며 그의 이상을 실현할 수 있는 곳을 찾았다.

공자가 정나라로 갔을 때의 일이다. 제자들과 길이 어긋난 공자는 혼자 성곽 동문에 서서 제자들이 찾으러 오기를 기다리고 있었다. 그때 그 모습을 본 어느 정나라 사람이 스승을 찾고 있는 제자들과 만나 자공(子貢)에게 말했다.

"동문 곁에 서 있는 사람은 이마〔額〕가 요(堯)와 비슷하고, 목은 고요(皐陶)와 같으며, 어깨는 자산(子産)과 아주 비슷합니다. 그러나 허리에서 아래는 우(禹)에 미치지 못하기를 3치, 그 피로하고 뜻을 얻지 못한 꼴은 상갓집 개와 같았습니다."

자공은 스승임을 알아차리고 다른 제자들과 함께 동문으로 달려가 보았다. 역시 공자가 서 있었다. 자공이 정나라 사람이 한 말을 공자에게 전하자 공자는 빙그레 웃으면서 이렇게 말했다.

"생김새에 대한 비평은 꼭 맞는다고는 할 수 없으나, 상갓집 개란 말은 정말로 맞는 말이구나(形狀未也 如喪家之狗 然乎哉 然乎哉)."

桑田碧海 ❖ 상전벽해

뽕나무밭이 바다로 바뀐다는 뜻이니, 곧 세상이 몰라볼 정도로 바뀐 것을 비유한 말이다.

出典 : 유정지(劉廷芝)의 〈대비백두옹(代悲白頭翁)〉

| 풀이 | 유정지(劉廷芝)의 대비백두옹(代悲白頭翁)이란 시의 첫 부분에 이 말이 나온다.

낙양성 동쪽의 복숭아꽃 오얏꽃이	洛陽城東桃李花
날아오고 날아가며 뉘 집에 지는고	飛來飛去落誰家
낙양의 계집은 고운 제 얼굴이 스스로도 아까운지	洛陽女兒惜顔色
길가다 지는 꽃 보면 길게 한숨 짓네	行逢女兒長嘆息
올해에 꽃이 지면 얼굴은 더욱 늙으리라	今年花落顔色改
내년에 피는 꽃은 그 누가 보려는가	明年花開復誰在
상전도 벽해된다는 그것 정녕 옳은 말이로다	更聞桑田變成海

'상전변성해(桑田變成海)'로 쓰고 있지만 같은 뜻으로 보통 상전벽해(桑田碧海)로 쓰인다. 원래 이 말의 출처는 〈신선전(神仙傳)〉의 마고선녀 이야기에서 유래된 것이다.

마고(麻姑)라는 선녀가 신선 왕방평(王方平)에게 말했다.

"곁에서 모신 이래 저는 동해가 세 번이나 뽕나무밭으로 바뀌는 것을 보았습니다. 이번에 봉래(蓬萊)에 갔더니 바다가 다시 얕아져서 이전의 반밖에는 되지 않았습니다. 또 육지가 되려는 것일까요?"

왕방평이 대답했다.

"그러기에 성인들께서 이르시지 않으셨나, 바다의 녀석들이 먼지를 일으키고 있다고."

塞翁之馬 ❖ 새옹지마

出典 : 〈회남자(淮南子)〉 인간훈(人間訓)

새옹의 말에 얽힌 이야기에서 나온 것으로 인간만사의 길흉화복(吉凶禍福)은 변하기 때문에 예측할 수가 없다는 말이다.

| 풀이 | 옛날 중국 북방 오랑캐들이 사는 호지(胡地)와의 국경에 점술에 능한 노옹(老翁)이 살고 있었다. 그런데 어느 날 아무 까닭도 없이 옹의 말이 호지로 달아나 버렸다. 사람들은 그 딱한 사정을 위로해 주기 위해 찾아왔다. 그러나 옹은 조금도 걱정하는 빛이 없이 말했다.

노옹(老翁) : 늙은 남자. 나이가 많은 남자.

"전화위복이란 말이 있지 않습니까. 과히 걱정할 필요는 없겠지요."

과연 몇 달이 지난 어느 날, 도망쳤던 말이 호지의 좋은 말을 데리고 돌아왔다. 사람들은 곧 축하하러 왔다.

"이게 또 무슨 화근이 될지 모르지요."

옹은 조금도 반가운 기색을 보이지 않았다.

그런데 말타기를 좋아하는 그의 아들이 호지에서 온 말을 타다가 낙마하여 절름발이가 되고 말았다.

낙마(落馬) : 탔던 말에서 떨어짐.

그래서 동네 사람들은 또다시 위로를 하러 왔다.

"아닙니다. 이 일이 어떤 다행한 일이 될지 모르지요."

옹은 그야말로 천하 태평이었다.

그후 1년쯤 지나서 호인(胡人)이 성채에 쳐들어왔다. 마을의 젊은이들은 모두 전쟁터로 나가 싸워 열에 아홉은 전사했다. 그러나 옹의 아들은 불구자여서 무사했다.

이 새옹지마(塞翁之馬)라는 성어는 새옹득실(塞翁得失), 새옹화복(塞翁禍福) 또는 인간만사 새옹지마(人間萬事 塞翁之馬)라는 말로도 사용되고 있다. 인간만사 새옹지마는 원(元)나라의 중 회기(晦機)의 시에서 최초로 쓰였는데 그 시구는 다음과 같다.

인간의 모든 일은 새옹의 말과 같아 예측할 수 없으니   人間萬事塞翁之馬
퇴침헌 가운데서 빗소리를 들으며 누워 잠이나 자련다   推枕軒中聽雨眠

先入見 ❀ 선입견

미리 들은 어떤 말로 생각을 고정시켜 새 의견을 받아들이지 않는 것. 곧 먼저 들은 이야기가 마음속에 차지하고 있어 나중에 듣는 이야기를 거부하려는 것을 말한다.

出典 : 〈한서(漢書)〉 식부궁전(息夫躬傳)

| 풀이 | 한(漢)나라 애제(哀帝) 때 식부궁(息夫躬)이라는 변설지사(辯舌之士)가 있었다. 춘추전국시대 소진, 장의처럼 말로써 출세길을 달려온 세객(說客)이라는 것이 있어

왔는데 식부궁도 일종의 그런 부류의 인물이었다. 그는 애제의 장인되는 공향후 부안(傅晏)과 동향 친구인 관계로 교제 범위가 대단히 넓었다.

어느 날 그는 애제를 만나 일장의 웅변을 토했다. 흉노가 침공해 올 것이므로 곧 대군을 변방에 배치해야 한다는 것이 그의 주장이었다. 황제는 청산유수 같은 그의 변설에 혹하여 정말 그러리라 생각하게 되었다.

그래서 승상 왕가(王嘉)를 불러 상의하였다. 왕가는 그것이 근거 없는 말임을 역설한 다음에 이같이 덧붙였다.

"무릇 정치를 논의하는 사람은 아첨하는 말, 부정하고 음험한 말, 너무 아름다운 변설(辯舌), 심히 각박한 주장 때문에 괴로움을 당하게 마련입니다. 아첨하는 말은 군왕의 덕을 깨고, 부정하고 음험한 말은 아랫사람들로 하여금 원한을 품게 하며, 아름다운 변설은 간간이 정도(正道)를 파괴하고, 심히 각박한 주장은 군왕의 은혜를 손상시킵니다. 옛날 진(秦)의 목공(穆公)은 현신인 백리해(百里奚), 건숙(蹇叔)의 주장을 물리치고 욕심에 눈이 어두워져 정(鄭)을 치려고 한 까닭에 도리어 효(殽)에서 진군(晉軍)에게 격파되고 말았습니다. 그래서 뉘우친 목공은 남을 그르치기 쉬운 교언(巧言)의 무리를 멀리하고 경험 많은 노인의 말을 존중했기 때문에 결과적으로 좋은 군주가 될 수 있었습니다. 부디 폐하께서는 고래(古來)의 교훈에 주목하셔서 거듭 생각하시기 바랍니다. 먼저 들으신 말만이 절대로 옳다는 생각을 고정시키는 일이 없도록 하시옵소서(唯

교언(巧言) : 교묘하게 꾸며 내는 말.

고래(古來) : 예부터 지금까지의 동안. 자고이래(自古以來)의 준말.

225

陛下觀覽古戒 反覆參考 無以先入之見爲主)."

그러나 애제는 왕가의 충고를 받아들이지 않았는데 얼마 뒤에 식부궁의 말이 거짓이라는 것을 알게 되었다. 이리하여 식부궁은 옥사(獄死)를 하게 되었다.

先從隗始 ❖ 선종외시

먼저 나부터 시작하라는 뜻으로, 큰 뜻을 이루려면 우선 비근한 일에서부터 시작하라는 말이다.

出典 : 〈전국책(戰國策)〉 연책(燕策)

| 풀이 | 전국시대, 연(燕)이 제(齊)에게 격파되어 영토의 태반이 제의 지배 아래 있게 되었다. 당시 왕위에 오른 연의 소왕(昭王)은 전심 전력으로 국위 선양과 실지 회복에 힘쓰고, 특히 인재와 이재(異才)를 구하는 데 열심이었다.

어느 날, 소왕이 재상 곽외(郭隗)에게 나라를 일으키는 데 충분한 인재는 어떻게 하면 얻을 수 있겠느냐고 물었다. 그러자 곽외는 이렇게 대답했다.

"저는 이런 이야기를 들었습니다. 옛날 어느 군공(君公)이 천금을 내걸고 천리마(千里馬)를 구하려고 했으나, 3년이 지나도록 뜻을 이루지 못했습니다. 그때 한 사람의 연인(涓人)이 자원하고 나섰으므로 천금을 내주며 말을 구해 오라고 했습니다. 그 사나이는 3개월쯤 후에 천리마가 있는 곳을 알아냈으나, 아깝게도 그 사나이가 도착하기 전

이재(異才) : 남달리 특별한 재주.

연인(涓人) : 궁중의 연락이나 청소를 하는 사람.

에 말이 죽어 버렸습니다. 그래서 죽은 말의 뼈를 500금에 사가지고 왔다 합니다. 군공은 크게 노하여 '내가 바라는 것은 산 말이다. 죽은 말을 500금이나 주며 누가 사오라고 했는가?' 하고 호통을 쳤습니다. 그러자 사나이는 '아닙니다, 잠시 제 말씀을 들어주십시오. 사람들은 이미 죽은 천리마를 500금에 샀으니, 산 말이라면 얼마나 많은 돈을 줄 것인가, 라고 생각할 것입니다. 그러니 염려하시지 않아도 머지않아 반드시 희망하시는 말이 찾아올 것입니다.' 하고 대답했다고 하는데, 과연 채 1년도 지나지 않아 천리마를 끌고 온 자가 세 사람이나 있었다고 합니다. 지금 왕께서 진정한 현재를 구하시는 것이라면 먼저 이 외로부터 시작하십시오. '외 같은 사람도 저렇게 후대를 받고 있는데 하물며 그보다 어진 사람들이야 이를 것이 있겠는가.' 하고 현인들은 천리를 멀다 하지 않고 찾아올 것입니다."

이리하여 소왕은 외를 위해 황금대(黃金臺)라는 궁전을 세우고 스승으로 대우했다. 이 사실이 순식간에 여러 나라에 전해지자 천하의 현재들은 앞을 다투어 연으로 모여들었다. 조(趙)의 명장 악의(樂毅)가 오고, 음양설의 시조인 추연(鄒衍)이 오고, 대정치가인 극신(劇辛)이 왔다. 이들의 도움으로 소왕은 얼마 안 가서 드디어 제국과 함께 제를 격파하여 숙년의 원수를 갚을 수가 있었다.

현재(賢才) : 현명한 재능. 또는 현명한 사람.

악의(樂毅) : 전국시대의 무장. 연나라 소왕의 부름을 받고 장군이 되어 제나라를 치고 임치(臨淄)를 함락시켜 창국군(昌國君)에 봉해졌다.
숙년(宿年) : 오래된 횟수. 오랜 세월.

227

先卽制人 ❖ 선즉제인

선수를 치면 남을 제압할 수 있다는 말로, 아무도 하지 않은 일을 선수를 쳐서 하면 유리하다는 뜻으로 쓰인다.

出典 : 〈사기(史記)〉 항우본기(項羽本紀)

| 풀이 | 진(秦)의 2세 원년(기원전 209년) 7월, 안휘성 대택향(大澤鄕)에서 진의 폭정에 반항하여 봉기한 진승(陳勝), 오광(吳廣)의 농민군은 하남성에서 구(舊) 6국(六國)의 귀족 등과 합세하여 파죽지세(破竹之勢)로 진(秦)의 수도 함양(咸陽)을 향해 진격하고 있었다.

강동(江東)의 회계군 군수였던 은통(殷通)도 이에 호응하고자, 군도(郡都)인 오중(吳中)에서 유력자인 항량(項梁)을 불러 의논했다.

항량은 진군(秦軍)에게 패사한 초(楚)의 명장 항연(項燕)의 아들이었으나, 사람을 죽이고 조카 항우와 함께 오중으로 피신해 와 있었는데 타고난 재주인 병법을 교묘하게 이용하여 부역 등에서 중인을 구사하여 장사인 항우와 함께 오중에서 외경되고 있는 실력자였다.

"이제 강서 지방은 다 반기를 들었는데, 그 형세를 보면 하늘이 진을 멸망시킬 시운이 되었다고 본다. 선즉제인(先卽制人)이고 후즉제어인(後卽制於人)이 된다는 말이 있다. 그래서 그대와 환초(桓楚)에게 거병의 지휘를 위임하고 싶다."

은통은 시류(時流)에 따라 초의 귀족이고 병법에도 능통한 실력자인 항량을 이용하려고 했으나 환초가 도망하여

파죽지세(破竹之勢) : 감히 대적할 수 없을 정도로 막힘 없이 무찔러 나아가는 맹렬한 기세.

패사(敗死) : 싸움에 패하여 죽음.

외경(畏敬) : 공경하고 두려워함.

시류(時流) : 그 시대의 풍조. 그 시대의 유행.

행방불명이었으므로 뜻이 저지되었다. 그러자 항량은 그 기회를 이용했다.

"환초는 지금 도망하여 어디 있는지 아무도 모릅니다. 오직 조카 항우만이 알고 있습니다."

그렇게 말한 뒤 항량은 방에서 나가 항우와 귓속말을 하고 나서 다시 방으로 들어와 앉았다.

"항우에게 환초를 소환하도록 명령을 내려 주십시오."

"그렇게 하지."

항량은 항우를 불러들였다. 잠시 후 항량은 항우에게 눈짓을 했다.

항우는 칼을 뽑아 은통의 목을 잘랐다. "선수를 치면 남을 제압하고, 후수가 되면 남에게 제압을 당한다."는 것을 실제로 행한 것은 은통이 아니라 항량과 항우였다. 그리하여 항량은 스스로 회계군수가 되어 군서(郡署)를 점령했고, 8천의 정병을 고스란히 손에 넣어 재치있게 거병하였다.

誠中形外 ◈ 성중형외

出典 : 〈대학(大學)〉 성의장 (誠意章)

마음속에 성(誠)이 있으면 반드시 외형(外形)으로 나타난 다는 뜻으로, 속마음에 들어 있는 참된 것은 숨기려 해도 자연히 밖으로 나타나게 된다는 말이다.

| 풀이 | "이른바 그 뜻을 정성스럽게 한다고 하는 것은

스스로를 속이지 않도록 하는 것이니 나쁜 냄새를 싫어하는 것과 같이 하며, 좋은 색(色)을 좋아하는 것과 같이 하는 것으로 스스로 마음 편하게 하는 것이다. 그러므로 군자는 반드시 그 홀로 있을 때를 조심한다(所謂誠其意者 毋自欺也 如惡惡臭 如好好色 此之謂自謙 故君子必愼其獨也).

소인이 한가하게 있을 때는 착하지 않은 일을 하되 하지 않는 것이 없다가 군자를 보면 싫어하여 그 착하지 않는 것을 가리고 그 착한 것만 나타내려 하니, 사람이 자기를 보는 것이 그 간과 폐를 보듯이 하는데 무엇이 유익하겠는가? 이것이 마음을 정성스럽게 하면 밖에 드러난다고 하는 것이다. 그러므로 군자는 반드시 그 홀로 있을 때를 조심한다(小人閒居 爲不善無所不至 見君子而后 厭然揜其不善而著其善 人之視己 如見其肺肝然 則何益矣 此謂誠於中 形於外 故君子 必愼其獨也)."

원래는 성어중 형어외(誠於中 形於外)였던 것이 성중형외로 줄어든 것이다.

또 여기에 나오는 '스스로를 속이지 않는다.'는 무자기(毋自欺)와 '스스로 마음이 편하다.'는 자겸(自謙)과 '홀로 있을 때 조심한다.'는 신독(愼獨)이라는 말은 자주 쓰이는 낱말들이다.

城下之盟 ❊ 성하지맹

出典 : 〈춘추좌씨전(春秋左氏傳)〉환공(桓公) 12년조(年條)

맹약(盟約) : ① 맹세하여 맺은 굳은 약속. ② 동맹국 사이의 조약.

적군이 성 밑까지 쳐들어와서 항복하고 체결하는 맹약(盟約)으로, 곧 대단히 굴욕적인 강화(講和)나 항복을 말한다.

| 풀이 | 환공(桓公) 12년(기원전 700년)의 기록에 다음과 같은 이야기가 나온다.

초나라가 교(絞)로 쳐들어가 성 남문에 진을 쳤을 때 막오(莫敖)라는 벼슬에 있는 굴하(屈瑕)가 계책을 냈다.

"교 땅의 사람들은 도량이 좁고 경솔합니다. 사람이 경솔하면 또한 생각하고 염려하는 것이 부족합니다. 땔나무를 하는 인부들을 호위병을 딸리지 않은 채 내보내어 이것을 미끼로 삼아 그들을 치는 것이 어떻겠습니까?"

그래서 굴하의 계책에 따라 나무하는 인부들을 호위병 없이 내보냈다. 교 땅 사람들은 예상한 대로 북문을 열고 나와 산속에 있는 초나라 인부를 30명이나 잡아갔다.

이튿날은 더 많은 인부를 내보냈다. 교 땅 사람들은 어제 있었던 일에 재미를 붙여 성문을 열고 서로 앞을 다투어 산속의 인부를 쫓기에 바빴다.

초나라 군사는 이 틈에 북문을 점령하고 산기슭에 숨겨 두었던 복병이 일어나 성밖에 나온 군사를 습격함으로써 크게 승리를 거두고 성 아래에서의 맹약을 체결하고 돌아왔다는 것이다.

선공(宣公) 15년에 있었던 일이다.

초나라가 송나라 성을 포위했을 때 송나라가 끝내 버티고 항복을 하지 않은지라 초나라 신숙시(申叔時)의 계책에 따라 숙사를 짓고 밭을 가는 등 장기전 태세를 보였다. 과연 송나라는 겁을 먹고 사신을 보내어 화평을 청해 왔다.

"성 아래에서의 맹세는 나라가 망하는 한이 있어도 맺을 수가 없습니다. 그러니 군대를 30리만 후퇴시켜 주십시오. 그러면 어떤 조건이라도 받아들이겠습니다."

이것을 볼 때 성하지맹이 당하는 사람에게는 얼마나 견딜 수 없는 굴욕인가를 알 수 있겠다.

小心翼翼 ❖ 소심익익

세심하게 마음을 써서 삼간다는 뜻이나 오늘날에는 담력이 없는 것, 즉 소담(小膽)을 형용하는 말로 쓰인다.

| 풀이 | 소심익익은 〈시경〉에 나오는 시로, 주선왕(周宣王)이 대부인 중산보(仲山甫)에게 명하여 제(齊)나라 도성을 쌓게 했을 때, 역시 같은 주조(周朝)의 명신 윤길보(尹吉甫)가 그 행사를 빛내기 위해 지어서 보낸 것이라고 한다.

사마천(司馬遷)의 〈사기〉에 의하면 "선왕(宣王)은 그 29년 강씨(姜氏)라는 이민족과 천묘(千畝)에서 싸워 남방에서 징집한 군을 잃고 말았으므로 태원(太原) 지방의 백성을 호별점검(戶別點檢)하여 새로 군사를 징집하고자 했다.

出典 : 시경(詩經)〉 대아편 (大雅篇)

소담(小膽) : 소심하여 겁이 많음.

그러자 중산보가 '덮어놓고 징집해서는 안 됩니다.' 하고 간하였으나 왕은 듣지 않았다."라는 기사가 보인다. 이것은 선왕이 만년이 되면서 점차 폭군으로 변한 사실의 하나를 예로 삼아 기록한 것이다. 그만큼 선왕을 모시고 공론을 계속 주장한 중산보에게는 자연히 인망(人望)이 모였으리라. 증민(蒸民)은 주조(周朝)의 정치를 돕기 위해 하늘이 중산보를 낳게 한 것이라 칭송하고 중산보의 덕을 이렇게 노래하고 있다.

仲山甫之德	중산보의 덕이야말로
柔嘉維則	부드럽고 아름답고 법도가 있어
令儀令色	위의와 용모가 아름답구나
小心翼翼	만사를 조심하여 처리하고
古訓是式	옛날의 가르침을 본받아
威儀是力	위의를 갖추기에 힘을 썼고
天子是若	천자의 어지를 받들어 모셔
明命使賦	어명을 천하에 널리 폈다

宋襄之仁 ❊ 송양지인

出典 : 〈춘추좌씨전(春秋左氏傳)〉

송나라 양공(襄公)이 베푼 자애라는 뜻으로, 무익한 정이나 필요없는 동정을 비유하여 쓴다.

┃ 풀이 ┃ 춘추시대 약소국 중의 하나인 송(宋)나라에서 환

공이 죽고 태자 자보(玆父)가 즉위했다. 그가 바로 양공(襄公)이다. 양공은 이복형인 목이(目夷)를 재상으로 맞이했다.

양공 7년, 송에 천변지이(天變地異)가 계속되었다. 심한 비와 함께 운석이 퍼부었으며, 계속해서 강풍이 몹시 불어 역(鶂)까지도 휘말려 갈 정도였다.

그 이듬해 제환공(齊桓公)이 죽었다. 그러자 양공은 환공을 대신해서 패자가 되려는 야심을 품었다. 4년 후(양공 12년) 봄, 영내인 녹상(鹿上)으로 초왕(楚王)을 초청하고 자기가 제후의 맹주가 되는 데 대해 양해를 구했다. 초성왕(楚成王)은 그것을 인정한다고 대답했다.

그러나 재상인 목이는 말렸다.

"소국에는 소국으로서 갈 길이 있습니다. 맹주가 되려고 하면 반드시 화를 초래하게 됩니다."

양공은 목이의 간언을 듣지 않고 그해 가을 제후들을 영내인 우(盂)로 불러 회맹했다.

목이는 그 허황된 야망을 한탄했는데, 과연 염려한 대로 초왕(楚王)은 회맹석상에서 양공을 잡아놓고 송에 공격을 가해 왔다. 그해 겨울이 되어 제후가 박(毫) 땅에 즉위했을 때에야 양공은 겨우 석방되었다.

이듬해인 13년 여름, 양공은 초의 속국인 정을 공격했다. 목이는 절망했다.

"아아, 이제 송도 끝장이로구나."

과연 가을이 되자 초(楚)는 정을 구원하려고 송을 공격해 왔다. 양공은 응전하려고 했다.

천변지이(天變地異) : 하늘과 땅, 곧 자연계에서 일어나는 큰 변고.

역(鶂) : 물새의 일종, 날개가 강하다고 함.

회맹(會盟) : 모여서 서로 맹세함.

"하늘은 오래 전에 우리 상(商)을 버렸습니다. 아무리 몸
부림을 쳐도 가망이 없습니다."

목이가 필사적으로 말렸으나 양공은 듣지 않았다.

11월, 양공이 인솔하는 송군은 초군(楚軍)과 홍수(泓水) 근
처에서 마주쳤다. 미처 포진(布陣)을 못한 초군이 겨우 도하
를 시작했다.

이 광경을 본 목이가 앞으로 나와 말했다.

"적은 우세하고 아군은 열세이니 정면으로 충돌을 하면
승부가 되지 않습니다. 적이 강을 건너기 전에 공격을 가
해야 합니다."

그러나 양공은 상대를 하지 않았다. 그 틈에 초군은 도
하를 끝내고 진형을 정비하기 시작했다. 여기서 다시 목
이가 공격을 진언했으나 양공은 좀체로 공격 명령을 내리
지 않았다. 결국 적의 임전태세가 완료된 다음 송군은 공
격을 가하기 시작했다. 결과는 참패였다. 양공 자신까지
도 허벅다리에 화살이 꽂혀 부상당한 형편이었다.

"도대체 무엇을 하고 있는 거냐!"

양공을 비난하는 소리가 온 나라 안에 떠들썩했으나 양
공은 잘못을 인정하려고 하지 않았다.

"적이 곤란한 틈을 노려 공격하는 것은 군자가 취할 길
이 아니다. 상대의 진영이 정비되지 않았는데 어찌 진격
명령을 내릴 수가 있겠는가."

목이는 이런 양공의 생각을 가차없이 비판했다.

"싸움이란 승리가 목적으로, 어찌 평시의 예의가 적용

되겠습니까. 그런 생각이라면 처음부터 싸우지 말고 노예가 돼버리는 게 낫지요."

그래도 양공은 그 야망을 버리지 못했으나 2년 후 여름, 홍수 싸움에서 허벅다리에 입은 상처 때문에 결국 덧없이 세상을 떠나고 말았다.

首丘初心 ◈ 수구초심

여우는 구릉(丘陵)에 굴을 파고 사는데 죽을 때도 그 머리를 자기가 살던 구릉 쪽에 둔다. 이것은 곧 그 근본(根本)을 잊지 않기 때문이다. 따라서 수구초심이란 그 근본을 잊지 않는 것 또는 고향을 절실히 그리는 향수 등을 일컫게 되었다.

出典 : 〈예기(禮記)〉 단궁 상편(檀弓上篇)

| 풀이 | "태공(太公)은 영구(營丘)에 봉해졌는데 계속해서 다섯 대에 이르기까지 도리어 주(周)의 호경(鎬京)에서 장사지내졌다. 군자께서 이르시길 음악은 그 자연적으로 발생하는 바를 즐기며 예(禮)란 그 근본을 잊어서는 안 되는 것이다. 옛사람의 말에 이르되 여우가 죽을 때 머리를 자기가 살던 굴 쪽으로 바르게 향하는 것은 인(仁)이라고 하였다(太公封於營丘 比及五世 皆反葬於周 君子曰 樂樂其所自生 禮不忘其本 古之人有言 曰狐死正丘首仁也)."

여기서 태공(太公)은 태공망(太公望), 즉 문왕과 무왕을

도와서 은나라를 멸하고 주(周)나라를 일으킨 여상(呂尙)을 가리키며, 영구(營丘)란 제(齊)나라에 있던 곳을 말한다.

首鼠兩端 ❖ 수서양단

出典 : 〈사기(史記)〉 위기무안열전(魏其武安列傳).

구멍에서 머리를 내밀고 나갈까 말까 망설이고 있는 쥐라는 말로, 양다리를 걸친 채 정세를 살피고 있는 상태나 애매한 태도를 가리킨다.

| 풀이 | 전한(前漢) 제4대 경제(景帝)부터 제5대 무제(武帝)에 걸쳐 위기후(魏其侯) 두영(竇嬰)과 무안후(武安侯) 전분(田蚡)은 계속 세력다툼을 하고 있었다. 위기후는 제3대 문제(文帝)의 오촌(五寸)이고, 무안후는 경제의 황후 동생으로 한실(漢室)로서는 관계가 깊은 사이였다.

그런데 두영의 배경이던 두태후(竇太后)가 죽고 전분의 배경인 왕태후(王太后)가 오르자 위기후는 자연 몰락할 수밖에 없었다. 어느 날 무안후가 새 장가를 들고 축하연을 베풀었다. 그 자리에서 무안후는 위기후 쪽의 사람들에 대해 차별대우를 하였다. 그것을 보다 못해 위기후의 친구인 용장 관부(灌夫)가 술김에 행패를 부리게 되었다.

불경죄(不敬罪) : 경의를 표해야 할 사람이나 사물에 대하여 불손한 언행을 함으로써 성립되는 죄.

무안후는 관부를 옥에 가두고 불경죄(不敬罪)를 씌워 사형에 처하고 가족까지 몰살시키려 했다. 그러자 위기후가 관부를 두둔하고 무제(武帝)에게 상소를 올림으로써 이 문제는 조신(朝臣)들의 공론에 붙이게 되었다. 이때 어사대부(御史大夫) 한안국(韓安國)이 중립적인 태도로 말했다.

"양쪽 말에 다 일리가 있어 판단하기 곤란합니다. 따라서 폐하의 재단(裁斷)을 바랄 뿐입니다."

또 동석하고 있던 내리(內吏)인 정(鄭)은 처음에 위기후의 편을 들었으나 형세가 불리한 것을 보고 뚜렷한 의견을 말하지 않았다. 그래서 무제는 내리를 나무라며 토론을 중단하고 말았다.

무안후는 조정에서 퇴청하자 어사대부를 불러 야단을 쳤다.

"왜 너는 구멍에서 머리만 내밀고 나갈까 말까 망설이는 쥐처럼 뚜렷이 흑백을 가리지 못하고 주춤거리고 있느냐?"

어사대부는 잠시 생각하고 있다가 말했다.

"명안이 있습니다. 우선 재상 자리에서 물러난 후 이렇게 말씀하십시오. '위기후를 나쁘게 말하고, 고집을 세워 폐하께 심려를 끼친 점 진심으로 죄송스럽게 생각하며 삼가 책망을 기다리고 있습니다. 이런 부질없는 제가 재상 자리에 앉아 있다는 것은 과분한 일입니다. 불명을 부끄럽게 생각하며 처분만을 기다리겠습니다.' 그렇게 하면 제(帝)는 틀림없이 당신의 겸양을 덕으로 보고 결코 파면시키지는 않을 것입니다. 그러면 위기후는 내심 부끄러움을 못 이겨 자살을 하겠지요. 두 분이 서로 욕하고 험담하는 것은 어른답지 못한 짓이라고 생각되지 않으십니까?"

무안후는 어사대부의 말을 따름으로써 제의 신임을 얻

조신(朝臣) : 조정에서 벼슬살이하는 모든 신하.

재단(裁斷) : 옳고 그름과 착하고 악함을 가름.

명안(名案) : 훌륭한 안. 좋은 생각.

불명(不明) : 사리에 어두움.

었다. 이렇게 하여 결국 위기후와 관부는 일족까지 모조리 처형을 당하였다.

　그러나 그후 무안후도 병을 얻어 위기후와 관부에게 용서를 비는 헛소리를 하다가 죽고 말았는데, 위기후와 관부의 원혼이 그를 괴롭혀 죽게 했다고 한다.

漱石枕流 ❖ 수석침류

出典：〈진서(晉書)〉손초전
(孫楚傳)

　돌로 양치질하고 흐르는 물로 베개를 삼는다는 뜻으로, 남에게 지기 싫어하는 마음이 강함을 비유하는 말로 많이 쓰인다.

| 풀이 | 진(晉)나라 초기 손초(孫楚)라는 사나이가 있었다. 자는 자형(子荊)이라 하고 문재(文才)가 뛰어났다.

　당시에는 노장학이 성해서 은일(隱逸)을 구하는 경향이 강했고 세속적인 도의명분을 경시하여 노장의 공리를 논하는 것이 중시되었다. 이것은 청담(淸談)이라 불리면서 사대부 간에 유행되었는데 그 청담에 완적(阮籍), 혜강(嵇康) 등이 모인 죽림칠현(竹林七賢)이 있었다. 손초도 젊었을 때 그런 풍조를 따라 산림에 은거하려고 했지만 사십이 넘어 석포(石苞) 밑에서 참군(參軍) 노릇을 하며 석포를 위해 오주 손호(吳主孫皓)에게 보내는 투항 권고문 등을 작성했다. 후에 풍익(馮翊)의 태수가 되어 원강(元康) 3년

은일(隱逸) : 속세를 피해 숨음.
공리(空理) : 실제로 소용이 되지 않는 이론. 또는 사실과는 동떨어진 이론.
청담(淸談) : ① 속되지 않은 청아한 이야기. ② 위(魏)·진(晉)시대, 절개가 높고 학식이 높은 선비들이 세상 일을 버리고 산림에 은거하여 노장의 공리를 논하던 일.

(293년)에 죽었다고 하므로 60세가 되었음직하다.

그 손초가 젊었을 때의 일이다. 속세를 떠나 산림에 은거하기로 작정하고 친구인 왕제에게 흉중을 털어놓았다. 그때 '돌을 베개 삼아 눕고 흐르는 물로 양치질한다(枕石漱流).'라고 해야 할 것을 '돌로 양치질하고 흐르는 물로 베개 삼는다(漱石枕流).'라고 해버렸다.

"흐르는 물을 베개로 벨 수 있는가? 그리고 돌로 어떻게 양치질을 한단 말인가?"

왕제가 그 말을 듣고 따지자 손초는 재빨리 대답했다.

"흐르는 물을 베개로 삼는 것은 옛날의 은자인 허유(許由)처럼 쓸데없는 소리를 들었을 때 귀를 씻으려고 하는 것이고, 돌로 양치질하는 것은 이를 닦으려는 것일세."

흉중(胸中) : 마음에 두고 있는 생각.

허유(許由) : 고대 중국의 전설상의 인물. 초세속적 사상을 가진 높은 선비로서, 요임금이 왕위를 물려주려 하였으나 받지 않고 도리어 자기의 귀가 더러워졌다고 하여 영천(潁川)의 물에 귀를 씻고 기산(箕山)에 들어가 숨었다고 함.

水魚之交 ❈ 수어지교

물고기가 물을 얻어야 살 수 있는 것과 같이 부부나 군신 관계처럼 서로 끊으려야 끊을 수 없는 친밀한 사이를 뜻한다. 변하지 않는 깊은 교우 관계에도 쓰이고 있다.

出典 : 〈삼국지(三國志)〉 촉지(蜀志) 제갈량전(諸葛亮傳)

| 풀이 | 후한(後漢)의 최후의 황제인 헌제(獻帝)를 세워 제멋대로 행동을 자행하던 대신 동탁(董卓)이 멸망하자 오(吳)를 본거지로 한 손책(孫策), 손권(孫權)은 주유(周瑜), 노숙(魯肅) 등 지모가 뛰어난 인재를 초빙하여 강동에 세

력을 구축해 갔고, 한편 조조(曹操)는 산동(山東)에서 황하 유역을 제압하고 있었다.

재흥(再興) : 다시 일으킴. 다시 일어남.

그러나 한(漢)의 재흥(再興)을 목표로 군사를 일으킨 유비 (劉備)는 비록 관우, 장비, 조운과 같은 일기당천(一騎當千) 의 용장을 거느렸으나, 거점으로 할 기반이 없어 종형뻘 되 는 형주의 유표(劉表)에게 몸을 의탁하고 있는 형편이었다.

그러던 중 유비는 서서(徐庶)의 권유로 공명을 찾아가 삼고초려(三顧草廬) 끝에 결국 자신의 군사(軍師)로 맞이하 게 되었다.

원려(遠慮) : 앞으로 올 일 을 헤아리는 깊은 생각.

공명의 높은 식견과 원려(遠慮)에 감복한 유비는 스승의 예로써 대접하여 침식을 같이 하였다. 당시 37세였던 공 명을 극진히 우대하자 관우, 장비가 불평을 늘어놓았다.

"공명이 나이도 어리거니와 학식이나 재주도 별로 있는 듯싶지 않은데 형님께선 어찌하여 그처럼 지나친 대접을 하십니까?"

"내가 공명을 얻은 것은 물고기가 물을 만난 것과 같은 것이니 두번 다시 거기에 대해 여러 말 하지 말라(孤之有孔 明 猶魚之有水 願勿復言)."고 하며 유비는 두 동생을 물리쳤 다고 한다.

守株待兎 ❖ 수주대토

出典 : 〈한비자(韓非子)〉 오

그루터기를 지키며 토끼가 나오기만을 기다린다는 뜻으

241

로, 어떤 착각에 사로잡혀 되지 않는 일을 고집하는 융통
성 없는 처사를 가리키거나 진보가 없는 것을 비유하는
말이다.

두편(五蠹篇)

| 풀이 | 송(宋)나라에 사는 한 농부가 하루는 밭을 갈고
있는데 토끼 한 마리가 급히 나오다가 밭 가운데 있는 그
루터기에 머리를 들이받고 목이 부러져 죽었다.

토끼를 그냥 얻은 농부는 그후부터 농사일을 집어던지
고 날마다 밭두둑에 앉아 토끼를 기다렸다. 그러나 토끼
는 두번 다시 그곳에 나타나지 않았고, 농부의 밭은 그 때
문에 잡초만 무성하게 자라 버렸다.

脣亡齒寒 ❖ 순망치한

입술이 없으면 이가 시리다는 말로, 평소에는 별로 느
끼지 못했던 것이 어떤 피해를 입게 되었을 때 여파가 미
치는 경우, 즉 한쪽이 망하면 다른 한쪽도 같은 운명에 처
하게 됨을 비유해서 일컫는다.

出典 : 〈춘추좌씨전(春秋左
氏傳)〉 희공(僖公) 5년조(年
條)

| 풀이 | 춘추시대 초기, 주혜왕(周惠王) 22년의 일이다.
진헌공(晋獻公)은 전부터 괵을 치려고 했으나 그러자면 우
(虞)를 지나야만 했다. 그래서 많은 뇌물을 보내어 진나라,
우나라와 형제의 우의를 약속하며 길을 통과시켜 줄 것을

감언(甘言) : 남의 비위를 맞추기 위하여 듣기 좋게 하는 달콤한 말.

현신(賢臣) : 어진 신하. 현명한 신하.

청했다. 우공은 많은 뇌물과 감언에 솔깃하여 청을 받아들이려 하였다.

그러자 궁지기(宮之奇)라는 현신(賢臣)이 이를 말리며 우공에게 간했다.

"괵은 우하고 일체이므로 괵이 망하면 우도 망할 것입니다. 속담에도 덧방나무와 수레는 서로가 의지하고 입술이 없으면 이가 시리다고 하는 말이 있습니다. 바로 우와 괵을 두고 한 말입니다. 원수라고도 생각할 수 있는 진(晉)나라 군사들이 우리 나라를 통과하게 하다니 그래서는 안됩니다."

"아냐, 진은 우리의 종국(宗國)이니 해를 가할 리 없네."

종국(宗國) : 종주(宗主)로 우러러 받드는 나라. 본가(本家) 계통의 나라.

우공이 태평스런 소리를 하므로 궁지기는 다시 설득했다.

"가계(家系)를 말씀하신다면 괵도 역시 동종입니다. 그런데 어떻게 우하고만 친하겠습니까? 게다가 진은 종조형제(從祖兄弟)가 되는 환공(桓公), 장공(莊公)의 일족을 죽이지 않았습니까? 가령 친하다 해도 이처럼 믿을 수가 없는 나라입니다."

종조형제(從祖兄弟) : 아버지의 사촌 형제. 곧 조부의 형제의 아들.

"하지만 나는 신을 모시며 언제나 훌륭한 것을 바쳐 깨끗하게 살고자 애를 쓰고 있으므로 신이 나를 보호해 주실 것이다."

"신은 한 개인을 친애하지는 않습니다. 그 사람의 덕이 있는 것을 보고 나서야 친애합니다. 덕이 없으면 백성이 편안하지 못하므로 신도 제사를 받아들이지 않습니다. 신을 믿어서는 안 됩니다."

그러나 아무리 설득을 해도 뇌물에 눈이 어두워진 우공은 듣지 않았다. 결국 궁지기는 화가 미칠 것이 두려워 일족을 이끌고 우에서 떠났다. 그때 그는 이렇게 예언하였다.

"진은 괵을 정벌하면 반드시 우를 멸망시킬 것이다."

과연 그해 12월, 진은 우의 영토에서 공격을 시작해 괵을 정벌하고 돌아오는 도중 우에 숙영하고 있다가 기습하여 우를 멸망시켰다.

食言 ❖ 식언

한번 입 밖으로 냈던 말을 다시 입 속에 넣는다는 뜻으로, 앞서 한 말을 번복하거나 약속을 지키지 않고 거짓말을 하는 경우를 가리키는 말이다.

| 풀이 | 탕서(湯誓)는 은(殷)나라 탕(湯) 임금이 하(夏)나라 걸왕(桀王)을 치기 위해 군사를 일으켰을 때 모든 사람들에게 맹세한 말이다. 그 끝부분에서 신상필벌의 군규(軍規)를 강조하여 다음과 같이 선언했다.

"너희들은 나 한 사람을 도와서 하늘이 무도한 걸왕에게 내리는 벌을 대신하기 바란다. 공을 세운 자에게는 반드시 큰 상을 내릴 것이니 너희들은 이 말을 의심하지 말라. 나는 내가 한 말을 다시 삼키지 않는다(爾無不信 朕不食言). 그러나 너희들 중 명령을 거역하는 자가 있을 때는

일족을 멸하겠다.”

또 식언이란 말은 〈춘추좌씨전〉에도 간혹 나온다. 그 중에서 특히 재미있는 것은 애공(哀公) 25년(기원전 470년) 때의 다음과 같은 기록이다.

노나라 애공이 월(越)나라로부터 돌아왔을 때 계강자(季康子)와 맹무백(孟武伯)이란 두 대신이 오오(吾梧)란 곳까지 마중을 나와 그곳에서 축하연을 베풀었다.

어자(御者) : 사람이 탄 말을 모는 사람. 마차꾼.

술좌석에서 맹무백이 애공의 어자(御者)인 곽중(郭重)을 놀리며 “몸이 꽤 뚱뚱하다.”고 하자 애공은 맹무백의 말을 받아 “이 사람은 말을 많이 먹으니까 살이 찔 수밖에 없지.” 하고 농담을 던졌다.

앞서 곽중은 두 대신이 임금의 험담을 하고 있다고 귀띔해 준 일이 있었다. 그래서 애공이 그 두 대신을 꼬집어서 그런 말을 한 것이다.

識字憂患 ❖ 식자우환

出典 : 〈삼국지(三國志)〉

글자를 아는 것이 오히려 근심을 사게 된다는 뜻으로, 서투른 지식 때문에 일을 망치게 되는 경우에 사용한다.

유현덕(劉玄德) : 유비(劉備). 현덕은 그의 자.

| 풀이 | 유현덕(劉玄德)이 제갈량(諸葛亮)을 얻기 전에는 서서(徐庶)가 현덕의 군사(軍師)로 있으면서 많은 지략을 짜내었다.

조조는 그의 모사(謀士) 정욱의 말에 의해 서서가 효자
라는 것을 알고 그의 어머니의 손을 빌려 그를 불러들이
려는 계획을 꾸몄다. 그러나 서서의 어머니인 위부인은
학식이 높고 명필인데다가 의리가 투철한 여장부였기 때
문에 아들을 불러들이기는커녕 도리어 자기 걱정은 하지
말고 끝까지 한 군주를 섬기도록 격려하였다.

그래서 조조는 정욱의 계책대로 서서에게 보내는 위부인
의 답장을 가로채 글씨를 모방해서 '조조의 호의로 잘 있
으니 위나라로 돌아오라.'는 편지를 보냈다. 편지를 받고
집으로 돌아온 아들을 보자 위부인은 영문을 몰라 어리둥
절해하였다. 위부인은 아들의 말을 듣고 나서야 그것이 자
신의 글씨를 모방한 거짓 편지 때문이었음을 알게 되었다.

"여자가 글자를 안다는 것부터가 걱정을 낳게 한 근본
원인이다(女子識字憂患)."라고 하며 위부인은 자식의 앞길
을 망치게 되었음을 한탄하였다.

모사(謀士) : ① 계책을 세
우는 사람, 또는 계책에 능
한 사람. ② 남을 도와 계책
쓰기를 좋아하는 사람.

食指動 ❖ 식지동

식지는 식사 때만 쓰인다고 해서 이름 붙여진 집게손가
락을 말하는 것으로, 즉 식지가 움직인다는 것은 음식이나
사물에 대한 욕심이 간절할 때 저절로 움직인다는 말이다.
구미가 동한다, 또는 야심을 품는다는 뜻으로 쓰인다.

出典 : 〈춘추좌씨전(春秋左
氏傳)〉선공(宣公) 4년조(年
條)

| 풀이 | 어떤 초나라 사람이 큰 자라를 정(鄭)의 영공(靈公)에게 바쳤다. 그때 마침 공자 송(公子宋)과 공자 가(公子家)가 함께 영공을 뵙기 위해 궁으로 들어가는데 공자 송의 식지(食指)가 저절로 움직였다. 공자 송은 그것을 공자 가에게 보이며 말했다.

"지금까지의 경험에 의하면 식지가 움직일 때마다 꼭 맛있는 음식을 먹게 되더군!"

궁에 들어갔더니 아니나다를까, 요리사가 큰 자라를 요리하고 있었으므로 두 사람은 서로 마주보며 웃었다. 영공이 웃는 까닭을 묻자 공자 가가 그 연유를 자세히 설명하였다.

"아무리 식지가 움직여도 과인이 주지 않으면 먹지 못할 것이 아닌가?"

영공은 장난기어린 말을 던지고 요리사에게 요리를 한 그릇 모자라게 담도록 시켰다. 그리하여 막상 대부(大夫)들과 자라 요리를 먹게 되었을 때 공자 송에게만은 요리를 주지 않았다.

화가 난 공자 송은 모욕을 당한 것을 분하게 생각하고 자라를 삶은 솥으로 달려가서 솥가에 붙은 고기를 건져 먹고 나서,

"이렇게 먹었는데 내 예측이 맞지 않는단 말이오?"

하고는 바로 퇴청하고 말았다.

이러한 태도를 불손하다고 여긴 영공은 공자 송을 죽여버릴 작정을 했다.

대부(大夫) : 중국에서 사용하던 관위(官位)의 이름.

한편 공자 송 쪽에서도 자기가 무사하지 못할 것을 알고 있었으므로 선수를 치리라 마음먹고 있었다. 그래서 공자 가에게 상의를 하였으나 공자 가는 고개를 저으면서 말했다.

　"오래된 가축도 죽이려 들면 마음이 아픈 법인데 군주(君主)를 어떻게 그럴 수 있겠는가?"

　그러나 공자 송은 포기하지 않고 공자 가를 협박하여 마침내 그해 여름에 영공을 죽이고 말았다.

出典 : 〈수당가화(隋唐佳話)〉

暗中摸索 ❖ 암중모색

어둠 속에서 손을 더듬어 찾는다는 말로, 확실하게 알지 못하는 것을 어림짐작으로 맞힌다는 뜻으로 쓰인다.

| 풀이 | 당(唐)나라의 허경종(許敬宗)이란 학자는 기억력이 좋지 않아서 남의 얼굴을 곧 잊어버리는 버릇이 있었다. 학자였으므로 학문에 있어서는 기억력이 좋았을 텐데도 어찌된 영문인지 세상사에 관해서는 통 아는 바가 없을 뿐 아니라 남의 얼굴을 잊어버리거나 잘못 아는 경우가 많았다.

"저 사람의 건망증은 대단해!"

많은 사람들의 비웃음을 들은 허경종은,

"세상에 알려져 있지 않은 평범한 인간의 얼굴 같은 걸 기억하는 것은 불필요한 노력의 낭비이다."

하고 큰소리를 치고 나서 자기가 존경하는 하손(何遜), 유효작(劉孝綽), 심약(沈約), 사조(謝朓) 등 문단의 대가들을 죽 들고 나서 이런 사람들이라면 암중모색(暗中摸索)을 해도 역시 알 수 있다고 말했다고 한다.

심약(沈約) : 중국 남북조시대의 학자. 시문(詩文)에 뛰어나고 음운학(音韻學)의 최고 권위자로서 사성(四聲) 연구의 개조임.

壓卷 ❈ 압권

서책 중에서 가장 뛰어난 것이나 잘 지은 대목, 시문(詩文)을 이르는 말이었으나, 오늘날에는 이것이 전용되어 가장 뛰어난 부분이나 또는 그런 물건을 가리키게 되었다.

ㅣ 풀이 ㅣ 옛날 과거를 본 뒤 성적을 채점해서 이름을 발표할 때 최우등으로 급제한 사람의 답안은 따로 꺼내어 다른 답안 위에 올려놓는 관습이 있었다. 즉 가장 우수한 답안이 다른 모든 답안을 누르는 모양에서 압권(壓卷)이란 말이 생겨난 것이다.

出典 : 미상

殃及池魚 ❈ 앙급지어

재앙이 아무런 죄도 없는 연못의 고기들에게까지 미친다는 뜻으로, 이유 없이 화를 당하게 되는 것을 말한다. 특히 뜻밖에 재난을 당하게 되는 경우에 비유되어 쓰인다.

出典 : 〈여씨춘추(呂氏春秋)〉 필기편(必己篇)

ㅣ 풀이 ㅣ 춘추시대 송나라 때에 사마환(司馬桓)이란 사람이 아주 훌륭한 보주(寶珠)를 가지고 있었는데, 죄(罪)를 짓자 재빨리 그 보주를 가지고 도망쳐 버렸다. 그런데 환이 보주를 가지고 있다는 말을 들은 왕은 어떻게든 그것을 손에 넣으려고 마음먹었다. 그래서 사람들을 풀어서

보주(寶珠) : 보배로운 구슬. 또는 위가 뾰족하고 좌우 양쪽과 위에서 불길이 타오르고 있는 모양의 구슬을 말함.

환을 찾아 보주를 숨긴 곳을 말하게 했다.

환은 아주 냉정하게 대답하었다.

"아아, 그 보주 말입니까? 그건 제가 도망칠 때 연못 속에 던져 버렸습니다."

어떤 수단을 써서라도 보주를 손에 넣고 싶었던 왕은, 환의 대답을 듣자 곧 신하들에게 명령해서 연못 속을 찾아보게 했다.

물이 있는 연못을 아무리 더듬어보아야 숨기지 않은 보주가 나올 리 없었다. 그래서 나중에는 많은 사람들을 동원하여 연못 물을 모두 퍼내게 했으나 끝끝내 찾을 수가 없었다. 결국 연못의 물고기들만 죽게 된 것이다.

또 춘추전국시대에 초(楚)나라 왕궁에서 기르고 있던 원숭이가 도망쳤다. 그래서 원숭이를 잡으려고 도망쳐 들어간 숲의 나무를 모두 잘라 버렸다.

또 성문에 화재가 났을 때는 옆에 있는 연못의 물로 이 불을 끄게 되었다. 그래서 연못 물이 말라 버려 물고기가 모두 죽어 버렸다고 한다.

羊頭狗肉 ❀ 양두구육

出典 : 〈항언록(恒言錄)〉,
〈안자춘추(晏子春秋)〉

양의 머리를 걸어놓고 개고기를 판다는 현양두매구육(縣羊頭賣狗肉)이란 말이 줄어진 것으로, 겉은 그럴듯하고 보기 좋으나 속은 허술한 경우에 흔히 사용한다.

251

| 풀이 | 춘추시대의 제영공(齊靈公)은 어여쁜 여자에게 남자의 옷을 입혀놓고 즐기는 별난 취미를 가지고 있었다. 궁중의 이같은 풍습은 곧 백성들에게까지 퍼져 제나라에는 남장을 하는 여자들이 날로 늘어가고 있었다.

이 말을 전해 들은 영공은 천한 것들이 임금의 흉내를 낸다고 해서 이를 금하라는 영을 내렸다. 그러나 좀체로 그런 풍조(風潮)가 없어지지를 않았다.

그 까닭을 이해할 수 없었던 영공은 안자에게 물었다. 그러자 안자는 이렇게 대답했다.

"임금께선 궁중에서는 여자에게 남장을 하게 허락하시면서 밖으로 백성들만 못하도록 금지하고 계십니다. 이것은 양의 머리를 문에다 걸어놓고 안에서는 개고기를 파는 것과 같습니다. 임금께서는 어째서 궁중에도 같은 금령을 실시하시지 않습니까? 만약 궁중에서 먼저 실시하시면 밖에서는 감히 남장하는 여자가 없게 될 것입니다."

영공은 곧 궁중에서도 남장을 금했다. 그랬더니 과연 한 달이 채 못 되어서 제나라 전체에 남장한 여자가 없게 되었다는 이야기이다.

풍조(風潮) : 시대에 따라 변하는 세태. 세상이 되어 가는 추세.
안자(晏子) : 안영(晏嬰)의 존칭.

梁上君子 ❖ 양상군자

대들보 위의 군자라는 뜻으로, 도둑을 일컫는 말이나 천장의 쥐를 말할 때도 쓴다.

出典 : 〈후한서(後漢書)〉 진식전(陳寔傳)

| 풀이 | 후한(後漢) 말, 진식(陳寔)이란 사람이 태구현(太丘縣)의 장(長)으로 부임해 왔다. 거만하지 않고, 남의 외로움을 잘 알며, 일을 하는 데 공정했으므로 태구현을 잘 다스리고 있었다.

그러던 어느 해 농사가 흉작이 되어 백성들이 괴로움을 겪고 있을 때였다. 진식이 책을 읽고 있자니 한 사나이가 그 방으로 숨어 들어와 살짝 들보 위에 엎드렸다. 도둑이라고 생각한 진식은 모르는 체하고 있다가, 잠시 후 아들과 손자들을 불러들여 정색을 하고 훈계를 하였다.

"무릇 사람은 스스로 노력하지 않으면 안 된다. 나쁜 사람이라 해도 본성이 다 그런 것은 아니다. 행실이 습관이 되고, 습관이 본성이 되어 나쁜 짓을 하게 된다. 예를 들어 지금 들보 위에 있는 군자도 그렇다."

진식의 말에 감동되어 도둑은 대들보 위에서 내려와 방바닥에 머리를 조아리고 벌을 받기를 자청했다. 진식은 물끄러미 보고 있다가 말하였다.

"자네의 얼굴이나 모습을 보니 나쁜 사람 같지는 않네. 아마도 가난에 못 이겨 한 짓이겠지."

진식은 도둑에게 비단 두 필을 주어 돌려보냈다. 그 일이 있은 후 그의 관할 구역에는 도둑이 없어졌다고 한다.

정색(正色) : 얼굴에 엄정한 빛을 나타냄, 또는 그 표정.

良藥苦口 ◈ 양약고구

좋은 약은 입에 쓰나 병에는 잘 듣는다는 말로, 충언(忠言)은 귀에 거슬리나 행실에는 많은 도움을 준다는 의미로 남에게 충고할 경우에 쓰인다.

出典 : 〈사기(史記)〉 유후세가(留侯世家)

| 풀이 | 한(漢) 원년(기원전 26년) 유방이 진의 수도였던 함양(咸陽)으로 들어갔을 때의 일이다.

술과 여자를 좋아하는 유방은 진의 아방궁으로 들어가자 화려한 장막, 수많은 재보, 거기다 수천 명에 이르는 궁녀에 마음이 끌려 그곳을 떠나고 싶지 않았다.

재보(財寶) : ① 보배로운 재물. ② 재화와 보물.

이런 유방의 마음을 알아차린 번쾌가 유방에게 간언했다.

"이 궁전에서 나가셔야 합니다."

그러나 유방은 듣지 않았다. 그것을 안 참모인 장량(張良)은 궁전을 보인 것이 잘못이라 생각하고 유방에게로 갔다.

"애당초 진(秦)이 도리에 어긋나는 짓만 해서 인심이 떠났기 때문에 주군께서 이렇듯 진의 영지를 점령할 수가 있었던 것입니다. 천하를 위해서 적을 제거했다면 검소한 생활을 해야 합니다. 지금 진의 땅으로 들어오자마자 환락에 젖는다면 그야말로 저 호화로웠던 하(夏)의 걸왕을 도와 잔혹한 짓을 따르는 결과가 되고 맙니다. '충언은 귀에 거슬리나 행실에는 이가 되고, 좋은 약은 입에 쓰나 병에는 잘 듣는다(忠言逆耳利於行 良藥苦口利於病).'는 말이 있습니다. 부디 번쾌의 말을 들으십시오."

영지(領地) : 영토.

충언을 받아들인 유방은 진의 창고를 봉인하고 다시 패상으로 돌아갔으므로 인망이 오른 것은 말할 나위도 없다.

인망(人望) : 세상 사람이 우러러 칭찬하고 따르는 덕망을 말함.

본디 유방은 농민 출신이었다. 그런데 역시 같은 농민 출신인 진승(陳勝)과 같이 실패를 하지 않은 것은 부하가 유능했기 때문이기도 하고, 부하들이 존경해서 따르는 인품의 소유자였기 때문이기도 하다.

漁父之利 ❖ 어부지리

出典 : 〈전국책(戰國策)〉

도요새와 민물조개가 서로 다투다가 둘 다 어부에게 잡히고 마는 것과 같이, 두 사람이 이해관계로 한 치의 양보도 없이 다투는 동안에 제3자가 이득을 보게 되는 것을 말한다.

| 풀이 | 전국시대의 연(燕)은 중국의 북동부에 자리하여 서쪽으로는 조(趙)에, 남쪽으로는 제(齊)에 접하고 있었으므로 끊임없이 침략의 위협을 느끼고 있었다.

기근(飢饉) : 흉년으로 식량이 모자라서 굶주리는 상태.

어느 해, 연이 기근으로 곤경에 빠져 있을 때 조가 그 틈을 노려 침략하려고 했다. 연은 많은 병력을 제(齊)로 보내고 있을 때인만큼 조와 전쟁을 벌이고 싶지 않았다. 그래서 소대(蘇代)를 보내 조왕(趙王)을 설득해 보기로 했다.

소대는 합종책(合從策)으로 유명한 소진(蘇秦)의 동생으로 형이 죽은 후 그 종횡가(縱橫家)로서의 맥을 이어 연왕

쾌(燕王噲)로부터 소왕에 이르기까지 제(齊)에 있으면서 여러모로 연을 위해 힘을 쓴 사람이다.

조나라로 건너간 소대는 혜문왕을 자신있게 설득했다.

"저는 오늘 귀국으로 올 때, 역수를 지나다가 무심코 강변을 보았는데 민물조개가 입을 벌리고 햇볕을 쬐고 있었습니다. 그때 도요새가 날아와 그 민물조개의 살을 쪼았습니다. 민물조개는 깜짝 놀라 급히 껍질을 닫아 그 새의 부리를 물고 놓지 않았습니다. 어떻게 될까 하고 저도 모르게 걸음을 멈추고 보고 있으려니 도요새가 말했습니다. '이대로 있다가는 오늘도 비가 오지 않고 내일도 비가 오지 않으면 너는 죽을 수밖에 없다.' 민물조개도 지지 않고 '내가 오늘도 놓지 않고 내일도 놓지 않으면 너는 죽는다.' 하고 말했습니다. 양쪽이 다 고집을 부리고 말다툼만 할 뿐 서로 화해하려고 하지 않았습니다. 그때 지나가던 어부가 그것을 보고 둘 다 간단히 잡아 버렸습니다. 이때 제 머릿속에 번개같이 어떤 생각이 스쳐갔습니다. 왕께서 지금 연을 공격하실 생각이시지만, 연이 민물조개라면 조는 도요새입니다. 연과 조가 헛되이 다투어서 백성들을 피폐시킨다면 저 강대한 진이 어부가 되어 힘 하나 안 들이고 두 나라를 집어삼킬 것입니다."

조의 혜문왕은 이 말을 듣고 조와 접한 진의 위력을 무시할 수 없음을 생각하고 연의 침공을 포기했다.

역수(易水) : 연과 조의 국경을 이루는 강.

掩耳盜鈴 ❖ 엄이도령

出典 : 〈여씨춘추(呂氏春秋)〉불구론(不苟論)의 자지편(自知篇)

귀를 막고 방울을 훔친다는 뜻으로, 자기가 듣지 않으면 남도 듣지 않는 줄 아는 어리석은 행동을 일컫는다. 즉 눈가리고 아웅하는 식을 말한다.

| 풀이 | 진(晉)나라 육경(六卿)의 한 사람인 범씨(范氏)는 다른 네 사람에 의해 중행씨(中行氏)와 함께 망하게 되었다.

이 범씨가 망하게 되자 혼란한 틈을 타서 범씨 집 종(鐘)을 훔친 자가 있었다. 그러나 종을 지고 가기에는 너무 무거웠기 때문에 이를 깨뜨려서 가지고 갈 생각으로 망치로 종을 내리쳤다. 그러자 꽝! 하는 요란한 소리가 났고, 도둑은 혹시 다른 사람이 그 소리를 듣고 와서 자기가 훔친 것을 빼앗아 갈지도 모른다는 두려운 생각이 든 나머지 얼른 손으로 자신의 귀를 막았다는 얘기이다.

〈여씨춘추〉에는 이 이야기를 한 다음 전국시대에 명군(名君)의 하나였던 위문후(魏文侯)의 이야기를 다음과 같이 들어 바른말 하는 신하를 소중히 여겨야 한다는 비유로 쓰고 있다.

위문후가 신하들과 술을 마시는 자리에서 자신에 대한 견해를 기탄없이 들려 달라고 한 적이 있었다. 그러자 대신들은 한결같이 임금의 좋은 점만 들어 칭찬을 했다. 그러나 임좌(任座)의 차례가 되자 그는 임금의 숨은 약점을 들어 이렇게 말했다.

기탄(忌憚) : 어렵게 여겨 꺼림.

257

"임금께서는 중산(中山)을 멸한 뒤에 아우를 그곳에 봉하지 않으시고 태자를 그곳에 봉하셨습니다. 그러므로 어두운 임금인 줄로 아뢰옵니다."

그 말을 들은 문후가 무심코 얼굴을 붉히며 노여운 기색을 보이자 임좌는 문후를 경멸하는 듯한 표정을 짓고 급히 밖으로 나가 버렸다.

그러자 다음 차례인 적황(翟黃)이 이렇게 말했다.

"우리 임금님은 밝으신 임금입니다. 옛말에 임금이 어질어야 신하가 바른말을 할 수 있다 했습니다. 방금 임좌가 바른말 하는 것을 보니 임금께서 밝으신 것을 알 수 있습니다."

이 말을 들은 문후는 곧 자신의 태도를 반성하고 급히 임좌를 부르게 한 다음 몸소 뜰 아래까지 내려가 그를 맞이한 후 상좌(上座)에 앉게 했다 한다.

상좌(上座) : 윗자리. 높은 자리.

逆鱗 ❖ 역린

용의 턱 아래에 거슬러서 난 비늘을 건드리면 반드시 죽임을 당한다는 데서 나온 말로, 군주의 노여움을 비유하여 일컫는다.

出典 : 〈한비자(韓非子)〉 세난편(說難篇)

ㅣ풀이ㅣ 용(龍)은 불가사의한 힘을 가지고 있는 상상상(想像上)의 동물이다. 기린·봉황·거북과 함께 사령(四靈)이

라고 한다. 비늘이 있는 것의 장(長)으로 능히 구름을 일으키고 비를 부른다고 한다.

〈한비자〉의 세난편(說難篇)을 보면 이 용을 들어 군주의 노여움을 비유하고 있다.

"용은 순한 짐승이다. 길들이면 타고 다닐 수도 있을 정도이다. 그러나 그 턱 밑에 지름이 한 자쯤 되는 거꾸로 붙은 비늘, 역린(逆鱗)이 하나 있다. 만약 이것에 손을 대는 자가 있으면 용은 반드시 그 사람을 찔러 죽이고 만다. 군주에게도 그 역린이 있다."

連理枝 ❖ 연리지

出典 : 〈후한서(後漢書)〉 채옹전(蔡邕傳)

서로 다른 나무의 가지가 맞닿아서 서로 결이 통하게 되는 것으로, 보통 효(孝)에 결부시켜 이야기하였으나 지금은 부부 또는 남녀의 애정의 깊음을 비유하여 쓴다.

채옹(蔡邕) : 후한 말의 문인 · 서예가. 자는 백개(伯喈). 박학하고 시문(詩文)에 능하며, 수학 · 천문 · 서도 · 음악 등에도 뛰어났음. 영자팔법(永字八法)을 고안하였다 함.

| 풀이 | 후한 말의 문인 채옹(蔡邕)은 경전의 문자 통일을 꾀하며 태학문(太學門) 밖에 비를 세운 것으로 알려졌지만 효자로서도 유명하다.

그의 어머니는 병든 몸으로 만년에는 줄곧 병석에 누워 있었다. 옹은 병간호에 정신을 쏟느라 3년 동안 옷을 벗고 편안하게 잠을 잔 적이 없었다. 또 어머니의 병이 위중해진 후 백 일 동안은 잠자리에도 들지 않았다 한다. 어머니

가 돌아가시자 그는 무덤 곁에 초막을 짓고 거기서 복상 **복상**(服喪) : 거상을 입음.
(服喪)을 하며 예법에 따라 그대로 실행했다.

그후 옹의 방 앞에 두 그루의 나무가 자라났는데, 차츰
차츰 서로 붙더니 나중에는 나무결까지 하나가 되고 말았
다. 세상 사람들은 그것을 기이하게 여겨 옹의 효도가 이
진기한 현상을 가져왔다고 전하였다.

여기서는 연리(連理)를 효와 결부시켜 말하고 있으나,
후에는 오히려 송(宋)나라 강왕(康王)의 포학에 굴하지 않
았던 한빙(韓憑)과 그의 처 하씨(何氏)의 이야기로 부부애
를 비유하는 말로 쓰이게 되었다.

백거이(白居易)의 장한가(長恨歌)에 현종 황제와 양귀비 **백거이**(白居易) : 중국 당나
라의 대표적 시인. 자는 낙
천(樂天).
가 서로 맹세한 말에서 그 예를 찾을 수 있다.

"하늘에 있어서는 원컨대 비익(比翼)의 새가 되고, 땅에
있어서는 원컨대 연리의 가지가 되겠다."

'비익의 새'는 날개가 하나밖에 없는 새로 두 마리가 나
란히 합쳐져야 비로소 날 수가 있다고 한다.

緣木求魚 ❖ 연목구어

나무에서 물고기를 잡으려 한다는 뜻으로, 불가능한 일 **出典** : 〈맹자(孟子)〉 양혜왕
상(梁惠王上)
을 억지로 하려는 무리를 일컫는다.

| 풀이 | 제(齊)나라의 선왕(宣王)이 춘추시대의 패자였던

패업(覇業) : 남을 정복하여
무력으로 천하를 다스리는
일.

제의 환공(桓公)과 진(晉)의 문공(文公)의 패업을 듣고 싶어
하자 맹자가 물었다.

"도대체 왕께서는 전쟁을 일으켜 병사와 신하의 생명을
위태롭게 하고 이웃나라의 제후와 원한을 맺는 것이 좋습
니까?"

"아닙니다. 내 어찌 그것을 좋다고 하겠습니까. 장차 내
가 크게 하고자 하는 것을 구하려 하는 것이외다."

대망(大望) : 큰 희망.

"왕의 그 대망이란 것이 무엇인지 말씀해 주십시오."

왕이 웃으며 말하지 않자 맹자가 말했다.

"살찐 것과 달콤한 것이 입에 족하지 못하며, 가볍고 따
뜻한 옷이 몸에 족하지 못합니까? 아니면 아름다운 색이
눈에 보이는 것이 족하지 못하고 풍악소리가 귀에 들림이
족하지 못하며, 총애하는 사람을 부리는 데 족하지 못해
서입니까? 이런 것들은 모두 충분할 터인데 왕께서는 어
찌 이런 것들 때문에 그러하십니까?"

"아닙니다. 내가 그런 것을 구하고자 하는 게 아닙니다."

맹자가 다시 말했다.

"왕께서 크게 하고자 하시는 바를 이미 다 알겠습니다.

전토(全土) : 국토의 전체.
온 나라 안.

영토를 확장하여 진(秦)이나 초(楚) 같은 대국이 인사를 드
리러 오게 하고, 중국 전토를 지배해서 사방의 오랑캐들을
그런 무력적인 방법으로 거느리려고 하시는 것이지요. 하
지만 그것은 마치 나무에 올라가 물고기를 얻고자 하는 것
과 같습니다(然則王之所大欲 可知已 欲辟土地朝秦楚 莅中國而
撫四夷也 以若所爲 求苿所欲 猶緣木而求魚也)."

261

왕이 깜짝 놀라며 물었다.

"그토록 무리란 말입니까?"

"예, 나무에 올라가 물고기를 잡으려는 것보다 더 무리입니다. 나무에서 물고기를 잡으려는 것은 비록 물고기를 잡지 못하더라도 뒤따르는 재난은 없습니다. 그러나 왕과 같은 방법으로 대망을 달성하려고 하시면 심신(心身)을 다하되 결국은 백성을 잃고 나라를 파(破)하는 대재난이 닥칠 뿐 좋은 결과는 오지 않습니다."

하고 맹자는 대답하였다.

曳尾塗中 ❖ 예미도중

꼬리를 진흙 속에 끌고 다닌다는 뜻으로, 부귀로 인해 속박받는 생활보다는 차라리 가난을 즐기며 자유롭게 사는 편이 낫다는 것을 비유해서 쓰는 말이다.

出典 : 〈장자(莊子)〉 추수편(秋水篇), 열어구편(列禦寇篇)

| 풀이 | 장자가 복수(濮水) 가에서 낚시질을 하고 있을 때 초나라 왕이 두 대신을 보내어 장자를 청했다.

"선생님께 나라의 정치를 맡기고 싶습니다."

장자는 낚싯대를 잡은 채 돌아보지도 않고 말했다.

"들으니 초나라에는 신귀(神龜)라는 3천년 묵은 죽은 거북을 왕이 비단 상자에 넣어 묘당(廟堂) 안에 간직하고 있다더군요. 그 거북이 살았을 때 죽어서 그와 같이 소중하

묘당(廟堂) : ① 종묘(宗廟). ② 나라의 정치를 다스리는 조정.

게 여기는 뼈가 되기를 원했겠소, 아니면 그보다 살아서 꼬리를 진흙 속에 끌고 다니기를 바랐겠소(寧其死爲留骨而貴乎 寧其生而曳尾塗中乎)."

"그야 물론 살아서 진흙 속에 꼬리를 끌고 다니기를 바랐겠지요."

"그렇다면 이제 그만 돌아가 주시오. 나는 진흙 속에 꼬리를 끌겠으니."

이와 비슷한 형태의 같은 뜻을 지닌 이야기가 〈장자〉의 열어구편에도 나온다.

어느 임금이 장자를 초빙했다. 장자는 사신에게 이렇게 말했다.

"당신들은 제사에 쓰는 소를 보았겠지요. 비단옷을 입히고 풀과 콩을 먹이지만 끌려 태묘(太廟)에 들어가게 되었을 때 그 소가 외로운 송아지가 되기를 바란들 무슨 소용이 있겠소."

〈사기〉에는 장자의 이 두 이야기를 하나로 묶어 초위왕(楚威王)이 사신을 보내 장자를 초빙했을 때 장자는 제사에 쓰이는 소를 더러운 도랑에서 자유롭게 놀고 있는 돼지새끼에 비유하여, 몇 해 부귀를 누리다가 권력투쟁의 제물이 되는 것보다는 차라리 평민의 몸으로 평생을 아무 탈 없이 보내고 싶다면서 거절한 것으로 기록하고 있다.

태묘(太廟) : 중국 제왕가(帝王家)의 조상의 위패를 모신 사당. 종묘(宗廟).

五里霧中 ◈ 오리무중

5리(五里)나 이어지는 짙은 안개 속에서는 동서를 분간하기 어렵다는 뜻으로, 그 행방이나 단서를 찾기가 어려운 경우와 마음을 어떻게 정하면 좋을지 몰라 갈팡질팡할 때를 비유해서 쓴다.

出典 : 〈후한서(後漢書)〉 장해전(張楷傳)

| 풀이 | 환관과 외척이 정권을 손아귀에 넣고 있던 후한(後漢) 때 장패(張覇)라는 성도 출신의 학자가 있었다. 그는 절개와 지조가 굳어서 어떤 권세나 배경과도 야합하려 들지 않는 인물이었다.

그에게 장해(張楷)라는 아들이 있었다. 자는 공초(公超)라 하고, 역시 〈춘추(春秋)〉, 〈고문상서(古文尙書)〉에 통달한 학자로 언제나 문도(門徒)가 백 명이 넘고, 선대부터의 숙유(宿儒)들이 늘 그를 찾아왔다. 그리하여 그의 집 앞은 거마(車馬)가 길을 메웠으며 환관이나 황제의 친척들까지 그와 왕래하기를 원했다.

그러나 그도 아버지처럼 그것을 피했다. 사예(司隷)가 무재(茂才)로 추천하여 장릉(長陵)의 영(令)으로 임명했으나 벼슬길에 나가지 않고 홍농산중(弘農山中)에 은거해 버렸다. 그러자 학자들이 그를 쫓아 따르니 그의 거소는 저자를 이루었다고 한다.

후에는 화음산(華陰山) 남쪽 기슭에 마침내 공초시(公超市)가 서게 되었다. 이렇게 되자 중신(重臣)들은 몇 번이고

야합(野合) : 떳떳하지 못한 야망을 이루기 위하여 서로 어울림.

문도(門徒) : 제자.

숙유(宿儒) : 학식과 덕망이 높은 선비.

거소(居所) : 거주하는 처소. 거처.

현량방정(賢良方正)으로 추천했으나 역시 사양하여 나오지 않았다.

안제(安帝)가 죽고 다음에 선 순제(順帝)는 특히 하남(河南)의 윤(尹)에게 조서를 내려,

"장해(長楷)의 행실은 원헌(原憲)을 따르고, 그 지조는 이제(夷齊)와 같다."

하고 격찬하며 예로써 맞이하게 했으나 장해는 이때도 병을 핑계로 나오지 않았다.

그런데 장해는 학문뿐 아니라 도술(道術)도 즐겨 곧잘 5리나 이어지는 안개를 일으켰다고 한다. 그때 관서 사람으로 배우(裴優)라는 자도 방술을 써서 3리에 걸치는 안개를 일으켰는데, 장해가 오리무(五里霧)를 일으킨다는 말을 듣고 그 재주를 배우려고 했으나 모습을 감추고서 만나 주지 않았다. 이렇게 해서 오리무라는 말이 생긴 것이다.

원헌(原憲) : 춘추시대의 노나라 사람. 자는 자사(子思) 또는 원사(原思). 공자의 제자로 고집이 세고 지조가 굳으며 아주 청빈하게 살았음.

五十步百步 ❖ 오십보백보

오십 보를 도망친 자나 백 보를 도망친 자나 본질적으로 같다. 즉 행동의 차이는 있지만 결과는 같다는 뜻에 사용되며 대동소이(大同小異)하다는 경우와도 뜻이 통한다.

| 풀이 | 맹자가 위(魏)나라의 왕인 혜왕(惠王)에게 초청을 받았을 때의 이야기이다.

出典 : 〈맹자(孟子)〉 양혜왕편(梁惠王篇)

위나라는 당시, 서로는 강국인 진(秦)나라에게 압박받고 또 동으로는 제(齊)나라와의 싸움에서 대패하여 역경 속에 있었다. 혜왕은 이름있는 현사나 재사를 불러 의견을 듣거나 채용하는 등, 국운 만회에 적극 노력하고 있었다.

현사(賢士) : 어진 선비.
재사(才士) : 재주가 있는 남자.

혜왕이 맹자에게 물었다.

"백성을 생각하라는 당신의 가르침에 변변치 못한 과인이지만 마음을 다하고 있다고 생각합니다. 예를 들어 하내 지방에 흉년이 들었을 때는 그 백성을 하동 지방으로 이주시켜 하동의 곡식을 운반해다 먹이고, 그 반대로 하동 지방에 기근이 들었을 때는 하내로 이주시켜 곡식을 하동으로 운반하는 등 애를 쓰고 있습니다만 백성들은 과인을 따라 모여들지 않습니다. 이웃 나라의 백성은 여전히 줄지 않고 과인의 백성은 더 많아지지 않음은 어찌된 일입니까?"

이 말을 받아 맹자가 대답했다.

"왕께서는 전쟁을 좋아하시니 거기에 비유해서 말씀드리겠습니다. 전쟁터에서 서로 격전을 벌이고자 개전을 알리는 북소리가 우렁차게 울렸다고 합시다. 백병전이 전개되었습니다. 그때 어떤 병사가 겁을 먹고는 갑옷과 투구를 벗어 던지고 창을 끌면서 정신없이 도망을 쳤습니다. 그리하여 백 보쯤 가서 섰습니다. 그러자 뒤따라서 도망쳤던 자가 오십 보에서 멈춰서더니 백 보를 도망친 자에게 겁쟁이라며 비웃었다고 한다면 어떻겠습니까?"

개전(開戰) : 전쟁의 시작. 또는 전쟁을 시작함.

"오십 보나 백 보나 도망치기는 마찬가지가 아니오?"

"왕께서 그것을 아신다면 인접 국가보다 백성이 많아지

기를 바라지 마십시오."

결국 인접국의 정치나 왕의 정치나 맹자의 왕도(王道)에서 보면 아무리 혜왕이 백성을 생각한다 해도 역시 오십 보 백 보의 차이라고 말한 것이다.

吳越同舟 ❖ 오월동주

出典 : 〈손자병법(孫子兵法)〉 구지편(九地篇)

적국의 원수인 오(吳)와 월(越)나라 사람이 같은 배에 타고 있다는 말로, 아무리 원수지간이라도 한 배에 탄 이상 목적지에 도착할 때까지는 서로 운명을 같이하고 협력하게 된다는 뜻이다. 또 사이가 좋지 못한 사람이 한자리에 동석하게 되는 경우를 가리키기도 한다.

손무(孫武) : 기원전 6세기경 춘추시대 제나라의 병법가. 오왕(吳王) 합려(闔閭) 밑에서 절도와 규율 있는 군사를 양성하였다.

| 풀이 | 〈손자〉는 중국의 유명한 병서로 춘추시대 오(吳)나라의 손무(孫武)가 쓴 것이다. 제11편 구지(九地)에 보면 다음과 같은 문장이 나온다.

"대저 오나라 사람과 월나라 사람은 서로 미워한다. 그러나 그들이 같은 배를 타고 가다가 바람을 만나게 되면 서로 돕기를 좌우의 손이 함께 협력하듯 한다(夫吳人與越人相惡也 當其同舟而濟遇風 其相求也 如左右手)."

이해관계를 같이하는 사람은 서로 아는 사이이건 모르는 사이이건 간에 자연히 서로 돕게 된다는 뜻을 지닌 말로서, 동주상구(同舟相求), 동주제강(同舟濟江) 등이 오월동주와 같이 쓰이고 있다.

吳下阿蒙 ❖ 오하아몽

전문은 비부오하아몽(非復吳下阿蒙)으로 오(吳)에 있을 때의 몽이 아니라는 뜻으로, 한참 만나 보지 못한 사이에 놀랄 만큼 발전을 보인 사람을 말하나, 오하아몽은 반대로 예전 그대로여서 조금도 진보되지 않은 자나 학문이 보잘것없는 인물을 가리킨다.

出典 : 〈삼국지(三國志)〉 강표전(江表傳)

| 풀이 | 위(魏), 오(吳), 촉한(蜀漢)이 정립해서 싸우고 있던 삼국 시대의 어느 날, 오왕 손권은 신하들에게 이와 같이 말했다.

"학문이란 자기 스스로가 개척해 나가야 한다. 저 여몽(呂蒙)은 처음에 아무런 학문도 없었으나 내가 배울 것을 권해 여몽은 끊임없이 노력했다. 그러는 동안 노숙(魯肅)이 몽과 의논을 해 보았다. 그런데 노숙이 당해낼 수 없으리만큼 박식하였다. 노숙은 기뻐하여 몽의 등을 쓰다듬으며 말했다. '그대가 무략에 뛰어난 줄은 잘 알고 있으나 이렇게 학식마저 넓으니 이젠 오에 있을 때의 몽하고는 아주 딴판이로구나(非復吳下阿蒙).' 그러자 아몽은 '대저 선비란 헤어져 3일이 지나면 다음에 만날 때 눈을 비비고 보아야 한다. 나날이 진보되는 것이다(士別三日 卽更刮目相

정립(鼎立) : 솥발 모양으로 셋이 벌여 섬.

무략(武略) : 군사를 부리는 꾀.

對).'하고 의기양양하게 말했다 한다."

아몽(阿蒙)의 아(阿)는 애칭이다. 젊어서부터 그를 알고 있던 노숙은 여몽을 이렇게 불렀던 것이다. 이것을 출전으로 하여 비부오하아몽(非復吳下阿蒙)이란 말이 학문이 진보되었을 때나 면목을 일신했을 경우를 나타내는 데 쓰이게 되었고, 반대로 오하아몽(吳下阿蒙)은 오에 있을 때의 몽이라는 뜻 그대로 진보가 없음을 나타내는 말이 되었다.

면목(面目) : 사물의 모양. 일의 상태. 태도나 모양.
일신(一新) : 아주 새로워짐. 새롭게 함.

烏合之衆 ❖ 오합지중

出典 : 〈후한서(後漢書)〉 경감전(耿弇傳)

까마귀가 모인 것같이 전혀 질서가 잡혀 있지 않아 통일성과 규칙이 없는 군중을 일컫는다. 어중이떠중이의 모임을 가리키며 오합지졸(烏合之卒)이라고도 한다.

| 풀이 | 전한(前漢) 말 외척인 왕망(王莽)이 나라를 빼앗아 국호를 신(新)이라 고치고 새로운 정책을 실시하였으나 실패하여 도처에서 반적이 횡행하게 되니 천하는 다시 대혼란에 빠지고 말았다.

반적(叛賊) : 자기 나라를 배반한 역적.

이때 유수(劉秀) 등이 군사를 일으켜 왕망을 몰아내고 23년에는 경제(景帝)의 자손인 유현(劉玄)을 황제로 삼아 다시 한(漢)의 세상으로 되돌려 놓았다.

그러나 천하가 조용해진 것은 아니었다. 각지에 군웅(群雄)이 할거하고 적미의 적도 아직 기세를 올리고 있어 대

군웅(群雄) : 같은 시대에 태어난 많은 영웅.

사마(大司馬)가 된 유수는 군사(軍事)에 여념이 없었다. 그 중 한단(邯鄲)에 웅거한 왕랑이란 자가 스스로 천자라 칭하고 군사를 일으켰는데, 그 기세가 대단했으므로 이듬해 24년 유수는 군대를 이끌고 정벌에 나섰다.

그러던 차에 하북성(河北省)의 상곡(上谷) 태수 경황(耿況)은 전부터 유수의 인격을 흠모하고 있었으므로, 아들 경감(耿弇)을 유수의 휘하로 보내기로 했다. 경감은 이때 나이 21세, 준민하고 사려가 깊은데다가 병법을 좋아했기 때문에 매우 기뻐하며 유수의 휘하로 달려갔다.

길을 떠난 경감은 도중에 왕랑이 한단에서 군사를 일으켜 천자라 칭하고 있다는 소식을 전해 들었다. 그러자 수하인 손창(孫倉)과 위포(衛包)가 왕랑을 두둔하고 나섰다.

"유자여는 성제의 아들로 한(漢)의 혈통을 이어받은 분이다. 이런 사람을 놓아두고 어디로 가려는 것인가?"

경감은 머리끝까지 화가 치밀어 두 사람을 끌어내 칼을 뽑아들고 말했다.

"왕랑이란 본래 이름도 없는 도적인데 유자여라고 황자의 이름을 사칭(詐稱)하여 난을 일으킨 것이다. 내가 장안에 들어가 상곡(上谷), 어양(漁陽)의 군대를 이끌고 태원(太原), 대군(代郡) 방면으로 나아가 오합지중인 왕랑의 군사를 친다면 썩은 나무를 쓰러뜨리는 것과 같아 왕랑을 포로로 잡게 될 것이다. 너희들이 그런 사리도 모르고 적과 한패가 된다면 곧 패망해서 일족이 멸망을 당하리라."

그러나 두 사람은 결국 왕랑에게로 도망쳐 버렸으므로

웅거(雄據) : 어떤 지역에 자리잡고 굳게 막아 지킴.

휘하(麾下) : 주장(主將)의 지휘 아래, 또는 그 아래 딸린 사졸.

사칭(詐稱) : 성명 · 직함 · 주소 · 연령 따위를 속여 일컬음.

경감은 억지로 붙잡으려고 하지 않고 유수에게로 길을 재촉했다. 그리하여 유수를 도와 많은 무공을 세우고 후에 건의대장군(建儀大將軍)에 임명되었다.

屋上架屋 ❖ 옥상가옥

出典 : 〈세설신어(世說新語)〉문학편(文學篇)

지붕 위에 또 지붕을 얹는다는 말로, 공연한 헛수고를 하거나 필요없는 일을 이중으로 하는 것을 가리키는 말이다.

| 풀이 | 동진(東晉)의 유중초(庾仲初)가 수도 건강(建康)의 아름다움을 묘사한 〈양도부(揚都賦)〉라는 시를 지었을 때, 그는 먼저 이 글을 친척인 세도 재상 유양(庾亮)에게 보냈다.

그랬더니 유양은 친척간의 정리를 생각해서 과장된 평을 해 주었다.

"그의 양도부는 좌태충(左太沖)이 지은 삼도부(三都賦)와 비교해도 조금도 손색이 없다."

좌태충(左太沖) : 태충은 3세기 후반 중국 진나라의 시인인 좌사(左思)의 자. 시에 뛰어나 웅장하고 화려한 글을 썼으나, 워낙 글 쓰는 것이 느렸다고 함.

그러자 사람들은 서로 다투어 유중초의 이 시를 베껴서 벽에 붙여놓고 감상하느라 장안의 종이값이 오를 정도였다.

그러나 이와 같은 경박한 풍조에 대해 태부(太傅)로 있는 사안석(謝安石)은 이렇게 나무랐다.

"저 시는 마치 지붕 밑에 또 지붕을 만든 것 같구나(不得爾 此是屋下架屋耳). 똑같은 소리를 반복한 데 지나지 않아. 저런 것을 가지고 잘되었다고 떠들어대는 사람들의 심사를 모르겠군."

결국 남의 것을 모방해서 만든 서툰 문장이란 뜻이다.

이로부터 한참 뒤인 남북조시대에 북제(北齊)의 안지추 (顔之推)라는 학자가 자손을 위해 써둔 안씨가훈(顔氏家訓) 이란 책의 서문에는 다음과 같이 적혀 있다.

"위진(魏晉) 이래로 씌어진 모든 책들은 이른바 내용이 중복되고 서로 남의 흉내만을 내고 있어, 그야말로 지붕 밑에 또 지붕을 만들고 평상 위에다 평상을 만든 것과도 같다(魏晉已來 所著諸子 理重事復 逗相摸斆 猶屋下架屋 牀上 施上牀爾)."

원전에는 지붕 밑에 지붕을 만든다는 옥하가옥(屋下架屋) 으로 나와 있으나 오늘날에는 옥상가옥으로 쓰이고 있다.

玉石混淆 ❖ 옥석혼효

옥과 돌이 한데 뒤섞여 있다는 뜻으로, 좋은 것과 나쁜 것이 뒤섞여 있어서 어느 것이 좋고 어느 것이 나쁜 것인 지를 분간할 수 없을 때 사용하는 말이다.

出典 : 〈포박자(抱朴子)〉 외 편(外篇) 상박편(尙博篇)

| 풀이 | 〈포박자〉는 진(晉)의 갈홍(葛洪)이 지은 책으로 내외편(內外篇) 70권으로 되어 있다. 그 중 외편에 다음과 같이 나와 있다.

"〈시경〉이니 〈서경〉이니 하는 정경[正經 ; 경전(經典)] 이

갈홍(葛洪) : 중국 동진(東 晉) 초기의 도가(道家). 자 는 치천(稚川), 호는 포박 자. 성품이 욕심이 적어 영 리를 탐내지 않았으며, 신 선 도술을 좋아하여 평생 그 수련에 노력했다.

도의(道義)의 대해(大海)라면 〈제자백가〉의 서(書)는 그것을 더하고 깊게 하는 강의 흐름이며, 방법은 다를지라도 역시 덕(德)을 위주로 하는 점에서는 변함이 없다. 옛사람들은 재능을 얻기 어려움을 개탄하고 곤산지옥(崑山之玉)이 아니라고 해서 야광주(夜光珠)를 버리거나 성인의 글이 아니라고 해서 수양에 도움이 되는 말을 버리거나 하지는 않았었다.

그런데 한(漢), 위(魏) 이래 가언(嘉言)이 많이 나와 있는데도 그것의 가치판단을 할 수 있는 성인이 나타나지 않고, 견식이 좁은 패거리들은 좁은 안목에만 사로잡혀 자의의 해석에만 신경을 쓰되 기이한 점을 가볍게 여겨 불필요한 것으로 간주한다. 또한 도(道)가 좁아서 볼 만한 것이 못 된다든가 너무 넓고도 깊어서 사람들의 사고를 어지럽게 하는 것이라고 말한다. 진애(塵埃)도 쌓이면 태산이 되고 많은 색(色)이 모여서 눈이 부실 정도의 아름다움을 이루는 것도 모르는 것이다. 천박한 시부(詩賦)를 감상하는가 하면 의의 깊은 자서(子書)를 가볍게 여겨 유익한 금언(金言)을 깔보기도 하고, 실이 없고 공허한 것을 그럴듯하게 생각한다. 참됨과 거짓이 반대가 되고 옥과 돌이 한데 뒤섞인다는 것으로 아악도 속악과 같이 보고 아름다운 옷이나 누더기를 똑같은 것으로 생각하고 있다(眞僞顚倒 玉石混淆 同廣樂於桑同 鈞龍章於卉服). 그러면서도 모두들 태평스럽게 지내고 있는 것은 참으로 한탄스럽기 짝이 없다."

가언(嘉言) : 본받을 만한 좋은 말.

자의(字義) : 글자의 뜻.

진애(塵埃) : 티끌. 세상의 속된 것.

자서(子書) : 제자백가의 서(書).

溫故而知新 ❖ 온고이지신

옛것을 익혀서 새것을 안다는 말로, 옛것을 익힘으로써 그것을 통하여 새로운 지식과 도리를 발견하게 된다는 뜻이다. 온고지신(溫故知新)으로 줄여서 쓰기도 한다.

出典 : 〈논어(論語)〉 위정편 (爲政篇)

| 풀이 | "옛것을 되새기어 새것을 살필 줄 알면 능히 남의 스승이 됨직하다(溫故而知新 可以爲師矣)."

이 온고이지신의 온(溫)에 대해서는 여러 가지 해석이 이루어지고 있다.

정현(鄭玄)은 심온(燖溫)과 같다고 했는데 여기서 심이란 고기를 뜨거운 물 속에 넣어 따뜻하게 하는 것을 말한다. 즉 옛것을 배워 가슴속을 따뜻하게 품은 상태를 일컫는 것이다.

주자(朱子)는 심역(燖繹)하는 것이라고 했다. 곧 찾아서 연구한다는 뜻이다.

온고이지신(溫故而知新)이라는 말은 과거와 동시에 현재를 알아야 한다는 뜻도 되지만, 과거를 알아야 현실을 더 확실히 인식하게 된다는 의미가 보다 강하게 깔려 있다.

고전(古典)의 근본 정신을 잘 알아서 새 지식을 바르게 인식하면 스승이 될 수 있다. 그러니 학문을 그런 방법으로 섭취해야 한다는 말이다.

臥薪嘗膽 ❖ 와신상담

出典 : 〈십팔사략(十八史略)〉, 〈사기(史記)〉 월세가 (越世家)

섶에 누워서 쓸개를 맛본다는 뜻으로, 복수심을 품고 언제나 그것을 생각하며 고난을 참고 견디어 심신을 단련함을 비유한 말이다.

| 풀이 | 주경왕(周敬王) 24년 오왕 합려(吳王闔閭)는 월왕 구천(越王句踐)과의 추리(檇李) 싸움에서 대패했다. 합려는 화살을 손가락에 맞아 상처를 입었는데 패주하는 바람에 충분한 가료를 받지 못해 경(陘)이라는 곳에서 죽고 말았다. 임종 때 그는 반드시 월나라에 복수하여 자신의 분함을 풀어달라고 태자인 부차(夫差)에게 유명(遺命)을 했다.

가료(加療) : 병이나 상처를 치료함.

유명(遺命) : 임금이나 부모가 임종할 때 하는 명령.

아버지의 뒤를 이어 오왕이 된 부차의 귀에는 언제나 그 아버지의 유명이 들렸다. 눈앞에는 언제나 분해하던 임종 때의 아버지의 형상이 보였다. 그는 무슨 일이 있어도 아버지의 원한을 풀어 주어야겠다는 굳은 결의로 밤마다 장작 위에 누워, 아버지의 유한을 새롭게 하며 복수심을 불태웠다. 뿐만 아니라 그는 자기 방에 출입하는 자에게는 반드시 아버지의 유명을 소리쳐 말하게 했다.

유한(遺恨) : 살아서 이루지 못하고 남긴 원한.

"부차여, 네 아비를 죽인 자는 월왕 구천이란 것을 잊어서는 안 된다."

"네, 결코 잊지 않겠습니다. 3년 이내에 반드시 원수를 갚겠습니다!"

부차는 그럴 때마다 이렇게 대답했다. 그것은 임종 때

아버지에게 대답한 말과 똑같은 말이었다. 이리하여 그는 밤낮으로 복수를 맹세하며 오로지 병사를 훈련시켜 때가 오기를 기다렸다.

월왕 구천은 그것을 알고 양신(良臣)인 범려(范蠡)의 간언에도 불구하고 기선을 잡아 오를 치려고 군사를 일으켰다. 이리하여 양군은 오(吳)의 부초산(夫椒山)에서 격돌하였다. 부차의 오군에 의해 월군은 대패하고, 구천은 패잔병을 이끌고 겨우 회계산(會稽山)으로 도망쳤다. 그러나 오군은 계속 추격하여 산을 포위해 버렸다.

진퇴양난에 빠진 구천은 범려와 함께 나라를 버리고 오왕의 신하가 된다는 조건으로 항복을 자원했다.

월왕 구천에게 항복받은 오왕 부차는 구천을 용서했다.

구천은 고국으로 돌아갈 수도 있었으나 월나라는 이제 오의 속령이고 스스로는 오왕의 신하가 된 몸이었다. 그래서 전에 부차가 장작 위에 누워 망부(亡父)의 유한을 되새기듯, 구천은 곁에 쓸개를 매달아 놓고 기거할 때나 음식을 먹을 때나 항상 그 쓴맛을 핥아(嘗膽), '회계의 치욕'을 되새기며 복수심을 자극했다. 그는 또 스스로 밭을 경작하여 조의조식에 만족하고, 인재를 등용하여 그 충언을 듣고 마음을 닦으며 오직 국력의 재흥만을 꾀했다.

구천이 회계산에서 오에게 항복한 지 12년이 지난 해의 봄, 오왕 부차는 기(杞)의 황지(黃池)에 제후를 모아놓고 천하의 패자가 되어 득의의 절정에 있었다. 그때까지 오래도록 은인자중(隱忍自重)하고 있던 구천은 범려와 함께

양신(良臣) : 어질고 충성스러운 신하. 육정(六正)의 하나. 육정은 나라에 이로운 신하로, 성신(聖臣)·양신·충신(忠臣)·지신(智臣)·정신(貞臣)·직신(直臣)을 말함.

속령(屬領) : 어떤 나라에 딸린 영토.

조의조식(粗衣粗食) : 허름한 옷과 변변찮은 음식, 또는 그런 옷을 입고 그런 음식을 먹음.

부차가 자리를 비운 틈을 노려 느닷없이 오나라로 공격해 들어갔다. 구천은 오의 잔류군을 크게 격파하였다.

그후 4년, 구천은 다시 오를 공격하여 입택(笠澤)에서 오군을 패주시켰다. 그리고 다시 2년 후, 오의 수도인 고소(姑蘇)에 육박, 이듬해 고소성을 포위하여 오왕 부차에게서 마침내 항복을 받았다. 겨우 회계의 치욕을 설욕한 구천이 부차를 용동(甬東)으로 귀양보내려 하자 부차는 스스로 목을 쳐 자살하였다. 이렇게 하여 구천은 오를 대신하여서 천하의 패자가 되었다.

蝸牛角上之爭 ❖ 와우각상지쟁

出典 : 〈장자(莊子)〉 칙양편
(則陽篇)

달팽이 뿔 위에서의 싸움이란 뜻으로, 즉 아무런 이득도 없는 보잘것없는 행동을 취하려는 어리석은 자들에게 교훈을 주는 말이다.

패권(覇權) : 패자(覇子)의 권력. 곧 우두머리나 승자의 권력.

| 풀이 | 전국시대는 중원의 제후가 패권을 다투어 약육강식하는 무력 항쟁이 그칠 날이 없었다. 장자는 이것을 달팽이 뿔 위에서의 싸움과도 같은 어리석은 행위라고 비유하였다. 〈장자〉 즉양편에 보면 다음과 같은 우언(寓言)이 나온다.

우언(寓言) : 어떤 뜻을 직접 말하지 않고 다른 사물에 비유하여 의견이나 교훈을 나타내는 말.

양혜왕(梁惠王)은 제(齊)나라의 위왕(威王)과 서로 침략하지 않기로 맹약을 맺었는데 위왕이 배반했으므로, 노해서

277

은밀히 자객을 보내어 위왕을 암살하려고 했다.

혜왕의 부하인 공손연(公孫衍)이 이 사실을 알고 왕 앞에 나아가 당당히 실력으로 제나라에 처들어가 응징하는 것이 좋은 방법이라고 주장했다. 거기에 반해 계자(季子)는 그 이야기를 듣자 병난을 일으켜서 백성을 괴롭히는 것은 수치스럽고도 무도한 행위라고 왕에게 간하였다.

"싸움을 좋아하는 자는 나라를 어지럽히는 자이니 그 말을 들으면 안 됩니다."

그러자 또 다른 신하인 화자(華子)가 왕에게 말했다.

"그들 논자(論者)는 다같이 나라를 어지럽히는 자로서, 이런 무리를 가리켜 나라를 어지럽히는 시비의 분별에만 사로잡혀 있는 자라고 할 수 있지 않겠습니까? 시비의 분별에서 떠난 도의 입장에서 사물을 생각하셔야 합니다."

그 말을 들은 재상 혜자(惠子)는 기회가 좋다고 보고, 현자로서 이름 높은 대진인(戴晉人)을 혜왕에게 인견(引見)시켰다. 대진인은 왕을 향해 말하기 시작했다.

"와우(蝸牛)라는 것이 있습니다만, 알고 계십니까?"

"알고말고."

"그 달팽이의 왼쪽 촉각에는 촉씨(觸氏)라는 자가, 오른쪽 촉각에는 만씨(蠻氏)라는 자가 나라를 세우고 있었는데, 영토를 놓고 싸워 전사자가 수만에 달했고 도망치는 적을 15일 동안이나 추격한 끝에 창을 거두었다고 합니다."

"그런 엉뚱한 거짓말이 어디 있소."

"그럼 이것을 사실에다 비유해 보겠습니다. 왕께서는

자객(刺客) : 어떤 음모에 가담하거나 남의 사주를 받고 사람을 몰래 찔러 죽이는 사람.

병난(兵難) : 전쟁으로 말미암아 입는 재난.

논자(論者) : 무엇을 논하는 사람.

인견(引見) : 윗사람이 아랫사람을 불러 봄. 여기서는 임금이 의식을 갖추어 관리를 만나 봄.

이 우주의 사방 상하에 끝이 있다고 생각하십니까?"

"그야 끝이 없지."

"그렇다면 마음을 그 무궁한 세계에 놀게 하는 자에게는 사람이 왕래하는 지상의 나라 같은 것이 있는 것 같기도 하고 없는 것 같기도 한 극히 보잘것없는 것이라고 말할 수 있겠지요."

"음 그럴듯한데."

"그 나라들 중에 위(魏)라는 나라가 있고 위나라 안에 양(梁)이라는 도읍이 있으며 그 양 속에 왕이 계십니다. 우주의 무궁에 비하면 제나라를 칠 것인가 안 칠 것인가 망설이는 왕과 와우각상의 촉씨, 만씨와 대체 얼마만큼의 차이가 있겠습니까?"

혜왕은 쓴웃음을 지으며 말했다.

"글쎄, 같을지도 모르지."

배알(拜謁) : 높거나 존경하는 사람을 찾아가 뵘.

대진인이 나가자 혜왕은 맥이 빠져서 나중에 배알하고자 나온 혜자(惠子)에게 탄식하며 말했다.

"대진인은 대단한 인물이오. 설사 성인이라도 미치지 못할 것이오."

完璧 ❀ 완벽

出典 : 〈사기(史記)〉 인상여열전(藺相如列傳)

흠이 없는 구슬 또는 구슬을 온전히 보전한다는 뜻으로, 티끌만큼의 결점도 없는 완전한 상태나 빌려온 물건

279

을 온전히 되돌려 주는 것을 나타내는 말이다.

| 풀이 | 전국시대 조(趙)나라의 혜문왕(惠文王)은 당시 천하 제일 가는 보물로 알려져 있던 화씨벽(和氏璧)을 우연히 손에 넣게 되었다. 이 소문을 전해 들은 진나라의 소양왕(昭陽王)은 어떻게 해서든 화씨벽을 손에 넣고 싶었다. 그래서 사신을 보내어 진나라의 15개 성과 화씨벽을 맞바꾸자고 청해 왔다. 조나라는 진나라의 속셈을 뻔히 알고 있어서 매우 난처해했다. 진나라는 구슬을 먼저 받아 쥐고는 성을 주지 않을 것이 뻔하기 때문이었다. 그렇다고 이를 거절하면 싸움을 걸어 올 것이 분명했다.

이럴 수도 저럴 수도 없자 혜문왕은 중신들을 모아 의논하였다. 이때 환자령(宦者令)인 유현(繆賢)이 그의 식객으로 있는 인상여(藺相如)를 추천했다. 혜문왕은 곧바로 인상여를 불러들여 대책을 물었다.

"조나라가 거절하면 책임은 조나라에 있고 진나라가 속이면 책임은 진나라에 있습니다. 이를 승낙하여 책임을 진나라에 지우는 것이 옳을 줄 아옵니다."

"그럼 어떤 사람을 사신으로 보내면 좋을꼬?"

"마땅한 사람이 없으면 신이 구슬을 가지고 가겠습니다. 성이 조나라로 들어오면 구슬을 진나라에 두고 오고, 성이 들어오지 않으면 구슬을 온전히 하여 돌아오겠습니다."

이리하여 인상여는 화씨벽을 가지고 진나라로 가게 되었다. 소양왕은 구슬을 보고 크게 기뻐하며 시신들과 후

시신(侍臣) : 근신(近臣).

궁의 미인들에게까지 구경을 시켰다. 그러면서도 진왕은 교환 조건으로 내건 15개 성에 대해서는 도무지 내색하지 않았다. 이것을 알아차린 인상여는 왕에게 말했다.

"그 구슬에는 한 군데 작은 티가 있습니다. 신이 그것을 보여 드리겠습니다."

이렇게 하여 구슬을 받아든 인상여는 기둥을 의지하고 서서 왕에게 말했다.

"조나라에서는 진나라를 의심하고 구슬을 주지 않으려 했습니다. 그런 것을 신이 굳이 진나라 같은 대국이 신의를 지키지 않을 리 없다고 말하여 구슬을 가져오게 된 것입니다. 구슬을 보내기에 앞서 우리 임금께선 닷새를 재계했는데 그것은 대국을 존경하는 뜻에서였습니다. 그런데 대왕께선 신을 진나라 신하와 같이 대하여 모든 예절이 정중하지 못했을 뿐만 아니라 구슬을 받아 미인에게까지 주어 구경을 시키며 신을 희롱하셨습니다. 신이 생각하기에 대왕께선 조나라에 성을 주실 생각이 없으신 것 같습니다. 그러므로 신은 다시 구슬을 가져가겠습니다. 대왕께서 굳이 구슬을 강요하신다면 신은 머리를 이 구슬과 함께 기둥에 부딪치고 말 것입니다."

인상여는 구슬을 들어 기둥을 향해 던질 기세를 취했다. 구슬이 깨어질까 겁이 난 소양왕은 급히 자신의 경솔했음을 사과하고 담당관을 불러 지도를 가리키며 15개의 성을 조나라에 넘겨주라고 지시했다. 그러나 모든 것이 연극이란 것을 알고 있는 인상여는 이렇게 말했다.

재계(齋戒) : 부정한 일을 멀리하고 심신을 깨끗이 함.

희롱(戲弄) : 장난삼아 놂. 장난삼아 놀림.

"대왕께서도 우리 임금과 같이 닷새 동안을 목욕 재계한 다음 의식을 갖추어 천하의 보물을 받도록 하십시오. 그렇지 않으면 신은 감히 구슬을 올리지 못하겠습니다."

이리하여 진왕이 닷새를 기다리는 동안 인상여는 구슬을 심복 부하에게 주어 조나라로 보냈다. 감쪽같이 속은 진왕은 인상여를 죽이려고 하였으나 나쁜 소문만 퍼질 것 같아 후히 대접해 돌려보냈다. 이리하여 인상여는 일약 대신의 지위에 오르게 되고 뒤이어 조나라의 재상이 되었다.

燎原之火 ❖ 요원지화

요원의 불길, 즉 무섭게 번지는 벌판의 불을 말하며 어떤 일이 무서운 기세로 확대되어 가는 형세를 가리키거나 세력이 대단해 막을 수 없는 경우에 비유되고 있다.

出典 : 〈서경(書經)〉 반경(盤庚)

| 풀이 | 은(殷)나라 탕(湯)왕의 10대손인 반경(盤庚)이 황하의 수해를 피하기 위해 수도를 옮기면서 관직에 있는 사람들을 타이르기 위해 쓴 글인 반경 상편에 있는 말이다.

"너희들은 어찌 내게 알리지도 않고 서로 어울려 뜬소문을 퍼뜨리면서 백성들을 공포 속에 몰아넣고 있느냐! 벌판에 불이 나게 되면 가까이 다가갈 수도 없는데 어떻게 그 불을 끌 수 있겠느냐(若火之燎于原 不可嚮邇 其猶可撲滅)? 곧 너희들이 스스로 불안을 만들어 낸 것이므로 나에

게 허물이 있는 것이 아니다."

龍頭蛇尾 ❖ 용두사미

出典 : 〈벽암집(碧巖集)〉

용의 머리에 뱀의 꼬리란 말로, 처음 시작은 아주 그럴 듯하게 보였으나 끝부분에 가서는 제대로 완결짓지 못하고 흐지부지하는 경우를 가리킨다.

| 풀이 | 진존자는 목주(睦州) 사람으로 그곳에 있는 용흥사(龍興寺)란 절에 있었다. 그러나 뒷날 절에서 나와 각지로 돌아다니며 짚신을 삼아서 길 가는 나그네들이 주워 신도록 길바닥에 던져놓았다고 한다.

용흥사(龍興寺) : 중국 하북성(河北城) 정정현(正定縣)에 있는 절. 대비각(大悲閣)의 42비(臂), 천수천안(千手天眼)의 관세음보살은 높이 22m로서 중국 제일의 불상임.

진존자가 늙었을 때의 일이다.

어떤 중을 만나 서로 말을 주고받는데 갑자기 상대가 "에잇!" 하고 호령을 하는 것이었다. 그래서 "허허, 이거 야단맞았군." 하고 상대를 바라보자 그 중은 또다시 "에잇!" 하고 꾸중을 하는 것이었다. 그 중의 재치있는 태도와 말새간은 세법 도를 닦은 도승처럼 보였다. 그러나 신존자는 '이 중이 얼른 보기엔 그럴듯하게 보이기는 한데 역시 참으로 도를 깨우치지는 못한 것 같다. 모르긴 해도 한갓 용의 머리에 뱀의 꼬리이기 쉬울 것 같다(似則似 是則未是 只恐龍頭蛇尾).'고 생각했다.

그래서 중에게 물었다.

"그대는 에잇! 에잇! 하며 호령하는 위세는 좋은데 세 번 네 번 에잇 소리를 외친 뒤에는 무엇으로, 어떻게 그 마무리를 지을 생각인가?"

그러자 중은 그만 자기 속셈이 드러난 것을 알고 뱀의 꼬리를 내보이고 말았다 한다.

愚公移山 ◈ 우공이산

우공이 산을 옮긴다는 말로, 남이 보기엔 어리석은 일처럼 보이지만 한 가지 일을 끝까지 밀고 나가면 언젠가는 목적을 달성할 수 있다는 뜻을 지닌 성어이다.

出典 : 〈열자(列子)〉 탕문편 (湯問篇)

| 풀이 | 태행산(太行山)과 왕옥산(王屋山)은 사방 7백 리, 높이 1만 길이나 되며, 원래는 기주(冀州)의 남쪽, 하양(河陽)의 북쪽에 있었다.

북산(北山)의 우공(愚公)이란 사람은 나이가 이미 90에 가까운 노인으로 이 두 산에 이웃하며 살고 있었는데, 산이 북쪽을 막아 왕래가 불편하므로 온 집안사람을 불러모아 놓고 이렇게 의논을 했다.

"나는 너희들과 있는 힘을 다해서 험한 산을 깎아 평지로 만들고 예주(豫州)의 남쪽까지 한길을 닦으며, 또 한수(漢水)의 남쪽까지 갈 수 있도록 하고 싶은데 어떻게들 생각하느냐?"

한길 : 사람이 많이 다니는 넓은 길.

표명(表明) : 드러내 보여서
명백히 함.

집안 사람들은 모두 찬성한다는 뜻을 표명했으나 그의
아내만이 의아하게 생각하여 물었다.

"당신의 힘으로는 작은 언덕도 파헤치지 못할 것인데
태행이나 왕옥 같은 큰 산을 어떻게 처리하겠소? 게다가
파낸 흙이나 돌은 어디에다 처리할 생각인가요?"

그러자 다른 사람들이 대단한 기세로 소리를 높여 이구
동성으로 대답했다.

"그 흙이나 돌은 발해의 해변이나 은토(隱土)의 끝에라
도 내다버리지요."

결국 결정되어 우공은 세 아들과 손자를 데리고 돌을 깨
고 흙을 파내어 그것을 발해 해변으로 운반하기 시작했다.

우공의 옆집에 사는 경성씨(京城氏)의 과부댁에게는 겨
우 여덟 살 정도밖에 안 된 아들이 있었는데, 그 아이도
아주 좋아하며 같이 거들었지만 1년 만에야 발해까지 겨
우 한 번 왕복을 끝내는 정도였다.

황하(黃河) 가에 사는 지수(智叟)라는 사람이 그것을 보
고 웃으며 우공에게 충고했다.

"영감님의 어리석음이 대단하군요. 앞날이 얼마 남지
않은 영감님의 그 약한 힘으로는 산의 한쪽 귀퉁이도 제
대로 파내지 못할 텐데 이런 큰 산의 흙이나 돌을 대체 어
쩌자는 셈입니까?"

우공은 딱하다는 듯 탄식하며 이렇게 대답했다.

천박(淺薄) : 지식이나 생각
따위가 얕음.

"자네처럼 천박한 생각밖에 못하는 사람에게는 도저히
이해가 가지 않겠지. 자네의 생각은 저 과부댁 아들의 생

285

각만도 못해. 가령 앞날이 얼마 안 남은 내가 죽는다고 해
도 아이들은 남고, 아이들은 다시 손자를 낳고, 그 손자도
또 아이를 낳고, 그 아이가 또 아이를 낳고, 손자가 생겨
자자손손 끊이지 않네. 그런데 산은 더 커지지 않거든. 그
렇다면 언젠가는 틀림없이 평지가 될 때가 오지 않겠나."

　지수는 그 말을 듣고 어안이 벙벙해질 뿐이었다. 그런
데 그 말을 듣고 더 놀란 것은 그 두 산의 사신(蛇神)이었
다. 산을 파내는 일이 언제까지나 계속되어서는 큰일이라
고 생각하여 천제께 사정을 호소하였다. 천제는 우공의
진심에 감탄하여 힘센 신인 과아씨(夸娥氏)의 두 아들에게
명하여 태행, 왕옥의 두 산을 등에 짊어지게 한 다음, 하
나는 삭동(朔東) 땅으로, 다른 하나는 옹남(雍南) 땅으로 옮
겨 놓았다. 그후부터 익주의 남쪽, 한수의 남쪽으로는 낮
은 야산도 보이지 않게 되었다.

사신(蛇神) : 용문산(龍門
山)에서 우왕(禹王)에게 팔
괘(八卦)의 그림을 지시하
고 옥간(玉簡)을 주었다는
뱀의 몸에 사람의 머리를
한 신.

運籌帷幄 ❖ 운주유악

　운주(運籌)란 산가지를 놀린다는 뜻이고 유악(帷幄)이란
장막 속을 뜻하는 말로, 즉 가만히 들어앉아서 계획을 꾸
민다는 뜻이다.

出典 : 〈사기(史記)〉 고조본
기(高祖本紀), 〈한서(漢書)〉
고제기(高帝紀)

| 풀이 | 천하를 통일한 고조가 어느 날 낙양(洛陽) 남궁
(南宮)에서 잔치를 베풀고는 이렇게 말했다.

"경들은 숨김없이 말하라, 내가 천하를 얻은 까닭과 항우가 천하를 잃은 까닭이 무엇인지를?"

그러자 고기(高起)와 왕릉(王陵)이 대답했다.

"폐하께선 성을 치고 공략하게 되면 공을 세운 사람에게 그 땅을 주어 천하 사람들과 이익을 함께 하셨습니다. 그러나 항우는 의심과 질투가 많아 싸움에서 이겨도 땅을 나눠 주는 일이 없었습니다. 이것이 폐하께서 천하를 얻고 항우가 천하를 잃은 이유인 줄 아옵니다."

고조는 고개를 저으면서 말했다.

"경은 하나만 알고 둘은 모르는도다. 대체로 산가지를 장막 안에서 움직여 천 리 밖의 승리를 얻게 하는 것은 내가 자방(子房)만 못하고(夫運籌策帷帳之中 決勝於千里之外 吾不如子房), 나라를 편안히 하고 백성을 어루만져 주며 군대의 보급을 끊어지지 않게 하는 것은 내가 소하(蕭何)만 못하며, 백만의 군사를 거느리고 싸우면 반드시 이기고, 치면 반드시 빼앗는 것은 내가 한신(韓信)만 못하다. 이 세 사람은 모두 뛰어난 인걸들인데 나는 그들을 제대로 쓸 수가 있었다. 이것이 바로 내가 천하를 차지할 수 있었던 이유이다. 그러나 항우는 범증(范增) 한 사람이 있을 뿐이었는데 그 하나마저도 제대로 쓰지 못했다. 이것이 항우가 나에게 패한 이유이다."

이상이 〈사기(史記)〉의 고조본기에 실린 내용으로 〈한서〉에 있는 것과는 글자가 몇 자 다를 뿐 의미는 똑같다.

〈사기〉에는 "운주책유장지중(運籌策帷帳之中) 결승어천

소하(蕭何) : 한나라 고조 때의 명재상(名宰相). 장량·한신·조참(曹參)과 함께 고조의 공신 중의 한 사람.

287

리지외(決勝於千里之外)."라고 되어 있는데 한서에는 주책(籌策)이 주(籌)로 유장(帷帳)이 유악(帷幄)으로 되어 있고 천리(千里) 앞에 어(於)가 생략되어 있다.

주책(籌策) : 이리저리 타산한 끝에 생각해 낸 꾀.
유장(帷帳) : 휘장과 장막.

遠交近功 ❖ 원교근공

먼 나라와 친교를 맺고 가까운 나라를 침략하는 정책을 말한다.

出典 : 〈전국책(戰國策)〉 진하(秦下) 소양왕(昭襄王), 〈사기(史記)〉 범저·채택열전(范雎·蔡擇列傳)

| 풀이 | 위(魏)나라의 책사(策士) 범저(范雎)는 타국과 내통하고 있다는 참언으로 하마터면 목숨을 잃을 뻔했으나, 동정자 정안평(鄭安平)의 도움으로 진(秦)의 사신 왕계(王稽)를 따라 진도(秦都) 함양(咸陽)으로 들어갔다. 그러나 "진왕의 나라는 누란(累卵)보다 더 위태로운 상태이다."라고 말해 왕의 환심을 사지 못하여 그 뛰어난 변설을 발휘할 기회가 없었다.

누란(累卵) : 포개 놓은 알. 곧 몹시 불안정하고 위태로운 상태.

소양왕(昭襄王) 36년(기원전 271년), 기다리고 기다리던 기회가 찾아들었다. 당시 진에서는 소양왕의 어머니 선태후(宣太后)의 동생인 양후(穰侯)가 재상 자리를 차지하고 강력한 세력을 가지고 있었다. 그 세력을 믿고 제(齊)를 침공해서 자기 영토인 도(陶)의 땅을 확장시키려고 했던 것이다. 이 사실을 안 범저는 왕에게 왕계를 통해 문서를 제출하고 배알을 청했다.

일문(一文) : 한 문장.

"어진 군주는 사랑하는 바를 상 주고, 미워하는 바를 벌합니다. 밝은 군주는 이와는 달리 상은 반드시 공이 있는 자에게 가하고, 형은 반드시 죄가 있을 때 내립니다."

이와 같이 시작된 일문(一文)은 다행히도 왕의 마음에 들었다. 추천자인 왕계에게까지 칭찬하는 말을 할 정도였다. 또 왕은 범저를 인견한 후부터는 겸손하고 삼가면서 가르침을 청하는 것이었다.

이렇게 하여 범저는 왕에게 간했다.

득책(得策) : ① 훌륭한 계책. ② 훌륭한 계책을 얻음.

"한(韓), 위(魏) 두 나라를 지나 저 강한 제(齊)를 치는 것은 득책이 아닙니다. 약간의 군사로는 제가 눈도 깜짝하지 않을 것이고, 그렇다고 대군을 출동시키는 것은 진으로서 좋지 않습니다. 가급적 자국의 병력을 절약하고, 한과 위의 병력을 전면적으로 동원하려는 것이 왕의 생각이나, 동맹국을 신용할 수 없다는 것을 알면서도 남의 나라를 지나서 공략한다면 어떻게 되겠습니까? 제의 민왕(湣王)이 악의(樂毅)에서 패한 원인은 멀리 떨어져 있는 초(楚)를 쳤기 때문에 동맹국의 부담이 지나치게 무거워져서 이

이반(離叛) : 사이가 벌어져 떠나거나 돌아섬.

반해 버렸기 때문입니다. 그래서 천하의 웃음거리가 되고 말았습니다. 득을 본 것은 바로 옆에 있는 한과 위로, 말하자면 적군에게 군사를 빌려 주고 도둑에게 식량을 내준 것과 같은 것, 지금 왕께서 취해야 할 방법으로는 먼 나라와는 서로 사귀고 가까운 나라를 치는, 즉 원교근공(遠交近攻)책이 제일입니다. 한 치의 땅을 얻으면 왕의 촌토이고, 한 자의 땅을 얻으면 왕의 한 자의 땅이 아닙니까. 이해득

실이 이토록 뚜렷한데 멀리 치는 것은 잘못이 아닐까요?"

　이로부터 범저는 진의 객경(客卿)이 되고, 다시 재상에
임명된 다음 응후(應侯)로 봉해져 군사 관계의 일을 도맡
게 되었다. 그리하여 원교근공책은 진의 국시로서 마침내
천하를 통일하는 데 지도 원리의 역할을 다하게 되었다.

객경(客卿) : 다른 나라에 가서 경상(卿相)의 자리에 있는 사람.

국시(國是) : 나라의 근본이 되는 주의와 방침.

月下氷人 ❖ 월하빙인

　월하노(月下老)와 빙상인(氷上人)이란 말을 합친 약어로,
결혼 중매를 하는 사람을 가리킨다.

出典 : 〈속유괴록(續幽怪錄)〉, 〈진서(晉書)〉예술전(藝術傳)

| 풀이 | 당(唐)나라 때 위고(韋固)라는 청년이 있었는데,
이곳저곳 여행을 하며 돌아다니던 중 송성(宋城)이란 곳에
당도했다. 그때의 일이다.

　푸르게 흐르는 듯한 달빛이 줄지어 있는 집들의 지붕을
비치고 있었다. 이미 밤도 깊어 거리에는 왕래하는 사람
이 드물었다. 그는 무심코 어느 길모퉁이에서 걸음을 멈추
었다. 이상한 노인이 있었기 때문이었다. 노인은 땅바닥에
앉아 곁에 놓은 보따리에 몸을 기대고 열심히 책을 뒤적이
고 있었다. 그 흰 수염에도, 훨훨 넘기는 책장에도 푸른 달
빛이 넘쳐 흐르고 있었다. 위고는 곁으로 다가섰다.

　"무얼 하고 계십니까?"

　노인은 조용히 고개를 들었다.

"나 말인가? 지금 이 세상의 결혼에 대해서 찾아보고 있다네."

"그 보따리에는 무엇이 들어 있습니까?"

"자 보게나, 붉은 끈이 가득 들어 있지. 이것이 부부를 연결시켜 주는 끈이라네. 한번 이 끈으로 잡아매면 두 사람은 아무리 멀리 떨어져 있어도 또 어떤 원수지간이라도 반드시 맺어지게 되지."

위고는 총각이었다.

"제 처는 지금 어디에 있겠습니까? 가르쳐 주십시오."

"자네의 처 말인가? 이 송성에 있네. 이것 봐, 저 북쪽에서 야채를 팔고 있는 진(陳)할머니가 있지, 그가 안고 있는 젖먹이라네."

그 얘기는 그다지 반가운 이야기도 아니었으며 게다가 그런 말을 믿지도 않았기 때문에 위고는 그냥 가버리고 말았다.

그후 14년이 지나 위고는 상주(相州)에서 관원 노릇을 하고 있다가 군의 태수 딸과 결혼을 하게 되었다. 신부는 16, 7세로 젊고 아름다웠다. 위고는 행복했다. 그럼, 그 노인의 예언은 역시 거짓말이었단 말인가? 어느 날 밤 위고는 처에게 그 가족에 대해 물어 보았다. 그러자 처는 이렇게 대답했다.

"사실 저는 태수님의 양녀입니다. 친아버지는 송성에서 관리를 하다가 돌아가셨습니다. 그때 저는 아직 젖먹이였는데 친절한 유모가 채소를 팔며 저를 길러 주셨답니다.

그래서 전 가끔 진할머니의 가게를 생각하곤 합니다. 당신은 송성을 아십니까? 그 거리 북쪽에 있답니다."

〈진서〉의 예술전(藝術傳)에는 이런 이야기가 있다.

진(晋)나라에 색담(索紞)이라는 용한 점쟁이가 있었다. 어느 날 호책(狐策)이란 사람이 꿈풀이를 하러 왔다.

"나는 얼음 위에 서 있고 얼음 밑에는 누군가가 있었는데 그 사람하고 이야기를 했었다."

색담은 이렇게 대답했다.

"얼음 위는 양(陽)이고 밑은 음(陰)이다. 양과 음이 이야기를 했다는 것은 그대가 누구의 중매를 서서, 그것이 잘 진행될 전조이다. 혼인이 성립되는 것은 얼음이 풀릴 때일 것이다."

전조(前兆) : 미리 나타나 보이는 조짐.

그 말대로, 얼마 후 호책에게 태수로부터 청탁이 왔다. 자기 아들과 장씨의 딸을 결혼시키고 싶은데 그 중매를 부탁한다는 것이었다. 결국 그 한 쌍은 봄에 결혼을 하게 되었다.

有備無患 ❖ 유비무환

사전에 미리 준비가 갖추어져 있으면 전혀 뒷걱정이 없다는 뜻의 말이다.

出典 : 〈서경(書經)〉 열명 (說明), 〈춘추좌씨전(春秋左氏傳)〉

| 풀이 | 열명은 은나라 고종(高宗)이 부열(傅說)이란 어진

부열(傅說) : 중국 은나라

재상을 얻게 되는 경위와 그로 하여금 어진 정사에 대한 의견을 말하게 하고 이를 실천하게 하는 내용을 기록한 글인데, '유비무환'이란 말은 부열이 고종 임금에게 올린 말 가운데 들어 있다. 이 말이 들어 있는 첫 부분을 소개하면 다음과 같다.

"생각이 옳으면 이를 행동으로 옮기되 그 옮기는 것을 시기에 맞게 하십시오(慮善以動 動惟厥時). 스스로 그것이 옳다는 생각을 가지고 있으면 그 옳은 것을 잃게 되고 스스로 그 능한 것을 자랑하게 되면 그 공을 잃게 됩니다(有其善 喪厥善 矜其能喪厥切). 오직 모든 일은 다 그 갖춘 것이 있는 법이니 갖춘 것이 있어야만 근심이 없게 될 것입니다(惟事事乃其有備 有備無患)."

또 〈춘추좌씨전〉에 보면 다음과 같은 이야기가 있다.

어느 해 정나라가 출병하여 송나라를 침략하자 송나라에서는 진나라에 구원을 청했다. 진의 도승은 즉시 노(魯)·제(齊)·조(曹)나라 등 12개국과 연합군을 편성하여 위강의 통솔하에 정나라 도성을 둘러싸고는 송나라에 대한 침략의 야욕을 버리라고 으름장을 놓았다.

그러자 성나라는 속수무책이었으므로 송·진·제 등 12개국과 불가침의 화해조약을 맺고 말았다. 초나라는 정나라가 북방으로 기울어진 것을 보고는 매우 못마땅히 여겨 군대를 풀어 정나라를 침공했다. 초나라 군대의 강대함을 안 정나라는 도저히 저항할 수가 없자 할 수 없이 초나라와도 맹약을 체결했다.

정나라의 이러한 태도에 대해 북방 12개국의 불만은 이 만저만이 아니었다. 그리하여 북방 12개국에서는 또 연합군을 파견하여 정나라를 쳤다. 이번에도 힘이 부친 정나라는 화친을 청했고 진이 응해 주자 그에 대한 감사의 뜻으로 수많은 값진 보물과 어여쁜 가희(歌姬)들을 선물로 보내 왔다. 도승은 이들을 위강에게 보내어 전시에서의 고달픔을 달래어 주고자 하였으나 위강은 완강히 거부하면서 이렇게 말했다.

"편안히 지낼 때는 항상 위태로움을 생각하여야 하고, 위태로움을 생각하게 되면 항상 준비가 있어야 하며, 충분한 준비가 되어 있으면 근심과 재난이 없을 것입니다(居安思危 思則有備 有備則無患)."

이 말을 들은 도승은 위강의 넓은 식견에 새삼 탄복하여 가희들을 모두 정나라로 돌려보냈다고 한다.

화친(和親) : 나라와 나라 사이의 친밀한 교의(交誼).
가희(歌姬) : 여자 가수를 우아하게 이르는 말.

식견(識見) : 학식과 견문(見聞). 곧 사물을 분별할 수 있는 능력.

殷鑑不遠 ❖ 은감불원

멸망의 선례는 멀지 않다는 말로, 은(殷)나라 사람은 전대의 하(夏)나라가 망한 것을 거울삼아 경계하라는 뜻이다. 즉 이전의 실패를 자신의 거울로 삼아 주의하라는 말이다.

出典 : 〈시경(詩經)〉 대아(大雅) 탕편(蕩篇)

| 풀이 | 하(夏)나라가 걸왕(桀王)의 포학과 방탕 때문에 망하고 탕왕(湯王)에 의해 세워진 은(殷)나라도 약 6백 년 동

안 지속되다가 28대 왕인 주왕(紂王) 때 망하게 되었다.

은의 주왕은 유소(有蘇)를 치고 얻게 된 그곳의 미녀 달기(妲己)에게 빠져 주지육림(酒池肉林)의 놀이에 정신이 없었다. 또 왕에게 참언을 하는 자는 포락지형(炮烙之刑)에 처하는 등 음락과 포학을 자행했다.

이때 삼공(三公) 중의 한 사람이자 뒤에 주나라 문왕이 된 서백(西伯)이 주에게 간하는 말이라 하여 〈시경〉에 다음과 같은 시가 나와 있다.

文王曰咨
咨如殷商
人亦有言
顚沛之揭
枝棄未有害
本實先撥
不殷鑑遠
在夏后之世

> 문왕이 탄식하며 말하길
> 슬프다! 너 은상아
> 사람이 또한 말이 있다
> 넘어지고 쓰러진 것을 일으켜 보니
> 가지와 잎은 피해가 없어도
> 뿌리는 본래 먼저 끊어진다고
> 은나라의 거울은 멀지 않다
> 하후의 세상에 그것은 있다

나무가 넘어질 때 가지와 잎은 비록 그대로 있다 해도 뿌리는 벌써 끊어지고 없다는 것은, 나라의 형태는 아직 있어도 나라의 뿌리인 조정의 기강은 이미 무너졌음을 뜻한다.

이 시는 주(周)나라 10대 왕인 여왕(厲王)의 포악함을 한탄한 소목공(召穆公)이 여왕에게 간할 목적으로 자기가 하고 싶은 말을 문왕이 주왕에게 한 말로 꾸며서 지은 시라고 한다.

應接不暇 ❖ 응접불가

아름다운 산수(山水)의 경치가 계속 눈앞에 나타나 응접(應接), 즉 인사할 틈도 없다는 뜻으로, 좋은 일 좋지 않은 일이 꼬리를 물고 계속되어 생각할 여유가 없을 만큼 몹시 바쁜 것을 가리키는 말이다.

出典 : 〈세설신어(世說新語)〉

| 풀이 | 진(晉)나라 사람으로 중서령까지 되고 특히 풍아(風雅)한 취미와 그 글씨로 유명한 왕자경(王子敬)이 지금의 회계(會稽)를 지나던 도중(道中)에 주변의 아름다움을 보고 이렇게 말했다고 한다.

풍아(風雅) : 고상하고 멋이 있음.

"산음(山陰)의 길은 희한하다. 치솟은 산이나 계류가 계속 눈앞에 나타난다. 그것이 차례로 번쩍거리며 나타날 때는 하나하나 응접할 틈도 없을 정도이다. 모든 산은 단풍이 들고 하늘이 높은 가을이나, 고요하고 쓸쓸한 겨울에 지나다 보면 모든 생각을 다 잊게 된다."

산음(山陰) : 산의 그늘. 산의 북쪽편.
계류(溪流) : 산골짜기를 흐르는 시냇물.

왕자경이 응접할 겨를이 없었던 것은 지나치게 아름다운 경치에 대해서였으나 이 말은 점차 달리 쓰이게 되었다. 인간 세상에서 응접에 겨를이 없는 일이란 지극히 많았던 것이다.

전국시대의 사람들은 끊임없는 전란에 고생을 하였으며 그로 인해 쓰라린 일이 꼬리를 물고 일어났던 것이다. 그래서 좋은 일이나 궂은 일이 계속 일어나 생각할 틈이 없음을 비유하게 되었다.

전란(戰亂) : 전쟁으로 말미암은 국가의 혼란.

疑心生暗鬼 ❈ 의심생암귀

出典 : 〈열자(列子)〉 설부편
(說符篇), 〈한비자(韓非子)〉
세난편(說難篇)

암귀(暗鬼) : ① 어둠을 지배
하는 귀신. ② 망상에서 오
는 공포.

의심(疑心)은 암귀(暗鬼)를 낳게 한다는 말로 선입관은 간
혹 판단의 정확성을 흐리게 한다는 뜻이다. 즉 잘못된 선
입관으로 인해 충고한 사람을 도리어 의심한다는 말이다.

| 풀이 | 어떤 사람이 가지고 있던 도끼를 잃어버렸다. 누
군가가 훔쳐간 것이 아닌가 하고 생각하니, 옆집 아들이
수상했다. 자기를 만나기만 하면 슬금슬금 도망치려는 듯
한 태도인데다 안색이나 말투도 어딘가 겁을 먹고 있는
듯했다. 그래서 이 사람은 도끼를 훔친 것은 틀림없이 그
아이라고 생각하게 되었다.

그런데 어느 날 산에서 땅을 파헤치다가 도끼를 찾게
되었다. 자기가 나무를 하러 왔다가 놓아두고는 잊어버렸
던 것이다. 도끼를 가지고 집으로 돌아오다 다시 옆집 아
들을 만났는데 이제는 그의 동작 하나하나가 전혀 수상해
보이지 않았다.

또 이런 이야기가 있다.

어떤 사람의 뜰에 있는 오동나무가 말라 죽었다. 그러
자 옆집 노인이 충고해 주었다.

"말라 죽은 오동나무는 재수가 없다네."

그 사람은 노인의 충고에 따라 오동나무를 잘라 버렸
다. 그것을 보고 노인이 땔감으로 쓰게 나무를 달라고 하
였다. 그러자 그 사람은 노발대발하며 말했다.

"그럼 영감님은 자기 집 땔감으로 쓰기 위해 나를 속여 나무를 자르게 했구려. 같은 이웃에 살면서 그런 음흉한 짓을 한단 말이오?"

친절한 충고가 상대의 의심암귀에 의해 얼토당토 않은 혐의의 씨가 된 셈이다. 〈한비자〉의 세난편(說難篇)에 이와 비슷한 이야기가 나와 있다.

송나라 때의 어느 부잣집 담장이 오랜 장마로 인해서 무너졌다.

아들이 그것을 보고 말했다.

"빨리 수리해 놓지 않으면 도둑이 들지도 모릅니다."

그때 옆집 노인도 같은 충고를 했다. 그런데 그날 밤 정말로 도둑이 들어 물건을 훔쳐갔다. 이 부잣집에서는 아들에게는 선견지명이 있다고 칭찬하고, 아무리 생각해도 옆집 노인이 수상하다고 의심을 했다고 한다.

음흉(陰凶) : 마음이 음침하고 흉악함.

혐의(嫌疑) : ① 의심스러움, 미심쩍음. ② 범죄를 저지른 사실이 있으리라는 의심.

선견지명(先見之明) : 일을 미리 짐작하는 밝은 지혜.

以心傳心 ❖ 이심전심

마음에서 마음으로 전한다는 뜻으로, 어떤 말이나 글을 사용하지 않고 마음과 마음으로써 뜻을 깨닫게 한다는 말이다.

出典 : 〈전등록(傳燈錄)〉, 〈오등회원(五燈會元)〉

| 풀이 | 〈전등록〉은 송(宋)나라 사문(沙門) 도언(道彦)이 석가세존 이래로 내려온 조사(祖師)들의 법맥(法脈)의 계통

조사(祖師) : 한 종파를 세워서 그 종지(宗旨)를 열어 주장한 사람의 존칭.

법맥(法脈) : 교법(敎法)을 전하는 계통을 이르는 말.

을 세우고 많은 법어(法語)들을 기록한 책이다.

"부처님이 가신 뒤 법을 가섭에게 붙였는데 마음으로써
마음에 전했다(佛滅後 附法於迦葉 以心傳心)."

즉 석가세존이 가섭존자(迦葉尊者)에게 불교의 진리를
전했는데 그것은 '이심전심'으로 행해졌다는 것이다.

이심전심을 한 장소는 영산(靈山) 집회였는데 이 집회에
대해 송나라 사문 보제(普濟)가 지은 〈오등회원〉에 다음과
같이 기록되어 있다.

어느 날 세존은 영산(靈山)에 제자들을 모아놓고 설교를
했다. 그때 세존은 연꽃 하나를 따들고 제자들에게 보였
다. 제자들은 그 뜻을 알 수 없어 잠자코 있었는데 그 중
가섭존자만이 그 뜻을 깨닫고 활짝 미소를 지어 보였다.
그러자 세존은 이렇게 말했다.

"나는 정법안장(正法眼藏), 열반묘심(涅槃妙心), 실상무상
(實相無相), 미묘법문(微妙法門)을 글로 기록하지 않고 가르
침 밖에 따로 전하는 것이 있다. 그것을 가섭존자에게 전
한다."

여기서 염화미소(拈華微笑)라는 말이 나왔는데, 이 또한
이심전심과 같은 뜻이라고 할 수 있다.

李下不整冠 ❈ 이하부정관

오얏나무 밑에서 갓을 고쳐 쓰면 도둑으로 몰리기 쉽다

는 말로, 남에게 의심받을 만한 일은 하지 말라는 뜻이다.

| 풀이 | 전국시대, 주열왕(周烈王) 6년(기원전 370년) 제(齊)는 위왕(威王)이 왕위에 있었으나 국정은 영신(佞臣)인 주파호(周破胡)가 손아귀에 쥐고 있었다.

파호는 현명한 선비나 유능한 인재를 시기하여 그들을 비방하고, 오히려 아대부(阿大夫) 같은 간신을 칭찬했다.

위왕의 후궁 중에 우희(虞姬)라는 여자가 있어 파호의 행동을 보다 못해 왕에게 호소했다.

"파호는 속이 검은 사람입니다. 등용하시면 안 됩니다. 제에는 북곽선생(北郭先生)이라는 현명하고 덕행이 높은 분이 계십니다. 그런 분을 등용하시는 게 좋을 것입니다."

그런데 이 말이 파호의 귀에 들어가고 말았다. 파호는 우희를 눈엣가시처럼 여겨 모함하고자 우희와 북곽선생의 사이가 수상하다고 떠들어댔다. 그래서 왕은 9층이나 되는 누각 위에 우희를 감금하고 관원에게 조사를 시켰다. 관원은 파호에게 매수당해 있었으므로 있는 일 없는 일을 꾸며대어 우희를 모함하려고 했다. 그러나 왕은 그 조사 방법이 수상했음을 알고, 우희를 불러 사실 여부를 물었다.

"저는 10여 년 동안 진심으로 왕을 위해 힘을 다했습니다만 지금 이렇게 간사한 자의 모함에 휘말리고 말았습니다. 제가 결백하다는 것은 명백합니다. 만약 제게 죄가 있다고 하면 그것은 '과전불납리(瓜田不納履)하고 이하부정관(李下不整冠)하라.'는 말처럼 의심받을 일을 피하지 않

영신(佞臣) : 간사하고 아첨하는 신하.

간신(奸臣) : 간사한 신하. 육사(六邪)의 하나. 육사는 나라에 해로운 여섯 종류의 신하로 사신(邪臣)·구신(具臣)·유신(諛臣)·간신·참신(讒臣)·적신(賊臣)·망국신(亡國臣)을 말함.

감금(監禁) : 가두어서 신체의 자유를 속박함.

앗던 점과 9층 탑에 감금되었어도 누구 한 사람 저를 위해 변명해 주는 사람이 없었다는 점뿐입니다. 설사 죽음을 내리신다 해도 저는 이 이상 더 변명할 생각은 없습니다. 그러나 꼭 한 가지만은 들어주십시오. 지금 군신들은 모두 나쁜 짓을 일삼고 있으며, 그 중에서도 파호가 가장 심합니다. 왕께서는 국정을 파호에게 일임하고 계시나 이래서는 나라의 장래가 매우 위험합니다."

일임(一任) : 전적으로 맡김.

충언(忠言) : 충고하는 말. 충직한 말.

팽살(烹殺) : 삶아 죽이는 형벌.

우희가 진심으로 이렇게 충언하자 위왕은 깨닫는 바가 있었다. 그래서 즉묵대부(卽墨大夫)를 만호(萬戶)로 봉하고, 영신인 아대부와 주파호를 팽살(烹殺)시켜 내정을 바로잡았으므로 제(齊)는 크게 안정이 되었다.

'과전불납리 이하부정관(瓜田不納履 李下不整冠)'이란 말은 오이가 익은 밭에서 신발을 고쳐 신으려고 몸을 구부리면 마치 오이를 도둑질하는 것같이 보이고, 오얏이 익은 나무 밑에서 손을 들어 관을 고치면 마치 오얏을 따는 것같이 보이므로, 그렇듯 남에게 의심받을 짓은 삼가라는 뜻이다.

一刻千金 ❖ 일각천금

出典 : 소동파(蘇東坡)의 〈춘야행(春夜行)〉

짧은 시간이라도 천금의 값어치가 있을 정도로 귀중하다는 뜻이나, 원래는 바쁜 시간을 의미한 것이 아니라 즐겁고 한가로운 시간을 나타냈다.

| 풀이 | 송(宋)나라 소동파(蘇東坡)의 유명한 시 가운데 춘야행(春夜行)이라는 시가 있다.

봄날 달밤의 한때는 천금의 값어치가 있네
꽃에는 맑은 향기가 있고, 달은 희미하게 흐려져 있다
노래 부르고 피리 불던 누대도 소리 없이 적적하네
그네가 걸려 있는 안뜰은 밤만 깊어가누나

春宵一刻直千金
花有淸香月有陰
歌管樓臺聲寂寂
鞦韆院落夜沈沈

이 '일각천금(一刻千金)'과 비슷한 문구에 '일자천금(一字千金)'이 있다. 글자 한 자에 천금의 값어치가 있을 만큼 훌륭한 시문이란 뜻이 쓰인다.
또 '일확천금(一攫千金)'은 한 번에 거대한 이익을 본다는 뜻으로, 이 말과 비슷한 것에 '일척천금(一擲千金)'이 있다.

一擧兩得 ❖ 일거양득

한 가지 일로써 두 가지 이득을 얻는 것을 말한다. 일전쌍조(一箭雙鳥), 일석이조(一石二鳥)와도 뜻이 통하는 말이다.

出典 : 〈춘추후어(春秋後語)〉, 〈전국책(戰國策)〉 초책(楚策)

| 풀이 | 옛날 변장자(辯莊子)라는 힘이 센 사나이가 여관에 투숙하고 있었다. 그때 호랑이가 나타났다고 하는 말을 듣고 잡으러 나가려고 하자 여관의 심부름하는 아이가 그를 말렸다.
"그렇게 서두를 필요는 없습니다. 천천히 기다리세요.

호랑이 두 마리가 소를 잡아 먹으려고 하거든요. 조금 있으면 두 마리 호랑이는 소를 서로 먼저 먹으려고 싸울 것입니다. 두 마리가 싸움을 하면 약한 놈은 견디지 못해 죽을 것이고, 큰 놈도 이기기는 했지만 상당한 상처를 입고 힘이 빠져 있을 것입니다. 그때 그 허덕이는 놈을 찔러 죽이면 한 번에 두 마리의 호랑이를 잡게 되니 일거양득(一舉兩得)이지요."

듣고 있던 변장자는 그 말이 옳다고 생각하여 그대로 했다. 그리하여 그는 상처를 입고 허덕거리는 호랑이를 쉽게 그것도 한 번에 두 마리나 잡았다고 평판이 자자해졌다.

또 〈전국책〉 초책(楚策)에 다음과 같은 이야기가 있다.

중국 전국시대에 한(韓)과 위(魏) 두 나라가 1년 이상이나 싸움을 계속하고 있었다. 진혜왕(秦惠王)은 그 어느 한쪽을 돕고자 부하들과 의논했으나 좀처럼 의견이 일치되지 않았다. 그때 진진(陳軫)이란 슬기로운 신하가 이 '일거양득'에 얽힌 이야기를 했다. 그래서 혜왕은 잠시 방관하고 있다가 한쪽이 지고, 이긴 쪽도 기진맥진한 틈을 타서 공격한 끝에 한 번에 두 나라를 다 멸망시켜 버렸다.

일전쌍조(一箭雙鳥)라는 성어는 원래 장손성(長孫晟)이란 사람으로 인해 생겨난 말이다. 그가 돌궐에 머무르고 있을 무렵 국왕 섭도와 같이 사냥을 나갔다. 섭도는 하늘에서 독수리 한 마리가 돌연히 바람같이 날면서 다른 독수리가 입에 물고 있는 고기를 뺏으려는 광경을 목격하고는 장손성에게 화살 두 개를 재빨리 건네 주며 그 두 마리를

방관(傍觀) : 곁에서 보기만 함.
기진맥진(氣盡脈盡) : 기력이 다하고 맥이 풀림.

303

쏘아 잡으라고 재촉했다.

　장손성은 말머리를 돌려 독수리가 날고 있는 방향으로 쏜살같이 내달으면서 활을 들어 힘껏 쏘았다. 눈깜짝할 사이에 단 한 개의 화살로 두 마리의 독수리가 함께 맞아 떨어졌다고 한다.

一網打盡 ❖ 일망타진

　한 가지 일을 구실로 여러 명을 함정에 빠지게 만든 후 한꺼번에 모조리 잡아 버린다는 뜻이다.

出典:〈송사(宋史)〉인종기 (仁宗紀)

| 풀이 | 송조(宋朝) 제4대 인종 황제 때, 청렴하고 강직하기로 이름 높은 두연(杜衍)이 국무총리가 되었다. 당시의 관습으로서 황제가 장관들과 의논하지 않고 마음대로 은조(恩詔)를 내리는 일이 있었는데 이것을 내강(內降)이라고 했다. 그런데 국무총리가 된 두연은 이런 관습이 천하의 정도를 어지럽히는 처사라고 반대를 하여 내강이 있어도 자기 수중에서 묵살해 버리고, 은조의 조지(詔旨)가 십여 통 모이면 그대로 황제에게 되돌려 보냈다.

　황제는 어느 날 구양수에게 말했다.

　"짐이 내강을 해도 두연이 그냥 무시해 버린다는 것을 알고 있는가? 짐에게 은조를 내려달라고 청해 오는 자가 많으나 두연이 무시해 버리니 나로서도 내강을 해 보았자

은조(恩詔) : 임금의 은혜로운 조서(詔書).

조지(詔旨) : 조서(詔書)의 요지.

성지(聖旨) : 임금의 뜻.

실각(失脚) : ① 발을 헛디
딤. ② 실패하여 지위나 설
자리를 잃음.

유용(流用) : ① 융통하여
사용함. ② 일정한 용도 이
외의 다른 일에 사용함.

소용이 없다고 단념을 시키고 있는 터라네. 아마 그 수효
는 두연이 무시해 버리는 수효보다 많을 걸세."

그러자 두연의 이같은 행동은 성지(聖旨)를 맘대로 거역
하는 짓이라고 궁정 내외에서 비난이 컸다. 특히 두연 때
문에 성지가 무시된 자들은 두연을 원망하며 그가 실각할
기회만을 노리고 있었다.

그런데 마침 두연의 사위인 소순흠(蘇舜欽)이 공금을 유
용하여 제사하고, 손님을 융숭하게 대접한 일이 있었다.
어사인 왕공진(王拱辰)이 평소부터 두연의 태도를 못마땅
하게 여기고 있던 터였으므로 이것을 계기로 두연을 없애
버려야겠다고 마음먹고 소순흠 등을 잡아 옥에 가두고 엄
하게 조사하여 관련자들을 모두 잡아들였다. 그러고는
"일망타진했다." 하며 의기양양해하였다.

결국 이 사건 때문에 청렴결백했던 두연도 마침내 겨우
70일 만에 국무총리직에서 물러나게 되었다.

日暮途遠 ❖ 일모도원

해는 지고 길은 멀다는 뜻, 즉 뜻하는 바는 큰데 너무
늦어서 쉽게 달성할 수 없다는 비유의 말이다.

出典 : 〈사기(史記)〉오자서
열전(伍子胥列傳)

| 풀이 | 오왕(吳王) 요(僚) 5년, 초(楚)에서 오자서(伍子胥)
가 도망쳐와 오왕 요와 공자광(公子光)을 뵈었다.

오자서의 아버지 오사(五奢)는 초의 평왕(平王)의 태자 건(建)의 태부(太傅)였다. 평왕 2년, 마찬가지로 소부(小傅)인 비무기(費無忌)가 진(秦)에서 태자비로 데리고 온 여자를 평왕(平王)에게 권하고, 태자에게서 떠나 왕에게 아첨하여 총임을 얻었으나, 태자의 보복이 두려워 참언했다. 그래서 왕은 태자를 초의 동북 국경인 성부(城父)의 수비관으로 보냈다.

비무기는 태자를 변경 지방으로 쫓아 보낸 다음에도 마음이 놓이지 않자 태자가 제후와 손을 잡고 왕에게 반기를 들고 있다고 말했다.

왕은 그 말을 믿고 태부인 오사를 불러 엄하게 문책했으나, 오사는 도리어 왕이 참적(讒賊)의 말을 듣고 골육인 태자를 가볍게 보는 것을 간힐했다. 그 때문에 오사는 유폐당하고, 태자는 송(宋)으로 도망쳤다. 그래도 비무기는 오사의 두 아들, 오상과 오자서의 보복이 두려워 태자의 음모는 이 두 아들이 권유했다고 다시 왕에게 참언했다. 왕은 두 아들을 붙잡기 위해 알렸다.

"오면 네 아비를 용서하고, 오지 않으면 죽이겠다."

그래서 형 오상은 아버지와 함께 죽고자 잡히고 오자서는 아버지의 원수를 갚으려고 도망쳤다. 송으로 도망쳐간 오자서는 태자 건과 함께 오(吳)로 갔다.

오왕 요와 공자광을 뵌 오자서는 공자광이 왕위를 은근히 탐내며 자객을 구하고 있는 것을 알고, 전제(專諸)라는 자객을 발견해서 이를 공자광에게 천거하고 자신은 농사

태부(太傅) : 삼공(三公)의 하나로 태자의 스승.

총임(寵任) : 총애하여 벼슬에 임용함. 총애하여 신임함.

반기(叛起) : 배반하여 일어남.

골육(骨肉) : 부모와 자식 또는 형제자매 등이 가까운 혈족.

일을 하면서 공자광이 목적을 달성하기만 기다렸다.

오왕 요 12년(기원전 512년), 초평왕이 죽고 비무기가 평왕에게 권한 진녀(秦女)의 몸에서 출생한 진(軫)이 왕위에 올랐다. 당연히 비무기는 전횡을 일삼았는데 1년도 못되어 내분이 일어나 살해당했다. 오자서는 그렇게 하여 노리던 원수 두 사람을 계속 잃었으나 초로 쳐들어가 아버지와 형의 원수를 갚겠다는 결심은 조금도 변하지 않았다.

한편 비무기가 살해되던 해, 오왕 요는 초의 내분을 틈타 단숨에 이를 치고자 대군을 초로 진격시켰다. 그 틈에 공자광은 전제(專諸)를 시켜 오왕 요를 암살하고 스스로 왕위에 올랐다. 그가 바로 오왕 합려(闔廬)이다.

그로부터 오자서는 손무(孫武)와 함께 합려를 도와 여러 차례 초로 진격했는데, 마침내 합려왕 9년(기원전 506년), 초의 수도인 영(郢)을 함락시켰다. 오자서는 아버지와 형의 원수를 갚으려고 소왕(昭王)을 찾았으나 소왕은 이미 운(鄖)으로 도망친 뒤라 목적을 달성하지 못한 채 평왕의 무덤을 파고 그 시체에 3백 대의 매질을 하여 원한을 풀었다.

오자서와 친교가 있던 신포서(申包胥)는 이때 산중에 피해 있었으나 사람을 통해 오자서의 보복이 너무나도 심한 것을 책망하고 그 행위를 천륜에 어긋난 일이라고 전하였다. 그에 대하여 오자서는 이렇게 대답했다.

"지금 해는 지고 길은 멀다. 그래서 나는 도행(倒行)해서 이것을 역시(逆施)할 뿐이다."

즉 자기는 나이들고 늙었으나 할 일이 많다. 그래서 이치를 따라서 행할 겨를이 없다고 한 것이다.

一葉落 天下知秋 ❖ 일엽락 천하지추

잎 하나가 떨어지는 것을 보고 온 천하가 가을임을 안다는 뜻으로, 즉 작은 현상만을 보고 큰 근본도 알 수 있어야 한다는 의미이다. 일엽지추(一葉知秋)라고도 한다.

| 풀이 | "냄비 속에서 요리되고 있는 고기 맛을 보려고 냄비 속의 고기를 전부 먹어볼 필요는 없다. 그 한 조각만 먹어보아도 냄비 속의 고기 맛을 전부 알 수가 있기 때문이다. 또 습기가 차지 않는 깃털과 습기가 잘 차는 숯을 저울에 달아 공기가 건조한지 습기가 차 있는지를 알 수도 있다. 이런 것은 작은 것을 가지고 큰 것을 밝히는 것이다.

또 오동나무 잎이 하나 떨어지는 것을 보면 가을이 깊어져 이 해가 저물어 감을 알고, 독 안의 물이 얼어 있는 것을 보면 온 세상이 추워진 것을 알 수 있다. 이것은 가까운 것을 보고 먼 것을 알아내는 이치이다."

또 이자경(李子卿)의 〈추충부(秋虫賦)〉에는 "잎이 하나 떨어지니 천지가 가을이다."라고 나와 있으며, 〈문록(文錄)〉에는 당(唐) 사람의 시로서 "산의 중이 육갑을 헤아릴 줄 몰라도 잎 하나가 떨어지면 천하가 가을인 것을 안다(山僧

出典 : 〈회남자(淮南子)〉 설산훈(說山訓)

육갑(六甲) : 육십갑자의 준말. 십간(十干)과 십이지(十二支)를 배합하여 육십 가지로 배열한 순서.

308 · 고사성어

不解數甲子 一葉落天下知秋)."는 구절이 있다.

一以貫之 ❖ 일이관지

出典 : 〈논어(論語)〉이인편
(里仁篇), 위영공편(衛靈公
篇)

하나로 줄줄이 꿰었다는 말로서 처음부터 끝까지 변함
이 없다는 의미로 쓰이기도 하고, 일사천리로 조금도 막
힘 없이 밀고 나감을 뜻하기도 하는데 보통 일관(一貫)으
로 줄여서 말한다.

Ⅰ 풀이 Ⅰ〈논어〉의 이인편(里仁篇)에는 다음과 같이 기록
되어 있다.

"삼아, 나의 도는 하나로써 꿰었느니라(參乎 吾道一以貫
之)."

공자께서 이렇게 말하자, 증자가 "네." 하고 대답했다.

공자께서 나가자 문인(門人)이 물었다.

문인(門人) : 문하생(門下
生).

"무엇을 이르신 것입니까?"

증자가 나직이 대답했다.

"선생님의 도는 충성(忠誠)과 용서(容恕)일 뿐이다."

위영공편(衛靈公篇)에는 또 이렇게 기록되어 있다.

공자께서 말씀하셨다.

"사야, 너는 내가 많이 배워서 모든 이치를 다 아는 자
라고 생각하느냐(賜也 女以予 爲多學而識之者與)?"

자공이 대답했다.

"그렇습니다. 그러면 그렇지 않다는 말씀입니까?"

"아니다. 나는 한 가지 이치로 모든 일을 꿰뚫느니라(非也 子一以貫之)."

一字千金 ❖ 일자천금

글자 한 자에 천금의 가치가 있다는 뜻으로, 특히 **빼어나게 훌륭한 문장**에 비유되어 쓰인다.

出典 : 〈사기(史記)〉 여불위전(呂不韋傳)

| 풀이 | 춘추전국시대에 이른바 사군(四君)이라 하여 제(齊)나라의 맹상군(孟嘗君), 위(魏)나라의 신릉군(信陵君), 조(趙)나라의 평원군(平原君), 초(楚)나라의 춘신군(春信君)이 경쟁이나 하듯 천하의 인재들을 자기 문하로 끌어들이고 있었다.

그 무렵 진(秦)의 상국(相國)이 되어 어린 왕 정, 즉 시황제를 조종하여 위세를 떨치고 있던 여불위는 자신이 그들 사군(四君)만 못한 것을 부끄럽게 생각하고 권력과 돈을 배경으로 천하의 인재들을 불러 모았다. 그리하여 각처에서 모여든 자의 수가 3천에 달했다.

그 당시는 제자백가(諸子百家)의 저서가 널리 세상에 전파되던 시기였다. 여불위는 여기에 자극을 받아 자기도 뭔가를 세상에 남기고 싶은 마음이 일었다. 그래서 식객들에게 그들이 그 동안 알고 듣고 본 것을 기록하게 하여

문하(門下) : ①스승의 밑, 또는 스승의 집. ②문하생이 드나드는 권세가 있는 집.
상국(相國) : 지금의 국무총리.

식객(食客) : 남의 집에서 지내면서 문객(門客) 노릇하는 사람.

고금천지(古今天地): 옛날부터 지금까지의 온 세상.

시문(市門): 시(市)의 입구가 되는 문.

이것들을 한데 모아 정리한 결과 팔람(八覽), 육론(六論), 십이기(十二紀) 등 20만 자가 넘는 방대한 책이 되었다. 고금천지의 모든 지식이 다 망라되어 있다고 생각한 여불위는 자기 성을 따서 〈여씨춘추(呂氏春秋)〉라고 이름을 붙였다. 그는 이것을 진나라 수도 함양(咸陽)성 시문(市門) 앞에 진열해 두고 그 위에 천금(千金)을 걸어놓은 다음 방을 써서 붙였다.

"능히 한 글자라도 보태거나 뺄 수 있는 사람이 있으면 천금을 주겠다(有能增損一字者豫千金)."

이것은 사실 유능한 식객을 끌어들이기 위한 방법이었다.

一敗塗地 ❖ 일패도지

出典: 〈사기(史記)〉 고조본기(高祖本紀)

한 번 패해 넘어지면 간과 뇌가 땅에 뒹군다는 것으로, 여지없이 패하여 다시 일어설 수 없게 됨을 일컫는 말이다.

2세(二世): 시황제가 죽고 나 후 조고(趙高)·이사(李斯)에의 옹립된 호해(胡亥)를 말함.

| 풀이 | 진(秦)의 시황(始皇)이 죽고 2세(二世)가 즉위하자 그렇게 견고해 보이던 진의 기반도 차츰 흔들리기 시작했다. 무명 청년인 진승(陳勝)이 반란을 일으키자 호응자가 의외로 많아서, 파죽지세(破竹之勢)로 진군(秦軍)을 무너뜨리고 진을 점령하여 스스로 왕이 되었다. 이렇게 나라가 어지러워지자 여기저기서 군현(郡縣)의 장(長)을 죽이고 군사를 일으키는 자가 속출하였다.

패(沛)의 현령(縣令)은 이런 형세가 두려워졌다. 피살되기 전에 스스로 백성들을 이끌고 진승의 편을 들고자 생각하여 부하인 소하(蕭何), 조참(曹參)에게 상의했더니 그들이 말했다.

"진(秦)의 관장(官長)이신 몸으로 반란을 꾀하신다면 백성들이 잘 따르지 않을 것입니다. 지금 진의 탄압을 피해 고을 밖에 도망해 있는 자가 꽤 있으니 그들을 부르시는 것이 좋습니다. 적어도 수백은 모일 것이므로, 그들로 하여금 백성들을 위협하게 하시면 모두 따를 것입니다."

현령은 아전인 번쾌(樊噲)를 시켜 유방을 불렀다. 이전에 시황(始皇)은 동남(東南)에 천자(天子)의 기운이 있다 하여 이를 미리 막고자 친히 나섰었는데, 유방은 이 때문에 산중에 도피해 있었던 것이다. 그는 그를 따르는 수백의 청년들과 함께 성으로 돌아왔다.

그러나 현령은 그에게 지위를 뺏기지나 않을까 두려워한 나머지 태도를 바꾸어 유방 일행을 입성(入城)시키지 않았다. 그러고는 소하와 조참을 죽이려고까지 하자 신변에 위협을 느낀 두 사람은 성을 빠져나와 유방과 합세했다. 그래서 유방은 비단폭에 글을 써서 성안으로 던져 백성들을 선동했다.

"무도(無道)한 진의 탄압 때문에 백성들은 오랫동안 고생해 왔다. 지금 부로(父老)들은 현령을 위해 성을 지키고 있으나, 제후들이 각처에서 기병하고 있으므로 얼마 가지 않아 이곳도 함락될 것이다. 그러므로 힘을 합쳐 현령을

무고(無辜) : 잘못이나 허물이 없음.

추대(推戴) : 어떤 사람을 높은 직위로 오르게 하여 받듦.

죽이고 대세에 순응하라. 그렇지 않으면 성이 함락될 때에 무고한 피를 많이 흘리게 될 것이다."

이 격문을 읽은 백성들은 현령을 죽이고 유방을 맞아들여 현령으로 추대하려 했다. 이때 유방이 사양한 말 속에 '일패도지'란 문구가 나온다.

"천하가 소란한 중에 제후들이 여기저기서 일어나고 있다. 이때에 그럴 만한 인물을 가려 장수로 삼지 않는다면 일패도지하고 말 것이다(天下方擾 諸侯併起 今置將不善 一敗塗地). 나는 내 몸의 안전을 생각해서 이런 말을 하는 것은 아니다. 내 재주가 모자라 여러분의 부형과 자제의 생명을 보존해 줄 수 없을 것을 두려워하기 때문이다. 이는 중대한 일이니, 부디 좋은 사람을 선택해 주었으면 한다."

그러나 소하와 조참이 만일의 경우에 닥칠 화를 두려워하여 유방을 극구 추대하였으므로 마침내 유방은 현령이 되어 패공(沛公)이라 일컬어졌으며 이것이 드디어는 한(漢)의 전국으로까지 이어져 가게 된 것이다.

自暴自棄 ◈ 자포자기

스스로 자신을 학대하고 자신을 내던지는 것으로, 즉 몸가짐이나 행동을 아무렇게나 되는 대로 취하여 자신을 돌보지 않음을 일컫는다.

出典 : 〈맹자(孟子)〉 이루편 상(離婁篇上)

| 풀이 | "자포(自暴)하는 자와는 함께 말할 수가 없다. 자기(自棄)하는 자하고는 함께 행동할 수가 없다. 예를 들면 예의도덕을 비방하는 것을 자포라 한다. 한편 도덕의 가치는 인정하면서, 인(仁)이나 의(義) 같은 것은 자기로서는 도저히 손에 닿지 못하는 것이라고 하는 것을 자기라고 한다. 사람의 본성은 원래 선(善)이다. 그래서 사람에 따라 도덕의 근본 이념인 인은 평화스러운 가정 같은 것이고, 올바른 도리인 의는 사람으로서의 정도(正道)이다. 평화로운 가정을 거들떠보지 않아 거기서 살려고 하지 않고, 올바른 길을 버리고 행하려 하지 아니하니 참으로 슬픈 일이다."

맹자의 말씀대로 하면 말을 함부로 하는 것이 자포이며 행동을 되는 대로 하는 것이 자기이다. 곧 말을 함부로 하는 것은 어질고 바른 것을 멀리하는 적극적인 태도이고, 행동을 되는 대로 하는 것은 희망을 잃은 소극적인 태도

라고 볼 수 있다.

前車之覆轍 後車之戒 ❖ 전거지복철 후거지계

出典 :〈한서(漢書)〉가의전
(賈誼傳)

앞 수레가 지나간 바퀴 자국은 뒤에 오는 수레의 좋은
경계가 된다는 뜻으로, 맨 처음에 좋은 본보기를 보여야
뒤에 따르는 사람도 옳게 행하게 된다는 말이다.

| 풀이 | 전한(前漢) 제3대 황제인 문제는 고조 유방의 서
자(庶子), 제2대 혜제(惠帝)의 동생으로 제후였었으나 한실
의 내분으로 군신에게 추대되어 제위에 오른 사람이다.

그 무렵의 명신으로 가의(賈誼)라는 인재가 있었다. 의
(誼)는 낙양(洛陽) 사람으로 18세 때 시문에도 통하여 이미
견줄 만한 자가 없었다. 그래서 하남(河南)의 태수 오공(吳
公)이 인물을 믿고 문하로 초치했던 바 그 소문을 들은 문
제가 도읍으로 불러 박사로 삼았다. 의가 20세 때였다.

가의(賈誼) : 시문에 뛰어나
고 제자백가에 정통하여 문
제의 총애를 받아 23세에
박사가 되었다.

초치(招致) : 불러서 이르게
함.

문제는 제후 출신이었으므로 제후 중에서는 이를 업신
여겨 명령을 중시하지 않는 자가 있었다. 그래서 문제는
가의와 진평(陳平), 주발(周勃) 등 명신을 중용하여 제후 대
책을 비롯한 국정쇄신에 힘을 다했다. 가의는 이 새 황제
를 도와 정치를 행하는 데 있어 중국 최고의 나라인 하(夏)
로부터 진(秦)나라에 이르기까지 각국의 흥망의 자취를 거
울삼아 제후의 힘을 꺾고 백성의 힘을 기르기 위해 많은

헌책(獻策)을 했는데, 그 중 다음과 같은 문장이 있다.

"속담에 '앞 수레가 지나간 바퀴 자국은 뒤에서 오는 수레에 좋은 경계가 된다.'는 말이 있습니다. 우리들이 모범으로 삼고 있는 옛날의 좋은 시대였던 하·은(殷)·주(周) 3대는 이제 먼 옛날이 되었으나, 그 잘 다스려졌던 까닭은 명확하게 알 수가 있습니다. 이 선훈을 배워 얻지 못하는 자는 성인의 가르침에 위배되는 자로서, 그런 자가 오래 계속될 리는 없습니다. 전대의 진이 일찍 망한 것을 우리들은 눈앞에 보고 있습니다. 우리가 만약 진이 범한 잘못을 피하지 않으면 그 전도도 어두운 것이 된다는 것은 정한 이치입니다. 국가의 존망, 치란의 열쇠는 바로 여기에 있는 것입니다."

문제는 이 말을 따라 제후의 땅을 줄이고, 대국을 소국으로 분할한 다음 농업을 장려하고 전조(田租)를 면하며 극형을 폐지시켜 인정을 베풀었다. 또한 검소 검약의 기풍을 장려하고 관녀가 주옥을 장식하거나 치맛자락을 끌고 걷는 것을 금지했다. 덕택으로 상하 모두가 질박하고 독후하여 남의 과실을 들추어내는 것을 부끄럽게 생각하는 미풍양속이 온 나라를 덮는 태평성세가 되었다.

이보다 앞서 전국시대의 위문후(魏文侯)가 어느 날 공승불인(公乘不仁)이라는 하급관리에게 술자리의 진행을 보게 하고 대신들과 주연을 벌였다.

"그저 마셔도 흥미가 없으니, 무슨 재주라도 하나씩 보인 뒤 마시기로 하되 그렇지 못한 자는 벌로써 큰 잔 가득

헌책(獻策) : 계책을 올림.

선훈(先訓) : 선대의 교훈.

전도(前途) : 앞으로 나아갈 길. 장래.
치란(治亂) : ① 치세와 난세를 아울러 이르는 말. ② 혼란에 빠진 세상을 다스림.

전조(田租) : 논밭에 대한 조세.

주옥(珠玉) : 구슬과 옥.

독후(篤厚) : 성실하고 인정이 두터움.

히 술을 마시기로 하자."

대신들도 찬성했다. 그런데 그 벌칙을 문후가 제일 먼저 깼다. 그래서 불인(不仁)은 곧 큰 잔을 문후에게 내밀었다. 그러나 문후는 힐끔 보기만 할 뿐 도무지 받지를 않았다.

"불인, 적당히 하게. 주상께서는 심하게 취하셨네."

가신이 옆에서 중지를 시키자 불인이 말했다.

"전거지복철 후거지계라는 속담이 있습니다. 전례에 비추어 조심하라는 훈계입니다. 가신이 되는 것도 주군이 되는 것도 다같이 쉬운 일이 아닙니다. 이제 주군께서 법을 정하시고 그 법을 지키지 않는 선례를 만드시면 앞으로 어떻게 될 것인지 잘 생각하시고, 무슨 일이 있더라도 벌배(罰杯)는 드셔야 합니다."

문후도 "옳은 말이다." 하고 선선히 그 큰 잔을 받아 쭉 들이키고 그후 불인을 중용했다고 한다.

戰戰兢兢 ❖ 전전긍긍

전전(戰戰)은 겁을 먹고 빌빌 떠는 모양, 긍긍(兢兢)은 조심해 몸을 움츠리는 모습으로, 즉 어떤 위기감에 절박해진 심정을 형용하는 경우에 쓰인다.

| 풀이 | 이 시는 서주(西周) 말엽에 모신(謀臣)에 의해 고법(古法)을 무시한 정치가 자행됨을 한탄한 것으로, 전전

주군(主君) : 임금.

벌배(罰杯) : 술자리에서 주령(酒令)을 어긴 사람에게 벌로 주는 술잔.

出典 : 〈시경(詩經)〉 소아 소민편(小雅小旻篇), 〈논어(論語)〉

모신(謀臣) : 지모(智謀)에 뛰어난 신하.

317

긍긍이란 말은 최후의 일절에서 나온다.

> 맨손으로 호랑이를 잡을 수 없고
> 걸어서는 황하를 건널 수 없네
> 사람들이 그 한 가지는 알고 있으나
> 다른 건 아무것도 모르고 있네
> 생각하면 언제나 벌벌 떨면서
> 깊고 깊은 못 가에 임하는 심정
> 엷디 엷은 살얼음 위를 걷는 듯하네

不敢暴虎
不敢馮河
人知其一
莫知其他
戰戰兢兢
如臨深淵
如履薄氷

주자(朱子)는 왕이 간사한 계교에 속아서 단호하게 선(善)을 행하지 못했기 때문에 대부(大夫)가 이런 시를 지었다고 하였다. 이 시로부터 전전긍긍이란 말이 나왔고 포호빙하(暴虎馮河), 여림심연(如臨深淵), 여리박빙(如履薄氷)이란 말도 자주 쓰이게 되었다. 또 이 대목은 〈논어〉의 태백편(泰伯篇)에도 나와 있다.

계교(計巧) : 이리저리 생각하여 짜낸 꾀.

증자가 임종시에 제자들을 불러놓고 이렇게 말했다.

"나의 발을 펴고 내 손을 펴 보아라. 〈시경〉에 이르기를 '두려워하고 근심함이 깊은 못 가에 임하여 있는 듯하고 살얼음을 밟는 듯하다.' 하였거늘 지금에서야 나는 마음을 놓겠구나(啓予足啓予手 詩云 戰戰兢兢 如臨深淵 如履薄氷 而今而後 吾知免夫 小子)."

임종(臨終) : ① 죽음에 다다름. ② 부모가 운명할 때 그 옆에 모시고 있음.

증자는 공자의 제자 중에서도 가장 효성이 지극한 사람이었다. 효경(孝經)의 첫머리에 "몸뚱이와 털과 피부는 부모에게서 받은 것이므로 감히 상하지 않게 하는 것이 효도의 첫걸음이요, 몸을 세우고 도를 행하여 이름을 후세에 빛나게 함으로써 부모를 나타나게 하는 것이 효도의 마지막이다."라고 하였던 바, 효성이 지극한 증자로서는 몸을 훼손하지 않기 위해 그 동안 두려워하고 근심함이 살얼음판을 밟은 듯하였는데, 이제 죽게 되니 그런 굴레에서 벗어나게 되었다고 말한 것이다.

훼손(毁損) : ① 체면이나 명예를 손상함. ② 헐거나 깨뜨려 못쓰게 함.

輾轉反側 ❖ 전전반측

出典 : 〈시경(詩經)〉 주남(周南)의 관저(關雎)

밤새도록 이리저리 뒤척이며 잠을 이루지 못함을 형용한 말로, 원래는 미인을 사모하여 잠을 이루지 못하는 경우에 쓰였으나 오늘날에는 어떤 근심과 걱정으로 잠을 이루지 못하는 경우에 많이 쓰고 있다.

┃ 풀이 ┃ 〈시경〉의 국풍편(國風篇) 첫머리를 장식하는 '관관저구(關關雎鳩)'에 있는 말로서, 이 시는 먼저 강의 모래톱에서 울고 있는 저구라는 물새를 노래한다. 그 새는 관관(關關) 하며 우는데 아름답고 소용한 사태는 요조한 처녀를 생각하게 한다. 좋은 배우자로서 남자가 찾는 처녀는 저 물새와 같이 그윽하고 아름답다고 한다. 그리고 시는 다음과 같이 계속된다.

요조(窈窕) : 부녀자의 행실이 아리땁고 얌전함.

參差荇菜 左右流之

올망졸망 마름풀 따려고 이리저리 찾는다

319

아리따운 아가씨 자나깨나 그리며
구해도 얻을 수 없어 자나깨나 그 생각뿐
끝없는 이 마음 잠 못 이뤄 뒤척이네

窈窕淑女 寤寐求之
求之不得 寤寐思服
悠哉悠哉 輾轉反側

물가에 마름풀이 길고 짧게 올망졸망 나 있다. 그것을 이리저리 찾아다니며 딴다. 이처럼 정숙한 아가씨를 찾을 수 없을까. 자나깨나 그리다가 찾을 수 없어 그 근심에 잠을 이루지 못한 채 뒤척이기만 한다는 것으로, 여성을 사모하는 연가(戀歌)이다.

연가(戀歌) : 이성에 대한 사랑을 나타낸 노래.

井中之蛙 ❖ 정중지와

우물 안의 개구리란 말로, 소견이 좁아 하나밖에 모르는 사람을 일컫는다.

出典 : 〈장자(莊子)〉 추수편 (秋水篇)

| 풀이 | 황하의 신(神)인 하백(河伯)이 물을 따라 처음으로 바다까지 내려와 보았다. 끝없이 펼쳐진 동쪽 바다를 바라보며 북해의 신(神)인 약(若)에게 말했다.

"나는 이제까지 이 세상에서 황하가 가장 넓은 줄로 알고 있었는데 지금 바다를 보고서야 넓은 것 위에 보다 넓은 것이 있다는 것을 깨달았소. 속담에 '겨우 백 개쯤의 도(道)를 듣고서는 자기만한 자가 천하에 없는 줄로 안다.'는 말이 있는데 바로 나를 두고 한 말이었군요. 또 나는 공자(孔

견문(見聞) : ① 보고 들음.
② 보고 들어서 얻은 지식.

子)의 견문(見聞)도 보잘것없다느니 백이(伯夷)의 의(義)라는
것도 대단한 것이 아니라느니 하는 말을 들은 적이 있었으
나 여태까지는 그것이 믿기지가 않았습니다. 그러나 당신
의 끝없는 모습을 목격한 지금은 그럴 수도 있겠다는 생각
을 갖게 되었습니다. 만약 내가 여기를 와 보지 않았던들
영영 식자(識者)들의 웃음거리가 될 뻔했소이다."

식자(識者) : 식견이 있는
사람.

그러자 북해의 신이 말했다.

"우물 안 개구리에게 바다에 대해 말할 수 없는 것은 그
가 사는 곳에만 사로잡혀 있기 때문이오(井蛙 不可以語於海
者 拘於處也). 여름 벌레에게 얼음에 관해 이야기를 할 수
없는 것은 그들이 사는 계절만을 굳게 믿기 때문이지요.
식견이 없는 선비에게 도를 말할 수 없는 것은 그들이 배
운 상식에만 묶여 있기 때문이외다. 그런데 그대는 강에
서 나와 큰 바다를 구경하고 자기의 부족함을 알았으니
함께 진리를 말할 수 있을 것 같구려."

糟糠之妻 ❀ 조강지처

出典 : 〈후한서(後漢書)〉 송
홍전(宋弘傳)

간고(艱苦) : 가난하고 고생
스러움.

지게미와 쌀겨로 끼니를 이어가며 고생을 같이 해온 아
내란 뜻으로, 곤궁할 때부터 간고(艱苦)를 함께 겪은 본처
(本妻)를 흔히 일컫는다.

| 풀이 | 후한 광무제(光武帝)의 누님인 호양공주(湖陽公

主)가 과부가 되었다. 광무제는 누님을 마땅한 사람에게 다시 혼인시킬 생각으로 그녀의 의향을 물어보았다.

"송홍(宋弘) 같은 사람이라면 남편으로 우러러보고 살 수 있겠지만 그 외에는 별로 생각이 없습니다."

그녀는 송홍이 아니면 시집가지 않겠다는 뜻을 밝혔다.

송홍은 후중(厚重)하고 정직하기로 널리 알려진 사람으로 무제가 즉위한 이듬해에 대사공(大司空)이란 대신의 지위에 올랐다.

후중(厚重) : 몸가짐이 정중하고 견실함.

"누님의 의사는 잘 알겠습니다. 그럼 한번 힘써 보지요."

하고 약속을 한 광무제는 송홍이 마침 공무로 편전에 들어오자 공주를 병풍 뒤에 숨겨두고 송홍과 자신의 대화를 엿듣게 했다. 이런저런 얘기를 하다가 광무제는 송홍에게 넌지시 다음과 같이 말을 건넸다

편전(便殿) : 임금이 평소에 거처하는 궁전.

"속담에 이르길 지위가 높아지면 친구를 바꾸고 집이 부유해지면 아내를 바꾼다고 하는데 그럴 수 있는 일인가?"

그러자 송홍은 서슴지 않고 대답했다.

"신은 가난하고 천했을 때의 친구는 잊어선 안 되고 지게미와 쌀겨를 먹으며 함께 고생한 아내는 집에서 내보내지 않는다 들었습니다(臣聞 貧賤之交不可 忘糟糠之妻 不下堂)."

이 말을 듣고 광무제는 송홍이 물러가자 조용히 누님이 있는 쪽을 돌아보며 말했다.

"일이 틀린 것 같습니다."

朝聞道 夕死可矣 ❖ 조문도 석사가의

出典 : 〈논어(論語)〉 이인편 (里仁篇)

아침에 천하가 올바른 정도(政道)로 행해지고 있다는 말을 들으면 저녁에 죽어도 좋다는 뜻으로, 오늘날에는 사람이 참된 이치를 깨달으면 당장 죽어도 한이 없다는 뜻으로 쓰이며, 짧은 인생을 값있게 살아야 한다는 의미 깊은 말이다.

요체(要諦) : ① 사물의 가장 중요한 점. ② 중요한 깨달음. 올바른 사리(事理).

| 풀이 | 제나라 경공(景公)이 정치의 요체(要諦)를 묻자, 공자는 다음과 같이 대답했다.

"임금은 임금다워야 하고 신하는 신하다워야 하며, 아비는 아비다워야 하고 자식은 자식다워야 한다."

임금은 인애와 위엄으로써 신하를 대하고 신하는 임금에게 충절을 다하며, 아비는 자애와 위엄으로써 자식을 대하고 자식은 어버이에게 효를 다한다. 공자는 이것을 도(道), 즉 인간의 의지를 초월한 하늘의 가르침이라 생각하고 있었다.

천여(天與) : 하늘이 줌.

서주(西周 ; 기원전 1122~771년)의 씨족제 봉건사회를 천여(天與)의 이상적 사회로 생각하고 있었기 때문이다.

서주 사회에서는 개인이 집에 속하고 집의 주권은 가부장에게 있다. 가부장은 가족 전원을 이끌고 핏줄을 같이하는 다른 집안의 가부장들과 함께 씨족에 속하며, 씨족의 주권은 족장(族長)에게 있다. 족장은 씨족 전원을 이끌고 다른 씨족의 족장과 함께 제후(諸侯)에 신종하며 제후

족장(族長) : 그 씨족의 시조 직계가 되는 집의 가부장.
제후(諸侯) : 그 도시국가의 주권을 가지는 씨족의 족장.

는 자신에게 신종하는 전 족장을 이끌고 천자(天子)에게 신종한다. 족장—가부장—개인이라는 종족 관계를 유지하기 위하여 요구되는 것이 '효(孝)'라는 도덕이고, 천자—제후—족장이라는 신종 관계를 유지하기 위하여 요청되는 것이 '충(忠)'이라는 도덕이다.

그런데 서주 말기가 되자 노동의 생산력 증대로 말미암아 천자와 제후간의 힘의 균형이 깨졌고 동주(東周 ; 기원전 770~249년)에 이르자 이미 천자로서의 지배권이 사실상 상실되고 말았다.

제후는 또 신종하는 족장에게 토지를 주고 있었으므로 이윽고 똑같은 현상이 생겨나 춘추시대(기원전 722~481년)가 되자 제후와 유력 족장간의 힘의 균형도 깨져 곧잘 유력 족장들이 제후의 시역(弑逆)과 폐립을 하거나 그 통치권을 관리하는 일도 생기게 되었다.

이런 힘 관계의 불균형은 족장—가부장 사이, 가부장—개인 사이에도 나타나 공자가 태어난 춘추 말기에는 천자—제후—족장—가부장—개인이란 권력의 구성이 매우 혼란스러워져 모두가 힘에 의해 지배되고, 동시에 인간이 개인 의식을 자각하여 극도로 이기적이 되어 있었다.

유일자로서 '하늘'을 믿고 주조(周朝)의 천자 권위는 하늘이 부여한 것이라 생각하고 있던 공자가 사회에 평화와 질서를 바랐을 때, 서주(西周)의 고제(古制)를 쫓고 그 도덕을 동경한 것은 자연적인 일이다.

공자의 조국인 노(魯)에서는 삼환씨(三桓氏)라는 유력한

천자(天子) : 제후에게 토지와 그 토지의 통치권을 준 씨족의 족장.

시역(弑逆) : 부모나 임금을 죽임.

고제(古制) : 옛날의 제도.

세 씨족이 주군을 국외로 추방하여 객사를 시켰고, 인접국 제(齊)에서는 유력한 귀족인 최씨(崔氏)가 자기 첩과 간통한 주군을 죽였는가 하면, 그 첩의 소생을 후계자로 삼으려다가 정실에서 태어난 아들의 손에 살해되었다.

또 공자가 오래 체재하고 있던 위(衛)라는 나라에서는 군주가 남색에 탐닉하고 있었기 때문에 정실에게 정인(情人)을 허락했고, 이것을 수치로 생각한 태자는 자기의 어머니를 죽이려고 하다가 그 사실이 탄로나자 타국으로 망명했다.

더구나 이 태자는 남색을 즐기는 아버지의 후계자가 된 자기 아들에게서 그 지위를 빼앗고자 다투고, 이 난으로 공자의 애제자인 자로(子路)가 죽었다.

'서주의 질서있는 사회를 회복시키고 싶다.'는 비원(悲願)에 불탄 공자는 조국인 노에서도 노력했거니와 중원을 유랑하며 가는 곳마다 제후들을 설득했다. 그러나 씨족이란 질곡(桎梏)에서 해방된 개인이나 권력을 잡은 경(卿)이나 대부나 사(士)라는 신하들이 이것을 막지 않을 리가 없었다.

"아침에 전하에 도(道)가 행해지고 있다는 말을 듣는다면 저녁에는 죽어도 좋다."라는 말은 이런 난세를 겪은 노공자(老孔子)의 입에서 무심코 새어나온 한탄이었다.

朝三暮四 ❖ 조삼모사

아침에는 세 개, 저녁에는 네 개라는 말. 즉 어리석은 자를 우롱하는 말로 사술(詐術)로써 남을 속이는 것을 뜻한다.

出典 : 〈열자(列子)〉 황제편 (黃帝篇), 〈장자(莊子)〉 제 물론(齊物論)

사술(詐術) : 남을 속이는 못된 꾀.

| 풀이 | 송(宋)나라에 저공(狙公)이란 사람이 살았는데 원숭이를 좋아하여 원숭이를 기르고 있었다. 저공은 원숭이의 마음을 잘 알고 원숭이 또한 저공의 마음을 잘 이해했다. 그러나 많은 원숭이를 길렀으므로 그 식량을 무시할 수가 없었다. 저공은 점차 곤란해져서 원숭이의 먹이를 제한할 수밖에 없었다.

그러나 그것 때문에 모처럼 자기를 따르고 있는 원숭이의 기분을 상하게 해서는 안 된다고 생각하여 원숭이들에게 물었다.

"너희들에게 줄 도토리를 앞으로는 아침에 세 개, 저녁에 네 개씩 주려고 하는데 어떠냐?"

그러자 원숭이들은 화를 냈다. 아침에 세 개라면 배가 고파 못 견디겠다는 원숭이의 마음을 저공은 알아차렸다. 저공은 내심 잘되었다고 생각하면서 다시 말했다.

"그럼 아침에 네 개, 저녁에 세 개로 하면 어떠냐? 그렇게 하면 좋겠지?"

그제서야 원숭이들은 좋아서 손뼉을 쳤다.

이 우화는 〈열자〉의 황제편과 〈장자〉의 제물론(齊物論)

에 나온다. 그러나 그 뜻은 다소 다르다.

열자의 경우는 다음과 같이 결론 짓고 있다.

"지자(智者)가 우자(愚者)를 농락하고, 성인이 중인을 농락하는 것도 저공이 지(智)로써 원숭이들을 농락하는 것과 같다."

〈장자〉의 경우는 농락당하는 자의 편에 서서 "신명(神明)을 다하여 일을 이루면서도 그 같음을 모른다. 이것을 조삼(朝三)이라고 한다."고 말하고 있다.

지자(智者) : 슬기로운 사람. 지혜가 많은 사람.

신명(神明) : 사람의 마음. 정신.

助長 ❖ 조장

도와서 성장시킨다는 뜻으로 쓰이나 급히 크게 하고자 무리하게 힘을 가하면 도리어 모든 것을 해치게 된다는 뜻도 지니고 있다.

出典 : 〈맹자(孟子)〉 공손추 상편(公孫丑上篇)

| 풀이 | 공손추(公孫丑)는 새로이 제나라에 온 맹자의 제자가 되자 우선 제나라 명재상이었던 관중(管仲), 안자(晏子)의 패업에 대하여 물었다. 왕도정치를 주장하는 맹자는 패업을 천한 것으로 보고, 백성이 학정으로 고생을 하고 있는 지금 제(齊)가 인정을 펼 절호의 기회라고 설명했다. 그러자 다시 공손추가 물었다.

패업(覇業) : 패도로 천하를 다스리는 사업. 제후의 으뜸이 되는 사업.

학정(虐政) : 백성을 괴롭히는 정치. 포악한 정치.

"선생님께서 만약 제나라의 경상(卿相)이 되어 정치적으로 성공을 거두신다면, 그때도 선생님께서는 마음을 움직이시지 않겠습니까?"

"나는 사십이 넘어서부터는 마음이 움직이지 않는다. 어떠한 유혹에도 지지 않게 되었지."

여기서 맹자는 부동심(不動心)을 설명했다.

"선생님의 부동심은 어떤 장점이 있는 것입니까?"

"말을 아는 일과 호연지기(浩然之氣)를 기르는 점이다."

여기서 맹자는 호연지기에 대해 설명하고 이 기(氣)를 기르는 방법에 대하여 명쾌하게 대답했다. 물이 흐르는 듯한 일문일답이었다. 맹자는 계속하여 말했다.

"호연지기를 기르는 데 대해서는 그 행하는 바가 다 도의에 어긋나지 않는다는 것이 필요하나, 기를 정(正)으로 하는, 즉 기만을 목적으로 길러서는 못쓴다. 그렇다고 하여 양기(養氣)의 방법을 전혀 잊어버리는 것도 물론 좋지 않다. 송인(宋人)처럼 서둘러서 무리하게 조장시키고자 하는 것도 좋지 않다."

맹자는 여기서 다시 다음과 같은 비유를 들었다.

송나라의 어느 농군이 묘(苗)를 심었는데, 그 묘가 도무지 자라지 않았다. 어떻게 하면 빨리 자랄까 하고 걱정을 한 끝에 손으로 뻗게 해 주어야겠다고 생각했다. 그래서 묘를 하나씩 뽑아서 잡아 늘려주었다. 하나씩 끈기있게 뽑아서 잡아 늘렸으므로 굉장한 일거리였다. 농군은 심한 피로로 녹초가 되어 집으로 돌아와 말했다.

"아아, 오늘은 아주 지쳤소. 묘가 너무나도 안 자라 자라는 것을 도와주었소."

부동심(不動心) : 어떤 외계의 충동을 받아도 마음이 움직이지 않음, 또는 그런 마음.

양기(養氣) : 기력을 기름. 원기를 기름.

이 말을 들은 식구들이 놀라 급히 밭에 가본즉 묘는 이미 송두리째 말라 죽어 있었다.

"바보 같은 이야기지만 세상에는 묘를 조장하는 것과 같은 쓸데없는 짓을 하는 자가 적지 않다. 하기야 처음부터 기를 기르는 것은 무익한 것이라고 내버려두는 자도 있으나, 이것은 묘를 심고 나서 김도 매주지 않는 것과 같다. 그러면 묘는 충분히 자라지 못한다. 그렇다고 하여 기를 길러야만 하는 것이라 믿고 그 성장을 조장하는 것은 조금도 도움이 되지 않을 뿐더러 그 자체를 뿌리째 못 쓰게 만들어 버리는 것이다."

左袒 ❖ 좌단

出典 : 〈사기(史記)〉 여후본기(呂后本紀)

왼쪽 어깨의 옷을 벗어붙인다는 뜻으로, 남에게 편들어 동의함을 나타낼 때 쓰는 말이다.

| 풀이 | 한고조 유방(劉邦)이 죽은 후, 황후였던 여태후(呂太后)가 천하의 권력을 쉬면서 여씨 일족의 천하가 되었다. 이런 상황을 유씨 일족이나 고조의 유신들인 주발(周勃), 진평(陳平), 관영(灌嬰) 등은 좋지 않게 생각하고 있었으나 어떻게 손을 댈 수가 없었다.

그런데 기원전 180년 3월, 여태후는 병이 들어 7월에는 자리에서 일어날 수도 없으리만큼 중태에 빠졌다. 그녀는

유신(遺臣) : 왕조가 망한 뒤에 남아 있는 신하.
주발(周勃) : 전한(前漢)의 명신(名臣). 고조를 섬겨 천하 평정의 공을 세우고 혜제(惠帝)와 문제(文帝)를 섬기고 승상의 지위에 올라 강후(絳侯)에 봉해졌다.

병석에서도 일족의 장래를 걱정하여 조왕(趙王)인 여록(呂祿), 여왕인 여산(呂産)을 상장군에 임명하고 북군은 여록에게, 남군은 여산에게 장악시켰다. 그리고 두 사람을 머리맡으로 불렀다.

"고조가 천하를 정하셨을 때 그 중신들과 더불어 유씨가 아닌 자로 왕이 되거든 함께 이를 치라고 맹약하셨다. 그런데 지금 그대들이 그러하듯 여씨는 각기 왕후에 봉해져 있다. 유씨 일족이나 고조의 유신들은 이것이 불만이다. 내가 죽으면 그들은 아마도 변사(變事)를 일으킬 것이다. 그러니 그대들은 반드시 병권을 장악하고 궁중을 지키는 데 전념하라. 그러기 위해서는 내 장례식에도 참석할 필요가 없다."

이렇게 일러 놓고 여태후는 죽었다. 그러자 그때까지 주색에 빠져 있는 듯 보이던 우승상 진평은 곧 본래의 모습으로 돌아가 태위인 주발과 손을 잡고 여씨 타도의 모의를 꾀했다. 마침 곡주후(曲周侯) 역상(酈商)의 아들인 역기(酈寄)가 여록과 친했는데 이것을 이용하여 두 사람은 역기를 앞세워 여록을 설득시켰다.

"여태후는 돌아가시고 황제는 아직 어립니다. 이때 제왕(諸王)은 각기 봉지(封地)를 단단히 통치하여 황실의 번병(藩屛)으로서의 실을 올리는 것이 급선무입니다. 물론, 현명한 당신은 조(趙)로 돌아가야겠다고 생각하시면서도 북군의 상장군으로서의 임무를 아울러 생각하여 주저하시고 계실 것입니다. 황제께서는 태위 주발에게 북군을

변사(變事) : 보통 일이 아닌 변스러운 일.

타도(打倒) : (어떤 대상이나 세력을) ① 때려 거꾸러뜨림. ② 쳐서 부수어 버림.

봉지(封地) : 제후를 봉하여 그에게 준 땅.
번병(藩屛) : 나라를 지키는 제후.

인수(印綬) : 옛날 관인(官印)의 꼭지에 단 끈. 인끈.

종(宗) : 근본.

통분사(痛忿事) : 원통하고 분한 일.

맡기시고 당신이 조로 돌아가실 것을 희망하고 계십니다. 그러니 안심하시고 귀국하시는 것이 어떻습니까?"

여록은 어리석게도 이 말을 듣고 상장군의 인수(印綬)를 반납하여 북군을 주발에게 넘겨 버렸다. 주발은 북군 병사들을 모아놓고 고했다.

"한실(漢室)은 원래 유씨를 종(宗)으로 하고 있다. 그런데 감히 여씨는 유씨를 누르고 실권을 잡고 있다. 이것은 한실의 불행이며 또한 천하의 통분사이다. 이제 상장군은 유씨에게 충성을 바쳐 성상에게 천하를 돌리려고 생각한다. 장병 제군! 여씨를 섬기려고 하는 자는 우단(右袒)하라. 상장군과 같이 유씨에게 충성을 다하려는 자는 좌단(左袒)하라."

이 말을 듣자 전군은 한 사람 남기지 않고 다 좌단하여 유씨에게 충성을 바칠 것을 명세했다.

한편 여산도 주허후(朱虛侯) 장(章)에게 주살되어 천하는 다시 유씨에게로 돌아왔다.

酒池肉林 ❖ 주지육림

出典 : 〈십팔사략(十八史略)〉

술로 못을 만들고 고기로 숲을 이루게 했다는 뜻으로, 호화스런 생활과 계속되는 진수성찬의 술잔치, 즉 사치하고 음란함을 비유한 말이다.

| 풀이 | 걸(桀), 주(紂) 두 왕은 고대 중국에 있어서 폭군 음주(暴君淫主)의 전형이었다.

하(夏)의 걸왕(桀王)은 자기가 토벌, 멸망시킨 유시씨(有施氏)의 나라에서 공물로 바쳐진 말희(妺姬)라는 여자에게 마음을 빼앗겼다. 그는 말희를 위하여 보석과 상아로 꾸민 호화스런 궁전을 짓고 그 깊숙한 방에 옥으로 꾸민 침대를 놓고서 밤마다의 열락에 빠졌다. 또 그녀가 바라는 대로 온 나라 안에서 3천 명의 미소녀를 모아 그들에게 오색으로 수놓은 옷을 입히고 일대 무악을 벌이기도 하였다.

또 말희의 제안에 따라 왕은 궁궐 일각에 커다란 연못을 파게 했다. 그 바닥에는 새하얀 옥돌을 깔고 연못 속에는 향기로운 미주(美酒)를 아낌없이 부었는데, 연못 둘레에는 언덕을 본따 고기의 산이 쌓아지고 고기포의 숲이 만들어졌다. 왕은 말희와 함께 작은 배를 타고 술의 연못을 저어 다녔다.

3천 명의 미소녀들이 연못 둘레에서 가락에 맞추어 춤을 추고, 신호의 북소리가 나면 연못으로 달려가 술을 마시고 숲의 육포를 뜯어 먹는 것을 기분좋게 바라보며 향락에 빠졌다.

그러나 이와 같은 사치생활의 연속은 곧 국고를 바닥나게 했으며 민심의 이탈을 불러일으켰으므로 하조(夏朝)의 멸망은 필연적인 것이었다.

또 은(殷)의 주왕(紂王)을 사로잡은 것은 유소씨(有蘇氏)의 나라에서 바친 세상에서도 보기 드문 미모와 음분(淫奔)

공물(貢物) : 백성이 궁중이나 나라에 세금으로 바치던 지방의 특산물.

열락(悅樂) : 기뻐하고 즐거워함.

미주(美酒) : 맛이 썩 좋은 술.

음분(淫奔) : 음탕한 행동을

332 • 고사성어

하는 것.

녹대(鹿臺) : 은나라의 주왕
이 재보(財寶)를 모아 두던
곳. 뜻이 바뀌어 위정자 등
이 국민으로부터 거두어 들
인 재화를 저장하는 곳간을
이름.
거교(鉅橋) : 은나라 때 큰
창고가 있던 곳.

망아(忘我) : 어떤 사물에
마음을 빼앗겨 자기를 잃어
버림.

광태(狂態) : 미치광이 같은
짓을 말함.
상궤(常軌) : 항상 따라야
하는 바른길.

을 갖춘 독부 달기(妲己)였다. 싫증을 모르는 달기의 욕망
을 만족시키기 위해 주왕은 우선 가렴주구를 일삼았다.

녹대(鹿臺), 거교(鉅橋)의 창고에는 백성들에게서 거두어
들인 돈과 피륙, 곡식이 산같이 쌓이고, 온 나라의 진기한
짐승과 물건들이 속속 궁중으로 몰려 들어왔다. 또 막대
한 물자와 인력을 소모하며 호화스런 궁정과 연못이 만들
어졌다. 연못에는 술이 가득 부어지고 술재강을 언덕 삼
고 고기를 매달아 숲을 만들었다.

그리고 악사에게 명하여 새로 지은 북리무(北里舞), 미
미악(靡靡樂) 등 몸도 혼도 녹여 버릴 듯한 음란한 음악에
맞추어 실오라기 하나 걸치지 않은 남녀의 무리가 그 근
처를 쫓고 쫓기면서 광란의 춤을 추고, 그것을 구경하는
사람들은 망아(忘我)의 황홀경에 젖어 연못의 술을 마시고
숲의 고기를 마구 뜯어먹었다.

더구나 이와 같은 광연(狂宴)이 20일이나 주야를 불문하
고 계속되니 이것을 '장야의 음(長夜之飮)'이라 부르게 되
었다고 한다.

이렇게 광태는 이미 상궤(常軌)를 벗어났는데도 뜻있는
사람들의 간언은 듣지 않고, 도리어 제왕의 행동을 비방
한다는 죄를 씌워 잔인한 포락지형(炮烙之刑)을 과했다. 이
렇게 하여 폭군음주(暴君淫主)의 이름을 떨친 주왕도 걸왕
의 전례대로 주무왕의 혁명 앞에 힘없이 굴복하는 운명의
길을 걸었다.

竹馬之友 ❖ 죽마지우

어릴 때 대나무로 만든 말을 타며 함께 놀던 친구라는 뜻으로, 어릴 때부터 같이 놀며 자란 친한 벗을 일컫는 말이다.

出典：〈세설신어(世說新語)〉 품조편(品藻篇)，〈진서(晉書)〉 은호전(殷浩傳)

| 풀이 | 진(晉)의 은호(殷浩)는 자(字)가 심원(深源)으로 격식과 도량이 넓어 젊어서부터 평판이 높았다. 숙부인 융(融)과 더불어 〈노자〉와 〈역(易)〉에 밝았다.

언젠가 어떤 사람이 호(浩)에게 물었다.

"관리가 되려고 할 때 꿈에 관(棺)을 보고, 또 재물을 손에 넣으려고 할 때 꿈에 더러운 것을 보는 것은 무슨 까닭인가요?"

"관리란 원래가 썩어서 구린내가 나는 거라네. 그래서 관리가 되려는 사람은 죽은 사람의 모습을 꿈꾸며, 돈은 원래 쓰레기와 같은 것이어서 돈이 생길 때는 꿈에 더러운 것을 보게 되는 거라네."

세상 사람들은 명언이라고 칭찬했다.

은호는 누가 뭐라고 권해도 관도(官途)에 오르지 않고 10년 동안 조상 대대의 무덤가에서 지냈으나 공신(功臣)을 계속 잃어버린 간문제(簡文帝)의 간절한 부탁을 거절하지 못해 마침내 건무장군(建武將軍) 양주자사(楊州刺史)가 되었다. 당시 환온(桓溫)이 촉(蜀)을 평정하고 돌아와 한창 기세가 대단한 때였으므로 간문제는 내외에 명성이 있는

관도(官途) : 벼슬길.

왕희지(王羲之) : 중국 진대(晉代)의 서예가. 해서·행서·초서의 3체를 전아(典雅)하고 웅경(雄勁)하게 귀족적인 서체로 완성하여 서성(書聖)이라 불린다.

중원(中原) : ① 넓은 들의 땅. ② 중국 문화의 발원지인 황하강 중류의 남북 양안(兩岸)의 지역. ③ 변경에 대하여 천하의 중앙의 땅. ④ 다투고 겨루는 땅.

은호를 수하에 두어 자기의 한 팔로서 환온에 대항시키고자 했던 것이다. 이런 까닭으로 두 사람은 서로 의심을 품은 눈으로 보게 되었다. 그래서 왕희지(王羲之)가 두 사람을 화해시키려고 했으나 호는 응하지 않았다.

그 무렵 후조(後趙)의 왕인 석계룡(石季龍)이 죽어 호족 사이에 소란이 일어나고 있었으므로 진(晉)에서는 이 기회에 중원을 회복하고자 은호를 중원장군 겸 양(揚)·예(豫)·서(徐)·연(兗)·청(靑) 5주의 총대장에 임명했다. 은호는 중원을 평정하는 것은 자신의 임무라고 용감하게 출발하였으나 요양(姚襄)에게 무참히 패하고 말았다. 그러자 그것을 구실로 삼은 환온이 은호의 죄를 열거해서 상서(上書)를 올리니, 마침내 서인으로 강등되어 동양(東陽)의 신안현으로 귀양가게 되었다.

은호가 귀양간 다음, 환온은 사람들에게 이렇게 말했다.

"나는 어릴 때 은호와 함께 죽마(竹馬)를 타고 놀았는데, 내가 죽마를 버리면 은호가 언제나 그것을 가졌다. 그러므로 내 밑에서 노는 것이 당연하다."

그후 환온이 은호를 상서령으로 삼고자 편지를 보냈다. 은호는 기꺼이 승낙하는 답장을 써서 보냈는데 잘못된 곳이 없도록 수십 번이나 넣었다 꺼냈다 하는 바람에 그만 편지를 넣지 않은 빈 봉투만 보냈다. 환온은 벌컥 화를 내고 그후로는 아예 관계를 끊고 말았다고 한다. 그래서 은호는 영화(永和) 12년에 유배처에서 죽고 말았다.

여기에서 죽마지우란 말이 나왔다. 죽마란 대나무를 잘

라 만든 말로 어린이들의 놀이에 사용되던 것이다.

衆口難防 ✤ 중구난방

뭇사람들의 입을 막기는 어렵다는 뜻으로 많은 사람들이 마구 떠들어대는 소리는 감당하기 어렵다, 그러므로 행동을 조심해야 한다는 뜻이다.

| 풀이 | 〈십팔사략〉에 보면 소공(김公)이 주여왕(周厲王)의 언론탄압 정책을 간하여 이렇게 말하였다.

"백성들의 입을 막는 것은 내를 막는 것보다 더한 것입니다(防民之口 甚於防川). 내가 막혔다가 터지면 많은 사람들이 상하게 됩니다. 백성들도 역시 마찬가지입니다. 그러므로 내를 다스리는 사람은 물이 흘러가도록 하고, 백성을 다스리는 사람은 백성들이 생각하는 바를 말로 할 수 있게 해야 합니다."

그러나 여왕은 소공의 말을 듣지 않고 함구령(緘口令)을 계속 밀고 나갔다. 그로 인해 여왕은 폭동을 만나 달아난 곳에서 평생을 갇혀 사는 결과를 초래했다.

함구령(緘口令) : 어떤 일에 관하여 말하는 것을 금지하는 명령.

이 말을 인용하여 쓴 이는 춘추시대 송나라 사마(司馬) 화원(華元)이다. 그가 성을 쌓는 일을 독려하기 위해 나와 있을 때 군중들은 그가 적국의 포로가 되었다가 돌아온 것을 비웃으며 노래를 불렀다. 그러나 마음이 너그러운

그는 군중들을 꾸짖는 일이 없이,

"무릇 사람들의 입은 막기 어렵다."

라고 하며 나타나지 않았다.

그의 그러한 태도가 사람들에게 감동을 주어서 그후부터 백성들의 존경을 받게 되었다는 것이다.

指鹿爲馬 ❖ 지록위마

出典 : 〈사기(史記)〉 진시황본기(秦始皇本紀), 〈십팔사략(十八史略)〉

사슴을 보고 말이라고 우긴다는 뜻으로, 위압으로 남을 짓눌러 바보로 만들거나 그릇된 일을 가지고 속여서 남을 죄에 빠뜨리는 것을 의미한다.

순행(巡幸) : 임금이 나라 안을 두루 돌아다니며 살피던 일.

| 풀이 | 진시황(秦始皇) 27년 7월, 시황제는 순행 도중 사구(沙丘)의 평대(平臺)에서 죽었다. 시황은 죽기에 앞서 만리장성에 가 있는 태자 부소(扶蘇)를 불러 장례식을 치르게 하라는 조서를 남겼었다. 그러나 이 조서를 맡고 있던 내시 조고가 시황을 따라와 있던 후궁 소생인 호해(胡亥)를 설득시키고 승상인 이사(李斯)를 협박하여 시황의 숙음을 비밀에 붙이고 도성인 함양으로 들어오자 거짓 조서를 발표하여 부소를 죽이고 호해를 황제의 위에 앉게 하였으니, 그가 바로 진의 2세 황제이다.

조고(趙高) : 진나라의 환관. 시황제가 죽자 조서를 거짓으로 꾸며 시황제의 장자 부소를 죽이고 우둔한 호해를 2세 황제로 즉위시켰다.

조고는 점차 2세를 정치에서 멀어지게 만들고 방해자인 이사를 죽인 다음 자신이 승상이 되어 권력을 한 손에 쥐고 흔들었다. 그러나 조고의 야심은 그 자신이 황제가 되는 것이었다. 조고는 반란을 일으키려 했으나 군신들이 자기를 따르게 될지가 염려스러웠다. 그래서 이것을 확인해 보기 위해 한 가지 꾀를 썼다.

어느 날, 조고는 2세에게 사슴을 바치면서 말했다.

"이것은 말이옵니다."

그러자 2세는 웃으며 말했다.

"승상은 묘한 말을 하는구려. 사슴을 보고 말이라고 하다니."

"아닙니다. 말이옵니다."

2세는 좌우에 있는 신하들에게 물었다. 얼굴을 숙이고 잠자코 있는 자도 있고 조고의 편을 들어 말이라고 아첨하는 자도 있었다. 또 정직하게 사슴이라고 대답하는 신하도 몇 사람 있었다.

조고는 사슴이라고 말한 사람을 기억해 두었다가 무고한 죄를 씌워 죽여 버렸다. 그 뒤로 모든 신하들은 조고가 무서워 그가 하는 일에 다른 의견을 말하지 못했다고 한다.

무고(無辜) : 아무 죄가 없음.

그러나 때는 이미 온 천하가 반란 속에 물끓듯 하고 있었다. 조고는 2세를 더는 속일 수 없게 되자 그를 죽이고 주소의 아들 자영(子嬰)을 임시로 황제 자리에 앉혔으나 도리어 자영에게 죽임을 당하게 되었다.

자영(子嬰) : 시황제의 손자. 조고에 의해 진왕(秦王)에 세워졌으나 조고를 죽이고 국위 회복에 힘썼다. 그러나 역부족으로 재위 46일 만에 유방에게 잡혀 죽었다.

創業易守成難 ❖ 창업이수성난

出典 : 〈당서(唐書)〉방현령
전(房玄齡傳)

업(業)을 이룩하기는 쉬우나 이를 지키기는 어렵다는 뜻
으로, 일을 시작하기는 쉬우나 이룩된 일을 지켜 나가기
는 어렵다는 말이다.

초당(初唐) : 당대(唐代)를
사등분한 제일기.
성세(盛世) : 국운이 한창
융성한 세대.

| 풀이 | 초당(初唐)의 성세(盛世)를 형용하여 곧잘 당초
삼대의 치(唐初三代之治)라고 한다. 정관의 치(貞觀之治 ; 태
종의 627~649), 영휘의 치(永徽之治 ; 고종의 650~655), 개
원의 치(開元之治 ; 현종의 713~734)를 말한다. 이들 시대
에는 황제가 사치를 경계하고 어진 신하를 잘 써서 천하
가 잘 다스려졌기 때문이다.

특히 태종의 정관의 치는 후세의 거울이 되었는데 백성
은 길에 떨어진 물건을 주워 갖지를 않고, 도둑이 없으므
로 상려(商旅)들은 안심하고 야숙(野宿)을 할 정도로 태평
한 세상이었다. 태종이 군신들과 함께 정사를 논한 말을
모은 〈정관정요(貞觀政要)〉는 우리 나라에서도 정치하는
데 참고로 삼았다.

상려(商旅) : 장사하는 사람
을 말함.

정관의 치가 이룩된 원인의 하나는 전술한 바와 같이
사치를 경계하고 어진 신하를 많이 얻었기 때문이다. 정
관(貞觀) 초, 결단력이 뚜렷한 두여회(杜如晦)와 계획을 짜

는 데 천재적인 재능이 있는 방현령(房玄齡)이 좌우의 복야(僕射)를, 강직한 위징(魏徵)이 비서감장(祕書監長)을, 청렴한 왕규(王珪)가 시중(侍中)을 맡아 태종의 정치를 잘 보필했기 때문이다.

어느 날 태종이 신하들에게 이렇게 하문한 적이 있었다.

"창업과 수성은 어느 편이 어려운가?"

방현령이 먼저 대답했다.

"초망(草莽)인 시초에는 군웅이 서로 다투어 일어나 공격해서 항복시키고 싸워서 승리를 거두는 것이므로 그런 점에서 보면 창업이 어렵다고 생각합니다."

그러나 위징은 이렇게 대답했다.

"예로부터 제왕은 그 자리를 어려운 처지에서 얻지만 안일한 속에서 잃는 법입니다. 그런 점에서 보면 수성이 어렵다고 생각합니다."

두 신하의 말을 듣고 있던 태종이 말했다.

"현령은 짐과 함께 천하를 취하여 백사일생(百死一生)했다. 그래서 창업의 어려움을 알고 있다. 위징은 나와 더불어 천하를 편안케 하며 언제나 교사(驕奢)는 부귀에서 생기고 화란(禍亂)은 방심하는 데서 생김을 두려워하고 있다. 그래서 수성의 어려움을 알고 있다. 그러나 창업의 어려움은 이제 지났다. 앞으로는 제공과 함께 삼가 수성의 곤란을 극복하도록 하자."

'창업'이란 〈맹자〉에 나오는 말로 업을 시작한다는 것이고 '수성'은 성업을 보수한다는 뜻이다. 〈정관정요〉의

방현령(房玄齡) : 당나라의 창업 공신. 이세민(李世民)을 도와 수나라 말기의 큰 난을 평정하고 세민이 왕위에 오르자 문하성사(門下省事)가 되어 율령(律令) 국가의 건설을 이룩했다.
보필(輔弼) : 임금의 정사를 도움.

초망(草莽) : 촌스럽고 뒤떨어져 세상일에 어두움.

백사일생(百死一生) : 수없이 위험한 고비를 넘기고 겨우 살아남.
교사(驕奢) : 교만하고 사치함.

주에 "예로부터 업을 시작하여 이를 잃는 자는 적고, 이룩된 것을 지켜 이를 잃는 자는 많다."고 적혀 있다.

天高馬肥 ❖ 천고마비

出典 : 두심언(杜審言)의 〈오언배율(五言排律)〉

하늘은 높고 말은 살찐다는 뜻으로, 가을이 좋은 계절임을 나타낼 때 흔히 쓰는 말이나 원래는 옛날 중국에서 흉노족의 침입을 경계하고자 나온 말이다.

| 풀이 | 옛날 중국은 가끔 흉노(匈奴)라는 북방 민족이 변경을 침범하고 혹은 본토까지 침략해 왔으므로 역대 왕조가 방전(防戰)에 항상 골치를 썩이고 있었다. 이 흉노는 주(周)에서 진(秦), 한(漢), 육조(六朝)에 걸쳐 약 2천 년 동안 중국의 고뇌의 씨가 된 표한(剽悍)한 민족이다.

방전(防戰) : 적의 공격을 막아 내려는 싸움.

표한(剽悍) : 사납고 강인함. 급하고 사나움.
기사(騎射) : ① 말 타는 일과 활 쏘는 일. ② 말을 타고 달리면서 활을 쏨.

흉노는 승마와 기사(騎射)를 잘하여 언제나 집단을 이루어 바람과 같이 인마를 살상하고 재물을 노략질해 갔다.

흉노의 주거는 중국 본토의 북쪽에 펼쳐지는 광대한 초원으로 방목과 수렵이 생업이었다.

봄부터 여름까지 푸른 초원에서 풀을 먹은 말은 가을에는 토실토실하게 살찐다. 이윽고 풀이 마르고 초원에는 매서운 한기를 수반한 겨울이 찾아든다.

삭풍(朔風) : 겨울철에 북쪽에서 불어오는 바람.

그러면 겨울의 식량을 찾아 흉노들은 삭풍의 바람을 타고 따뜻한 남쪽 본토로 밀려 내려왔다. 그리고는 살찐 말을 타고 잘 정비된 궁시를 메고 몰려와 노략질을 해 갔다. 그러므로 가을이 되면 북방에 사는 사람들은 겁을 먹었다.

궁시(弓矢) : 활과 화살.

"또 저 흉노가 습격해 온다. 방전 준비는 됐는가?"

변경을 경계하는 병사들은 성새로 들어가 활줄을 갈아 매고, 활촉과 칼을 갈고, 경계를 한층 강화시켰다. 말발굽 소리가 밀물같이 들이닥칠 날이 머지않았기 때문이었다.

성새(城塞) : 성과 요새. 성채(城砦).

두보(杜甫)의 조부인 두심언(杜審言)은 흉노족을 막기 위해 변방으로 떠나는 친구 소미도(蘇味道)에게 한 편의 오언배율(五偃排律)을 보냈다.

오언배율(五偃排律) : 한시체(漢詩體)의 하나로, 한 구가 오언으로 성립된 배율.

눈이 고요히 별지듯 흩날리는데
가을 하늘이 드높으니 변방의 말은 살이 찌누나
우리 장군이 안장에 걸터앉아 칼을 휘두르는 곳
그대는 승전보나 격문을 쓰기 위해 붓대를 놀릴 것이다

雪淨妖星落
秋高塞馬肥
據鞍雄劍動
搖筆羽書飛

여기서 새마(塞馬)는 한군측 요새의 말을 가리키고 있다.

千慮一失 ❖ 천려일실

천 번의 생각에 한 번의 실수란 뜻으로, 아무리 지혜가 있는 사람이라도 여러 가지 생각을 하다 보면 한두 가지는 미처 생각하지 못해 실수를 범하는 수가 있다는 말이다.

出典 : 〈사기(史記)〉 회음후 열전(淮陰侯列傳)

| 풀이 | 회음후 한신(韓信)이 조나라를 치게 되었을 때,

광무군(廣武君) 이좌거(李左車)는 성안군(城安君)에게 3만의 군대를 자기에게 보내 주면 한신이 오게 될 좁은 길목을 끊겠다고 요구했다. 그러나 성안군은 이좌거의 말을 듣지 않고 한신의 군대가 오기만을 기다리고 있다가 크게 패하여 죽고 말았다.

엄두 : 무엇을 하려는 마음.

이좌거의 말대로 했으면 한신은 감히 조나라를 칠 엄두조차 낼 수 없었을 것이나 한신은 미리 첩자를 보내 이좌거의 계획이 뜻대로 이루어지지 않은 것을 알자 비로소 안심하고 군대를 전진시켰던 것이다.

한신은 조나라를 쳐서 이기자 장병들에게 영을 내려 광무군 이좌거를 죽이지 말고 산 채로 잡아 오는 사람에게는 천금의 상을 줄 것을 약속했다. 그리하여 이좌거가 묶여 한신 앞으로 끌려오자, 한신은 손수 그를 풀어 상좌에 앉게 하고는 스승으로 받들었다.

상좌(上座) : 윗자리. 높은 자리.

이때 한신은 그가 사양하는 것도 불구하고 앞으로 어떻게 하면 좋겠는가 자문을 구했다.

"들자 하니, 지혜로운 사람이 천 번 생각하면 반드시 한 번은 잃는 일이 있고 어리석은 사람이 천 번 생각하면 반드시 한 번은 얻는 것이 있다고 했습니다. 미친 사람의 말도 성인이 택한다고 했습니다. 생각건대 내 꾀가 쓸 수 있는 것이 못 되겠지만 다만 어리석은 충성을 다할 뿐입니다(臣聞 智者千慮 心有一失 愚者千慮 必有一得 故曰 狂夫之言 聖人擇焉 顧恐臣計 未必足用 願效愚忠)."

이좌거는 한신으로 하여금 연나라와 제나라를 칠 생각

을 하지 말고 장병들을 쉬게 하라고 권했다. 결국 한신은 이좌거의 도움으로 나중에 크게 성공을 하게 되었다.

이 성어와 상대가 되는 것으로 천려일득(千慮一得)이란 말이 있다. 아무리 우둔한 사람일지라도 여러 번 생각하다 보면 한 번쯤은 얻는 것이 있다는 뜻이다.

千里眼 ❖ 천리안

천리를 내다보는 눈이란 뜻으로, 먼 곳에서 일어나는 일도 잘 알아내는 것을 말한다.

出典 : 〈위서(魏書)〉 양일전 (楊逸傳)

| 풀이 | 북위(北魏) 말경 양일(楊逸)이라는 19세의 청년이 광주(光州)의 태수가 되어 부임해 왔다. 청년다운 순수한 기백으로 주정치(州政治)에 온 심혈을 기울였으므로 그 주(州)에 사는 사람들은 "태수께서는 낮에는 식사하시는 것도 잊으시고 밤에는 잠도 자지 않으신 채 일만 하고 계신다."고 수군거릴 정도였다.

기백(氣魄) : 씩씩한 기상과 진취성이 있는 정신.

또 병사들이 멀리 출정할 때는 풍우를 무릅쓰고라도 반드시 전송할 정도로 만사에 정열이 대단한 관리였다.

어느 해에 전란이 겹쳐 기근(飢饉)이 엄습해 오자 굶어 죽는 자가 각처에서 속출하였다. 이때 양일은 식량을 비축해 두었던 창고를 열고 굶주린 사람들에게 골고루 나누어 주고자 했다. 그것을 안 한 관원이 중앙 정부의 의향이

기근(飢饉) : ① 흉년으로 식량이 모자라서 굶주리는 상태. ② 필요한 물자가 크게 부족한 현상을 비유하여 이르는 말.

어떠할는지를 걱정하자 양일은 이렇게 말했다.

"나라의 근본이 되는 것은 백성들이다. 그 백성들의 명을 잇는 것은 식량인즉 백성들을 굶주리게 해서는 안 되는 법이다. 창고를 활짝 열고 백성들에게 골고루 나누어 주어라. 그것이 만약 죄가 된다면 달갑게 받겠다."

이리하여 식량을 방출하고 또 노인이나 병자들에게는 밥을 지어 주었다.

양일이 부임해 온 후부터 광주의 사람들이 이상하게 생각한 일이 있었다. 전에는 관청에서 관리나 군인들이 나오면 으레 연회가 열렸으나 그것이 완전히 자취를 감추고 만 것이었다. 그래서 모두들 그 까닭을 물어 보았더니 한결같이 입을 모아 이렇게 대답했다.

"양태수께서는 천리를 내다보는 눈을 가지고 계시오. 도저히 속일 수가 없습니다(楊使君 有千里眼 那可欺之)."

사실 양일은 관리나 군인들이 백성들 위에 군림하는 악폐를 근절시키기 위해 그의 심복들을 주내에 두루 배치시켜 두고 그들의 움직임을 낱낱이 보고하도록 하였던 것이다.

天衣無縫 ❖ 천의무봉

하늘의 직녀가 입은 옷은 바느질 자국이 없다는 뜻으로 완전무결한 것을 가리키는데, 시문(詩文) 등이 매우 자연스러워 꾸밈이 없음을 비유하는 데 쓰인다.

방출(放出) : 비축해 둔 물자나 자금을 풀어서 일반에게 제공함.

군림(君臨) : 어떤 분야에서 절대적인 세력을 가지고 남을 압도하는 일.

出典 : 〈영괴록(靈怪錄)〉

| 풀이 | 더위가 한창 기승을 부리는 한여름, 곽한(郭翰)이란 사나이가 더위를 피해 뜰로 나와서 서늘한 바람을 쏘이며 낮잠을 자고 있는데 하늘 한 모퉁이에서 무엇인가가 훨훨 내려왔다.

"아니 도대체 무엇일까?"

점점 가까이 오는 것을 보니 아름다운 여자였다. 곽한은 넋을 잃고 바라보다가 물었다.

"당신은 대체 누구요?"

여자가 대답하였다.

"저는 하늘에서 내려온 직녀(織女)입니다."

곽한이 다가가 보니 가볍고 부드러운 직녀의 옷에는 어디를 보아도 꿰맨 바느질 자국이 없었다. 옷을 만드는 데 가위질도 하지 않고 바느질도 하지 않았다면 천을 짤 때 그 천을 옷 모양 그대로 짜지 않으면 안 된다. 곽한은 고개를 갸웃거리며 옷에 바느질 자국이 없는 까닭을 물었다.

직녀는 당연하다는 듯 이렇게 대답했다.

"저희들이 입는 천의(天衣)란 원래 바늘이나 실을 쓰지 않습니다."

직녀(織女) : 피륙을 짜는 여자. 베를 짜는 여자.

천의(天衣) : ① 천자(天子)의 옷. ② 선인(仙人)의 옷. ③ 불교에서 천인(天人) 곧 비천(飛天)이 입는 옷.

千載一遇 ❖ 천재일우

천 년 만에 한 번 만나게 되는 것으로 평생을 두고 한 번 있을 듯 말 듯한, 좀처럼 만나기 어려운 좋은 기회를

出典 : 원굉(袁宏)의 〈삼국명신서찬(三國名臣序贊)〉

일컫는 말이다.

원굉(袁宏) : 중국 동진(東晉)의 학자. 자는 언백(彦伯). 사안(謝安)의 눈에 들어 그의 군사에 참여하고, 후에 환온(桓溫)의 기실(記室)이 되고 동양태수(東陽太守)에까지 이르렀다.
행장(行狀) : 사람이 죽은 뒤에 그 평생에 지낸 일을 기록한 글.
백락(伯樂) : 중국 주(周)나라 때의 사람. 말의 감정을 잘하였음.

| 풀이 | 원굉이 삼국 시절의 건국공신 20명을 골라 그들 한 사람 한 사람의 행장을 칭찬하는 찬(贊)을 짓고 거기에 서문을 붙인 것이 〈삼국명신서찬〉이다. 그는 이 서문에서 "백락을 만나지 못하면 천 년을 가도 천리마 하나 생겨나지 않는다(夫未遇伯樂 則千載無一騎)."고 말하여 훌륭한 임금과 신하가 서로 만나기 어려운 것을 비유한 다음 계속해서 "무릇 만 년에 한 번 기회가 온다는 것은 사람이 살고 있는 세상의 공통된 원칙이요, 천 년에 한 번 만나게 된다는 것은 어진 사람과 지혜로운 사람이 용케 만나는 것이다. 이런 기회를 만나면 그 누가 기뻐하지 않으며 이를 놓치면 그 누가 한탄하지 않겠는가(夫萬歲一期 有生之通塗 千載一遇 賢智之嘉會)."라고 했다.

鐵面皮 ❖ 철면피

出典 :〈북몽쇄언(北夢瑣言)〉

쇠로 낯가죽을 하였다는 말로 얼굴색 하나 변하지 않고 아무한테나 아첨을 일삼는 파렴치한 인간을 가리킨다.

| 풀이 | 왕광원(王光遠)이란 자는 학문과 재능이 남달리 뛰어나 진사 시험에도, 합격했으나 출세를 하기 위해 갖은 수단과 방법을 가리지 않고 권문세가들에게 접근하여 아

첨을 일삼는 지독한 출세주의자였다.

"아니! 이건 정말 대단합니다. 이렇게 훌륭한 시는 저 같은 사람은 열 번 죽었다가 깨어난대도 어림도 없겠습니다. 아주 후하신 인품이 엿보여 신운표묘(神韻縹渺)하다고나 할까요? 이백도 아득히 따르지 못할 것입니다."

곁에 있는 사람이 어떻게 생각하는지는 조금도 아랑곳없이 이렇듯 낯간지러운 소리를 천연덕스럽게 지껄여댔다.

상대가 술에 취해서 아무리 무례한 짓을 해도 화를 내기는커녕 너털웃음을 웃었다.

언젠가 술에 취한 상대가 취중(醉中)에 채찍을 집어들고 "그대를 때리고 싶은데 때려도 좋은가?" 하자 "선생의 채찍이라면 기꺼이 맞겠습니다." 하고 등을 돌려댔다.

"좋아, 그럼!"

술취한 이는 정말로 광원을 때렸는데도 광원은 화를 내기는커녕 여전히 그 사람에게 달라붙어 기분을 맞추었다.

그래서 그 꼴을 보다 못해 동석하고 있던 친구가 물었다.

"자넨 부끄러운 줄도 모르는가? 만좌 중에서 그런 꼴을 당하고도 잠자코 있다니!"

광원은 조금도 개의치 않고 대답했다.

"하지만 저 사람의 마음에 들면 나쁘지는 않거든."

그때부터 사람들은 그런 그를 가리켜 "광원의 얼굴의 두께는 열 겹의 철갑 같다(光遠顏厚 如十重鐵甲)."고 하였다.

이것은 철갑(鐵甲)이 부끄러운 줄 모르는 파렴치란 뜻으로 쓰인 예이다. 그러나 철갑(鐵甲)이 아닌 철면(鐵面)의 경

신운표묘(神韻縹渺) : 예술 작품 따위에서 신비한 기운이 피어오름. 예술 작품의 뛰어난 정취.

만좌(滿座) : 사람들이 가득하게 앉은 자리. 온 좌석에 앉은 사람들.

우는 정정당당하고 굳센 태도를 칭찬하는 뜻으로 쓰인 예가 많다.

"송나라의 조선의(趙善郡)는 숭안현(崇安縣)의 지사가 되어 현의 정치를 하는데 법률을 하도 엄격하게 지켰기 때문에 사람들은 그를 조철면(趙鐵面)이라고 불렀다."고 한 이야기는 인정사정이 없었다는 뜻에 철면이 쓰인 예이다.

또 송사(宋史) 조변전(趙抃傳)에 보면 "조변이 전중시어사(殿中侍御史)가 되자 지위 고하를 막론하고 가차없이 적발했기 때문에 그를 철면어사(鐵面御史)라고 불렀다."고 기록되어 있다. 이것은 철면이란 말이 권력에 굴하지 않는 강직한 뜻으로 쓰인 좋은 예이다.

掣肘 ❖ 철주

出典: 〈공자가어(孔子家語)〉, 〈여씨춘추(呂氏春秋)〉

팔을 잡아당긴다는 말로 남의 팔꿈치를 제약해서 그 움직임을 속박하는 것, 곧 남의 자유를 제약하거나 남의 일을 방해한다는 뜻을 지니고 있다.

| 풀이 | 공자(孔子)의 제자로 복자천(宓子賤)이란 사람이 있었는데 그가 노애공(魯哀公) 때 단보(亶父)란 지방의 장관으로 부임하게 되었다.

복자천은 노공이 나중에 간신배들의 참언에 동요되어 자기가 하는 일에 간섭하게 될 것이 두려워 노공의 측근

참언(讒言): 거짓으로 꾸며서 남을 헐뜯는 말.

에 있는 관리 두 사람을 데리고 단보로 떠났다. 임지에 도착하여 그곳 관리들이 인사를 드리러 왔을 때 복자천은 데리고 온 두 사람에게 인사를 하러 온 사람들의 이름을 쓰도록 명령했다.

그런데 두 사람이 붓을 들고 글씨를 쓰기 시작하자 복자천은 곁에 서 있다가 자꾸만 두 사람의 팔꿈치를 툭툭 치는 것이었다(宓子賤 從旁時掣搖其肘). 다 된 서류는 당연히 글자 획이 구부러지거나 흐트러져 엉망이 되어 있었다. 그 서류를 받아든 복자천은 글씨가 엉망이라고 두 사람을 질책했다. 그래서 크게 분개한 두 사람은 곧 복자천에게 사임을 청했다. 그러자 복자천은 태연히 이렇게 대답했다.

"그대들의 글씨는 형편없네. 이래서는 쓸모가 없으니 가고 싶거든 어서들 돌아가게."

단보를 떠나 돌아온 두 사람은 그 길로 노공을 찾아뵙고 이렇게 보고했다.

"복장관 밑에서는 일은커녕 서역(書役)도 못하겠습니다."

노공이 이상히 생각하고 그 까닭을 물었다.

"복장관께서는 갑자기 저희들에게 글씨 쓸 것을 명령했습니다만 곁에서 팔꿈치를 누르기도 하고 툭툭 치기도 해서 글씨를 제대로 쓸 수가 없었습니다. 그러면서도 저희의 글씨가 엉망이라 어쩔 수가 없다고 마구 야단을 치시니, 같이 있던 관리들도 다들 웃고 있었습니다. 이런 꼴로서야 어찌 같이 일을 하겠습니까. 그래서 돌아왔습니다."

임지(任地) : 관원이 부임하는 곳.

질책(叱責) : 꾸짖어 나무람.

서역(書役) : 잔 글씨를 쓰는 수고로운 일.

불명(不明) : 사리에 어두움.

이 말을 들은 노공은 탄식을 하며 말했다.

"그것은 나의 불명을 복자천이 간하려고 한 행동일 것이다. 아마도 나는 복자천의 정치 방법을 어지럽게 하여, 뜻대로 시정을 시키지 않았던 적이 누차 있었던 모양이다. 이걸 몰랐다면 큰 잘못을 저지를 뻔했다."

이리하여 노공은 자기가 신뢰하는 측근을 단보로 보내어 복자천에게 이렇게 전하게 했다.

"지금부터 단보의 땅은 과인의 소유가 아니라 경의 소유로다. 단보에서의 일은 그대의 뜻대로 해보라. 5년 후에 그 보고를 받겠다."

복자천은 삼가 그것을 승낙하고 자기 생각대로 시정에 전념할 수가 있었다. 그 결과 단보의 백성들이 살기좋게 되었다는 소문이 공자의 귀에도 들려왔다.

덕화(德化) : 덕으로 교화함.

그후 3년이 지나 공자는 무마기(巫馬期)라는 제자에게 누더기로 변장을 시키고 단보로 가서 얼마나 덕화(德化)가 되었는가를 살피게 했다.

무마기가 단보에 도착해 보니 밤에 고기를 잡는 자가 있었다. 그런데 애써 잡은 고기를 다시 강에 놓아 주고 있는 것이었다. 이상하게 생각한 무(巫)는 그 어부에게 물었다.

"고기잡이를 하면서 애써 잡은 고기를 왜 다시 놓아 주는 겁니까?"

어부는 태연하게 대답했다.

"복자천님께서 작은 고기를 잡아 버리면 모두를 위해 좋지 않다고 하셨기 때문에 작은 것이 걸리면 놓아 준답니다."

351

무마기는 더 이상 볼 것이 없다고 생각하고 그 길로 돌아와 공자에게 다음과 같이 보고했다.

"자천의 덕은 단보의 구석구석까지 다 미치고 있었습니다. 백성들은 아무도 보는 사람이 없는 어둠 속에서도 마치 무서운 법령이 옆에서 지켜보는 것처럼 행동을 조심하고 있었습니다."

鐵中錚錚 ❖ 철중쟁쟁

쇠 중에서도 쟁쟁하게 울리는 것이라는 뜻으로, 같은 종류 가운데서도 특히 뛰어난 것을 일컫는 말이다.

出典 : 〈후한서(後漢書)〉 유분자전(劉盆子傳)

| 풀이 | 후한(後漢)의 광무제가 천하를 통일하는 과정에서 가장 큰 강적은 적미(赤眉)의 일당이었다. 적미란 왕망(王莽) 시대에 생긴 농민들의 반란군으로 처음에는 번숭(樊崇)을 두목으로 하여 낭야(琅邪)에서 일어나 봉안(逢安), 서선(徐宣), 사록(謝祿) 등이 거느리는 군대가 합류해 옴에 따라 산동성(山東省)을 중심으로 광대한 지역에서 위세를 떨쳤다. 그들은 신성한 색(色)으로 여겨지던 붉은 빛깔로 눈썹을 물들여서 자기네의 표로 삼았기 때문에 적미라는 호칭이 생긴 것이다. 또 그들이 단결한 밑바탕에는 한실(漢室)의 일원인 성양경왕(城陽景王)의 사당에 대한 종교적 숭배의 감정이 있어서 성양경왕과 가까운 혈연인 유분자

왕망(王莽) : 중국 전한(前漢) 말기의 참주(僭主 : 스스로 왕이라고 참칭하는 군주). 책모(策謀)로써 평제(平帝)를 죽이고 한조를 빼앗아 즉위하여 신(新)이라는 나라를 세워 여러 가지 개혁을 단행하였으나, 내치 외교에서 실패하고 재위 15년 만에 한(漢)의 유수(劉秀)에게 몰려 살해되었다.

(劉盆子)를 옹립하여 황제로 받들고 있었다. 유분자가 제위에 올랐을 때는 겨우 15세로 군중(軍中)에서 소〔牛〕를 기르고 있었는데, 여럿이 예배하는 것을 보고 두려운 나머지 울 것 같은 표정이었다고 한다. 적미는 그후 차츰 서진(西進)하여 마침내는 장안(長安)에 침입한 데 이어 왕망을 쓰러뜨리고 경시제(更始帝) 유현(劉玄)을 멸망시켰다.

광무제는 이런 적미의 막강한 세력과 대결하여 적잖이 고전을 했으나 동방으로 이동하는 그들을 하남(河南)에서 포착하여 총공격을 가함으로써 항복을 받을 수가 있었다.

적미가 항복한 다음날 아침, 광무제는 낙수가에 군대를 도열시켜 열병식을 거행하고 유분자 등에게도 참관시켰다. 그리고 유분자에게 말했다.

"그대는 자기가 죽을 죄를 지었다는 걸 알고 있는가?"

"잘 알고 있습니다만 폐하께서 불쌍히 여기시어 용서해 주시기만을 바랄 뿐입니다."

이번에는 번숭, 서선을 돌아보면서 말했다.

"항복한 데 대해 후회는 없느냐? 다시 한번 그대들에게 나와 대결할 기회를 줄 수도 있다. 나는 항복을 강요할 생각은 없도다."

그러자 그들은 고개를 푹 숙이고 말했다.

"저희들은 장안을 나올 때부터 폐하께 귀순할 생각이었습니다. 지금 항복하고 나니 마치 호구(虎口)를 벗어나 자애로운 어머니의 품으로 돌아온 듯한 기분이 듭니다."

광무제는 웃으며 말했다.

도열(堵列) : 많은 사람이 죽 늘어섬, 또는 그 늘어선 대열.

호구(虎口) : 범의 아가리란 뜻으로, 매우 위태한 경우나 지경을 이르는 말.

353

"그대들을 쇠에 비유한다면 좀더 견고한 쇠로서 범인 속에 놓고 보면 얼마쯤 두드러진 사람들임에 틀림없도다(卿所謂鐵中錚錚 傭中佼佼者也)."

범인(凡人) : 평범한 사람. 보통 사람.

淸談 ❖ 청담

세상일을 버리고 산림에 은거하며 노장철학을 논하던 일을 말하는데, 명예와 이권을 떠난 청아한 얘기를 뜻한다.

出典 : 〈후한서(後漢書)〉, 〈십팔사략(十八史略)〉

| 풀이 | 세상에서 말하는 죽림칠현(竹林七賢)이란 대나무 숲에 모인 7명의 현인들로, 위진(魏晋) 시대에 살았으며 그 기교방달(奇矯放達)한 언동으로 세평의 중심이 되었던 한때의 명사들, 산도[山濤 ; 자(字)는 거원(巨源)], 완적[阮籍 ; 자는 사종(嗣宗)], 혜강[嵇康 ; 자는 백숙(伯叔)], 완함[阮咸 ; 자는 중용(仲容)], 유령[劉伶 ; 자는 백륜(伯倫)], 상수[尚秀 ; 자는 자기(子期)], 왕융[王戎 ; 자는 준중(濬仲)]의 일곱 사람을 말한다.

기교방달(奇矯放達) : 보통에서 벗어난 언행과 마음이 느긋하여 사물에 거리낌이 없는 것.
세평(世評) : 세상 사람들이 하는 비평.

그들은 그 시대의 어지러운 정치 · 사회의 변천을 목격하고 정치적 권력자와 그에 추종하는 세속적 관료인사들의 치사하기 이를 데 없는 생활태도에 불만을 품었다. 그리고 기만적인 유교적 명교 예절(名敎禮節)의 속박을 혐오하여 더욱더 기교방달한 언동을 감행, 음주에의 도취와 속세를 초월한 노장사상의 심취에 몸을 맡겼던 것이다.
'죽림칠현'이라 불리는 것은 그들이 소란스런 세정과는

명교(名敎) : 인륜(人倫)의 명분을 밝히는 가르침.

세정(世情) : 세상의 물정. 세태와 인정.

달리 서로 손을 잡고 죽림에서 놀며 술에 만취되어서는 '청담(淸談)'에 정신이 없었기 때문이라고 한다. 그러나 그 집단적 행동이 계속된 것은 위조(魏朝) 말년의 극히 짧은 시기였다고 생각되며, 그 죽림이 있던 장소도 당시의 수도 낙양 근교라고 할 뿐, 확실한 것은 모른다. 우리들은 오직 죽림이란 말에서 세속의 티끌을 초탈한 청고표일(淸高飄逸)한 분위기를 상징적으로 느낄 뿐이다.

'청담'이란 청신기경(淸新奇警)의 담, 즉 세속의 명리, 희비를 초월한 고매한 정신의 자유세계를 주제로 한 청신기교(淸新奇嬌)한 노장철학을 논하는 것으로, 산림에 숨어 살면서 오탁된 정치 세계를 멀리하고 철학을 논하며 명교 도덕에 저항한 것이다.

술독에 빠지도록 술을 마시고 보잘것없는 속물인 내방자를 '백안시'한 완적, 돼지와 함께 큰 독의 술을 독째로 마신 완함, 술냄새를 풍기며 알몸으로 누워 있다가 찾아오는 사람에게 "나로서는 천지가 내 집, 이 쓰러져 가는 집은 내 잠방이에 지나지 않는다. 그대는 뭣 때문에 남의 잠방이 속으로 들어오는가."라고 소리친 유령 등은 이른바 이런 청담을 하던 대표적인 사람늘이다.

靑雲之志 ❈ 청운지지

청운(靑雲)이란 푸른 구름을 말하는데, 푸른 구름은 잘

청고표일(淸高飄逸) : 사람됨이 맑고 고결하며, 마음 내키는 대로 하여 세속에 얽매이지 않는 것.

오탁(汚濁) : 더럽고 흐림.

出典 : 장구령(張九齡)의

355

볼 수 없는 귀한 구름으로 신선이 있는 곳이나 천자가 될 사람이 있는 곳에는 푸른 구름과 오색 구름이 떠 있었다고 한다. 그래서 청운에 뜻을 둔다 하면 남보다 훌륭하게 출세할 뜻을 갖고 있다는 말이다.

〈조경견백발(朝鏡見白髮)〉

| 풀이 | 장구령은 현종(玄宗) 때의 어진 재상으로 간신 이임보(李林甫)의 모략으로 인해 벼슬길에서 파직되어 초야에서 여생을 보냈다. 다음은 그가 재상의 자리에서 물러났을 때의 감회를 읊은 시이다.

옛날 청운의 뜻을 품고 벼슬길로 나아갔는데
다 늙은 지금에 와서 차질을 빚게 되었다
누가 알리요 밝은 거울 속의 그림자와
그것을 보고 있는 내가 서로 측은히 여기고 있는 것을

宿昔靑雲志
蹉陀白髮年
誰知明鏡裏
形影自相憐

위의 청운(靑雲)이란 말이 옛날에는 꼭 출세의 뜻으로만 쓰이지는 않았던 모양이다. 〈사기(史記)〉의 백이열전(伯夷列傳)에서 태사공(太史公)은 이렇게 말하고 있다.

"평민들이 행실을 닦아 이름을 후세에 남기려 해도 청운의 선비의 힘을 빌리지 않고서 어찌 그것이 가능하겠는가(閭巷之人 欲砥行立名者 非附靑雲之士 惡能施于後世哉)."

즉 백이·숙제 같은 사람도 공자와 같은 성인이 그를 위대하게 평해 주지 않았으면 그 이름이 세상에 전해질 수 있었겠느냐는 말로, 여기서는 공자가 바로 청운지사(靑雲之士)로 지칭되었다.

靑天白日 ❖ 청천백일

出典 : 한유(韓愈)의 〈여최
군서(與崔群書)〉

맑게 갠 하늘에서 밝게 비치는 해라는 뜻으로, 훌륭한 인물은 세상 사람들이 다 알아본다는 의미였으나 지금은 아무런 잘못도 없이 결백한 것, 또는 무죄를 가리키는 말로 쓰인다.

한유(韓愈) : 당나라 덕종
(德宗) 때의 문학자. 자는
퇴지(退之). 정치적으로는
불우하였으나 문단에 있어
서는 당송팔대가(唐宋八大
家)의 한 사람으로 꼽힌다.

| 풀이 | 한유는 친구 최군과 친하게 지냈는데, 최군이 양자강 남쪽의 선성(宣城)으로 부임하게 되자 어서 돌아와 주었으면 좋겠다고 편지를 보냈다.

그는 세상에서 최군에 대해 이러니저러니 말이 많음을 전한 다음 그런 사람들에게 자신이 대답한 말을 다음과 같이 기록하고 있다.

지초(芝草) : 상서로운 조짐
으로 보는 신초(神草 : 신령
스러운 풀)의 이름. 혹은 버
섯의 일종인 영지(靈芝).

"봉황과 지초(芝草)는 누구나 그것이 상서로운 조짐임을 알고 있고 청천백일(靑天白日)은 노예라도 그 청명함을 알고 있습니다(靑天白日 奴隷示其知淸明). 이를 음식에 비유컨대 먼 지방에서 생산되는 진기한 음식에 있어서는 좋아하는 사람도 있고 그렇지 않은 사람도 있습니다. 그러나 도량(稻梁)과 회자(膾炙)에 이르러서야 어찌 좋아하지 않는 자가 있겠습니까?"

도량(稻梁) : 벼와 메조. 식
량을 이름.
회자(膾炙) : ① 회와 구운
고기. ② 널리 사람의 입에
오르내림을 이름.

여기서 한유가 청천백일을 비유로 하여 말하고자 한 것은 최군의 인품이 청명하다는 것이 아니라 그같이 훌륭한 인물은 누구든지 알아본다는 뜻이다.

靑天霹靂 ❖ 청천벽력

맑게 갠 하늘의 난데없는 벼락이란 뜻으로, 예상조차 할 수 없었던 뜻밖의 재난이나 변고, 갑자기 일어난 큰 사건이나 이변(異變) 같은 것을 비유해서 쓰는 말이다. 또 약동하는 필세(筆勢)를 형용하기도 한다.

出典 : 육유(陸游)의 〈구월 사일계미명기작(九月四日 鷄未鳴起作)〉

| 풀이 | 병상에 누워 있던 늙은이가 가을이 지나려 하매
　　　　홀연히 일어나 취한 듯 붓을 놀린다
　　　　정말로 오랫동안 웅크린 용과 같이
　　　　푸른 하늘에서 벽력이 날리는 듯하다
　　　　비록 이 글이 좀 괴이하고 기이하나
　　　　불쌍히 여겨 보아 준다면 볼 만도 하리라
　　　　갑자기 이 늙은이가 죽기라도 하면
　　　　천금을 주고도 구하지는 못하리라

放翁病過秋
忽起作醉墨
正如久蟄龍
靑天飛霹靂
雖云墮怪奇
要勝常憫黙
一朝此翁死
千金求不得

여기서 방옹(放翁)이란 육유가 만년에 즐겨 쓰던 호이며, 이 시의 제목을 참조할 때 닭도 안 우는 늦가을의 어느 새벽에 병상을 박차고 일어나 앉은 시인이 흥이 나는 대로 붓을 놀려 썼던 모양이다. 이 시에서의 청천벽력은 붓놀림의 웅혼(雄渾)함을 비유한 것이지만 병자(病者)의 돌연한 행동도 암시하는 듯하다.

웅혼(雄渾) : 웅장하여 막힘이 없음.

靑出於藍 ◈ 청출어람

出典 : 〈순자(荀子)〉 권학편
(勸學篇)

쪽이라는 풀에서 나온 푸른색이 쪽보다 더 푸르다는 말로, 열심히 학문에 정진하면 스승보다 뛰어날 수 있다는 뜻이다. 즉 스승보다 나은 제자를 일컫는다.

| 풀이 | "학문이란 잠시도 쉬어서는 안 된다. 푸른색은 쪽에서 나오지만 쪽보다 더 푸르고 얼음은 물이 만들지만 물보다 더 차다(學不可以已 靑出於藍而靑於藍 氷水爲之而寒於水)."

학문에 뜻을 둔 사람은 잠시도 게을리해서는 안 된다. 그 예로 쪽이란 풀에 사람의 노력이 가해짐으로 해서 그 쪽 자체보다 더 깨끗하고 진한 푸른 색깔을 낼 수 있다. 얼음은 물이 얼어서 되지만 물에서 얼음이 되는 과정을 거치기 때문에 물보다 더 차가운 성질의 것이 된다. 그러므로 스승에게서 배우기는 하지만 그것을 더욱 열심히 익히고 행함으로써 스승보다 더 훌륭한 사람이 될 수 있으며, 더 깊고 높은 학문과 덕을 갖게 된다는 뜻이다.

출람(出藍)이니 출람지예(出藍之譽), 출람지재(出藍之才)니 하는 것도 여기서 나온 말로, 청출어람과 같은 뜻으로 많이 쓰인다.

焦眉之急 ❖ 초미지급

눈썹이 타게 될 만큼 위급한 상태란 뜻으로, 그대로 방치할 수 없는 매우 다급한 일이나 경우를 비유한 말이다.

出典 : 〈오등회원(五燈會元)〉

┃풀이┃금릉(金陵) 장산(蔣山)의 법천불혜선사(法泉佛慧禪師)가 만년에 칙명으로 대상국지해선사(大相國智海禪寺)의 주지로 임명되었을 때 중들을 보고 물었다.

"주지로 가는 것이 옳겠는가, 이곳 장산에 머물러 있는 것이 옳겠는가?"

선사는 계속 도(道)를 닦을 것인가, 황명(皇命)을 받들어 출세의 길을 달려야 할 것인가 하고 망설인 것이다. 그러나 이 물음에 아무도 대답하는 사람이 없었다.

그러자 선사는 붓을 들어 명리(名利)를 초탈한 경지를 게(偈)로 쓴 다음 앉은 채 그대로 세상을 떠났다고 한다.

이 법천불혜선사가 수주(隨州)에 있을 때 그곳의 중들로부터 여러 가지 질문을 받고 대답한 말 가운데 이런 것이 있다.

"어느 것이 가장 급박한 글귀가 될 수 있습니까(如何是急切一句)?"

"불이 눈썹을 태우는 것이다(火燒眉毛)."

통상 줄여서 초미(焦眉)라 하며, 소미지급(燒眉之急)도 같은 뜻이다.

금릉(金陵) : 남경(南京)의 옛 이름.
칙명(勅命) : 임금의 명령.

게(偈) : 부처의 공덕을 찬미하거나 교리를 나타낸 운문.

寸鐵殺人 ❖ 촌철살인

出典 : 〈학림옥로(鶴林玉露)〉

단 한 치밖에 되지 않는 쇠로 사람을 죽인다는 뜻으로 문장, 의논 등에서 많은 말을 쓰지 않고 간단한 한마디 말과 글로써 상대방의 급소를 찔러 당황하게 만들거나 감동을 시키는 경우를 가리키는 말이다.

| 풀이 | 이 책은 나대경(羅大經)이 찾아오는 손님들과 주고 받은 재미있는 말들을 기록한 것으로, 천(天) · 지(地) · 인(人)의 셋으로 나뉘어져 있는 전체 18권으로 된 책이다. 그 중 지부(地部)의 제7권 '살인수단(殺人手段)'이란 제목 아래 다음과 같은 글이 씌어 있다.

종고선사(宗杲禪師)가 선(禪)에 대해서 말했다.

"비유하면 사람이 수레에 무기를 싣고 와서 이것도 꺼내 써보고 저것도 꺼내 써보는 것은 올바른 살인수단이 되지 못한다. 나는 오직 촌철이 있을 뿐 그것으로 사람을 당장 죽일 수 있다(我則只有寸鐵 便可殺人)."

종고는 북송(北宋) 임제종(臨濟宗)의 선승(禪僧)으로 대혜선사(大慧禪師)라 불렀다. 그가 여기서 말한 살인은 사람의 마음속에 점령하고 있는 속된 생각을 완전히 쫓아 없애고 깨달음에 이르는 것을 말한 것이다. 그 속된 생각을 성급하게 없애려고 이런 방법 저런 방법을 써보는 것은 모두 서투른 수작이다. 나는 오직 한 가지만을 깊이 생각하다가 번쩍 하며 깨치는 순간 모든 잡념이 사라진다고 말한

선승(禪僧) : ① 참선하고 있는 중. ② 선종(禪宗)의 중.

361

것이다.

秋風扇 ❖ 추풍선

가을철의 부채라는 뜻으로 제철이 지나서 쓸모없게 된 물건을 비유한 말인데, 남자의 사랑을 잃은 여자에 비유되어 쓰인다.

出典 : 〈원가행(怨歌行)〉

| 풀이 | 한(漢)나라 성제(成帝)의 홍가 3년의 어느 날, 후궁인 증성사(增成舍)는 여느 때와 다른 황망함을 보이고 있었다. 이곳의 주인인 반첩여(班婕妤)가 허황후(許皇后)와 공모하여 총애를 받고 있는 사람들을 저주하고 황제에 대해 불손한 언사를 했다는 혐의로 잡혀 가고 있는 것이었다.

소문에 의하면 조비연(趙飛燕) 자매가 이 두 사람을 황제에게 참주했다고 한다. 조자매란 얼마 전에 궁비로 채용된 데 불과했지만 그 경신세요(輕身細腰)가 황제의 눈에 들어 후궁으로 들어오고, 곧이어 언니는 첩여(婕妤), 동생은 소의(昭儀)의 지위를 하사받으며 후궁의 총애를 한몸에 모아 그 정도가 전대미문이라 일컬어지고 있었다.

사실을 규명하여 원죄라는 것이 밝혀졌다. 그러나 불쌍하게도 허황후는 건시(建始), 하평(河平) 연간에 총애를 뽐냈던 것이 화근이 되어 폐위되고 미인이란 지위로 떨어지고 말았다. 그렇게 되자 반첩여가 황제에게 아뢰었다.

반첩여(班婕妤) : 첩여는 중국 한대(漢代)의 여관(女官 : 궁녀의 일종)의 하나로 반녀(班妤)의 통칭임. 반녀는 여류 시인으로 반황(班況)의 딸. 성제 때 뽑혀서 첩여가 되었으나 조비연 자매에게서 미움을 받아 장신궁(長信宮)으로 물러가 태후의 시중을 드는 동안 〈원가행〉을 지었음.

경신세요(輕身細腰) : 가벼운 몸과 가는 허리. 곧 미인의 형용.

원죄(冤罪) : 억울하게 뒤집어 쓴 죄.

사악(邪惡) : 마음이나 생각이 간사하고 악독함.

"생사에는 명이 있고, 부귀는 하늘에 있다고 들었습니다. 행실을 바르게 하여도 아직 복이 없는데 사악한 짓을 한들 무슨 소용이 있겠습니까. 하늘이 이 신하로서 바라서는 안 될 소원을 아셨다 하더라도 받아들이지 않을 것입니다. 모르고 계신다면 아무리 바라고 바라도 무익한 일이 아니겠습니까."

황제는 반첩여의 성실에 감동되어 그녀를 용서하고 또다시 백 근의 황금을 하사했다. 그리하여 다시 증성사로 돌아오긴 했으나 이미 총애를 잃은 몸이었다. 이번에는 다행히 용서를 받기는 했으나 어떻게 저 조비연 자매를 그냥 둘 수 있겠는가. 고조 황제의 애첩 척희(戚姬)는 고조 황제의 비 여태후에게 두 눈이 뽑히고 혀가 잘린 다음 심지어 수족까지 절단당하지 않았던가. 무서운 것은 여자의 질투이다. 현량 정숙한 반첩여는 어찌했으면 좋을지를 몰랐다. 이 질투가 소용돌이치는 후궁에서 도망칠 방법은 없을까 하고 고뇌했다.

장신궁(長信宮) : 중국 한나라의 궁전 이름, 장락궁(長樂宮) 안에 있었으며 주로 태후가 살았음.

'장신궁(長信宮)에 계신 황태후인 왕씨(王氏)에게 부탁을 드려 보자. 황태후께서는 내가 옛날 첩여가 되었을 때 나의 겸손함을 칭찬하시고 그후 언제나 다정하게 대해 주셨다. 이젠 그분에게 의지할 수밖에 없다.' 이렇게 생각하자 반첩여는 일각의 지체도 하지 않고 곧 장신궁으로 가서 황태후를 모시게 해달라고 자원을 했다.

장신궁에서는 평온한 날이 흘렀다. 왕씨의 말벗을 해주는 것 외에는 방에 들어앉아 시서를 읽고 악기를 벗삼아

지냈다. 그러나 간혹 날아가는 새의 모습이 수면에 비치
듯, 예전에 증성사에서 보내던 생활의 추억이 마음속에
오가는 때도 없지 않았다.

새로 자른 제나라의 흰 비단 깨끗하기가 서리나 눈 같구나   新裂齊紈素 皎潔如霜雪
어리저리 잘라서 만든 합환선 둥글기가 명월과 같구나   裁爲合歡扇 團團似明月
그대의 품속으로 드나들면서 움직여 미풍을 일으킨다   出入君懷袖 動搖微風發
언제고 두려운 가을이 되어 찬바람이 더위를 쫓으니   常恐秋節至 涼風奪炎熱
장 속으로 버림을 받아 은정이 중도에서 끊어질까 싶네   棄捐篋笥中 恩情中道絶

'옛날에 나를 위해 베풀어졌던 소유궁(宵遊宮) 놀이가
그 얼마나 즐거웠던가. 흰 비단옷에 장식한 금은의 노리개
가 촛대의 불을 받아 빛나는 속에서 황제의 다정한 눈길은
내 온몸에서 언제나 떠나지를 않았다. 그 무렵 나는 요(堯)
임금의 딸인 아황(娥皇), 여영(女英)이나 주문왕(周文王)의
어머니 태임(太任)이나 무왕(武王)의 어머니 태사(太姒)와 같
은 부덕이 높은 사람이 되기를 바라고 있었다.

그러나 슬프게도 차례차례 태어난 두 황자(皇子)는 다 젖
도 떨어지기 전에 저세상으로 떠나 버리고 말았다. 천명이
라 어쩔 수 없다 치더라도 이것이 황제와 멀어지게 된 원
인이 아니었을까.'

그후부터 황제는 반첩여에게서 조비연 자매에게로 총애
를 옮기셨다. 찾아주시지 않아 옥계(玉階)에는 이끼가 끼
고 뜰에는 잡초가 푸르름을 더해 갔다. 침상에 엎드리면
황제의 신을 꾸민 장식이 눈에 선하고, 어전 쪽으로 눈을

아황(娥皇) : 중국 고대 요
임금의 딸. 동생 여영과 함
께 순(舜)임금에게 시집가
고, 순이 죽을 뒤에 상강(湘
江)에 빠져 죽어 상군(湘
君 : 상강의 신)이 되었다
함.

옥계(玉階) : 궁궐 안의 섬
돌을 말함.

돌리며 그 얼마나 눈물지었던가. 생각하면 인생만큼 덧없는 것은 없고 은애(恩愛)만큼 쉬이 옮겨지는 것도 없다.

은애(恩愛) : ① 은혜와 사랑. ② 부모자식 사이나 부부간의 애정. ③ 애정이나 은혜에 이끌리는 집착.

세월은 장신궁에도 흘러 수화(綏和) 2년(기원전 7년), 성제가 돌아가신 뒤 곧 반첩여도 40세 남짓한 생애를 끝냈다. '추풍선(秋風扇)'이란 말이 남자의 사랑을 잃은 여자에게 비유되어 쓰이는 것도 앞에서 보인 〈원가행(怨歌行)〉에서 비롯되었다.

痴人說夢 ❖ 치인설몽

어리석은 사람이 꿈이야기를 한다는 것으로, 종잡을 수 없이 아무렇게나 지껄이는 것을 일컫는다.

出典 : 〈냉제야화(冷齊夜話)〉

| 풀이 | 당나라 때 서역(西域)의 고승이었던 승가(僧伽)가 지금의 안휘성(安徽省) 근처를 여행하고 있을 때였다.

서역(西域) : 중국의 서쪽에 있는 여러 나라를 총칭한 역사적 용어.

그가 하는 행동에 남다른 점이 많았기 때문에 어떤 사람이 물었다.

"당신은 성이 무엇(何)이오?"

"내 성은 무엇(何)이오."

"어느 나라 사람(何國人)이오?"

"어느 나라 사람입니다(何國人)."

이옹(李邕) : 당나라 때의 서도가(書道家). 자는 태화(泰和). 행서에 능하여 그가

뒷날 당나라의 문인(文人) 이옹(李邕)이 승가를 위해 비문을 썼을 때 그는 승가가 농담으로 받아넘긴 대답인 줄

도 모르고 비문에 쓰기를 "대사의 성은 하(何)씨고 하국 사람(何國人)이었다."라고 했다 한다.

이상과 같은 이야기를 쓴 다음 혜홍은 이옹에 대해 다음과 같은 평을 내리고 있다.

"이것이 바로 이른바 어리석은 사람에게 꿈을 이야기한다는 것이다. 결국 이옹은 꿈을 참인 줄로 믿고 말았으니 정말로 어리석은 자가 아닐 수 없다(此正所謂對痴人說夢耳 李邕遂以夢爲眞 眞痴絕也)."

쓴 비문의 글씨가 800이라고 전해짐.

他山之石 ❖ 타산지석

出典 : 〈시경(詩經)〉 소아 (小雅) 학명(鶴鳴)

다른 산에서 나온 돌을 가지고 옥을 갈 수 있다는 뜻으로, 돌을 소인(小人), 옥을 군자(君子)에 비유하여 군자도 소인의 행동을 보고 수양과 학덕을 쌓을 수 있다는 수양을 위한 명언이다.

| 풀이 | 이 시는 선왕이 초야에 있는 현자를 구하여 타산지석(他山之石)으로 삼도록 하기 위해 지었다는 작품이다.

鶴鳴于九皐   학이 깊은 산 못에서 울어
聲聞于野   그 소리는 멀리 들에까지 울린다
漁潛在淵   물고기는 연못 깊이 숨어 산다지만
或在于渚   때로는 연못 가에 나와 놀기도 한다
樂彼之園   즐거운 저기 저 동산 위에는
爰有樹檀   의지하고 쉴 한 그루의 향목은 있어도
其下維蘀   나무 밑엔 낙엽만 흩어져서 그리 안 되고
他山之石   다른 산의 조약돌이라지만
可以爲錯   숫돌로 쓴다면 제법이다

鶴鳴于九皐   학이 깊은 산 못에서 울어도
聲聞于天   그 소리는 하늘까지 울려퍼진다
魚在于渚   물가에 나와 노는 물고기라도

때로는 연못 깊이 숨기도 한다　　　　　　　　　或潛在淵
즐거운 저기 저 동산 위에는　　　　　　　　　　樂彼之園
의지하고 쉴 한 그루의 향목은 있어도　　　　　　爰有樹檀
그 밑에 나쁜 나무만 있어 그렇게 안 된다　　　　其下維穀
다른 산의 몹쓸 돌이라지만　　　　　　　　　　他山之石
구슬은 그것으로 갈아서 빛이 난다　　　　　　　可以攻玉

泰山北斗 ❖ 태산북두

태산과 북두처럼 사람들이 우러러보는 그런 존재란 뜻으로, 저마다 걷는 길에서 사람들에게 존경받고 있는 자를 가리키며, 특히 학문 분야에서의 권위자나 제일인자를 지칭하는 경우가 많다.

出典 : 〈당서(唐書)〉 한유전(韓愈傳)

| 풀이 | 한유(韓愈)는 당송(唐宋) 8대 문장가(八大文章家) 중에 첫손꼽히는 사람이기도 하지만, 도교와 불교를 배척하고 유교를 높이 떠받든 일로도 유명하다.

배척(排斥) : 반대하여 물리침.

이 한유에 대해 〈당서〉 한유전(韓愈傳)의 찬(贊)에는 그가 육경(六經)의 문장으로 모든 학자들의 스승이 되어, 노장의 도와 불교를 배척하고 유교를 앙양시킨 점을 말하고 나서,

앙양(昻揚) : 높이 쳐들어 드러냄.

"한유가 죽은 뒤로, 그의 학설이 세상에 크게 행해지고 있어, 학자들은 그를 태산북두처럼 우러러보았다(自愈沒 其言大行 學者仰之 如泰山北斗云)."

라고 쓰고 있다.

태산(泰山)은 중국 오악(五岳)의 하나로 중국 산동성(山東省)에 있는데 고래로부터 명산으로 공경받고 있다. 또 북두(北斗)는 북신(北辰), 즉 북극성을 말하는 것으로 〈논어(論語)〉에도 "북신이 그곳에 있어 중성(衆星)이 이를 맞이함과 같다."고 하듯, 별의 중심으로서 이를 훌륭한 인물에 비유한다.

오악(五岳) : 중국 고대, 천자가 돌아가며 사냥을 하여 제후를 회동(會同)하게 하고 각 방면의 진산(鎭山)으로 한 다섯 영산. 동의 태산, 서의 화산(華山), 남의 형산(衡山), 북의 항산(恒山)과 중앙의 숭산(嵩山).

推敲 ❖ 퇴고

出典 : 〈유빈객가화록(劉賓客嘉和錄)〉야객총서(野客叢書)

문장을 다듬고 고친다는 뜻으로 비슷한 말이라도 어느 것이 더 적절한가를 여러 번 생각하고 살피는 것을 말한다.

| 풀이 | 당나라 때의 시인 가도(賈島)가 장안(長安)으로 과거를 보러 갈 때이다.

어느 날, 나귀를 타고 길을 가는데 문득 옛날에 있었던 일이 생각나며 시상(詩想)이 떠올랐다.

閑居少隣竝　　　　인가가 드문 곳에 한가한 집이 있어서
草徑入荒園　　　　풀에 묻힌 길이 거친 정원과 통하고 있네
鳥宿池邊樹　　　　새는 연못가 나무에 자고
僧敲月下門　　　　중은 달 아래 문을 두드린다

이 시에서 마지막 절인 "중은 달 아래 문을 두드린다."

에서 두드린다(敲)보다 민다(推)고 하는 것이 어떨까 하는 생각이 들었던 것이다. 그래서 그는 이 두 글자를 놓고 어느 것이 좋을지 혼자 곰곰이 생각에 잠기게 되었다. 그는 시를 지을 때면 시간도 장소도 가리지 않고 눈으로 보이는 것도 귀로 듣는 것도 없는 그런 상태에 빠지는 버릇이 있었다.

나귀를 탄 채 두 글자를 놓고 "밀었다(推), 두드렸다(敲)." 하면서 가던 도중 귀인(貴人)의 행차와 부딪히고 말았다. 행차는 공교롭게도 경조윤(京兆尹) 한유(韓愈)의 행차였다.

행차 길을 침범한 혐의로 한유 앞으로 끌려나온 그는 사실대로 이야기를 했다. 그러자 한유는 노여워하는 기색도 없이 말을 멈추고 한참 생각하고 있다가 "역시 민다는 퇴(推)보다는 두들긴다는 고(敲)가 좋겠군." 하며 가도와 나란히 행차를 계속했다. 그뒤부터 두 사람은 문학적인 친구가 되었다고 한다. 이때부터 퇴고라는 말을 사용하게 되었다.

出典 : 〈태평광기(太平廣
記)〉

남북조(南北朝)시대 : 중국
의 송(宋)나라 무제(武帝)가
건국한 영초(永初) 1년
(420)부터 수나라의 문제
(文帝)가 통일하게 된 개황
(開皇) 9년(589)까지 남북
이 대립하였던 두 왕조의
시대.

破鏡 ❖ 파경

깨어진 거울이란 뜻으로, 둥글던 거울이 깨어짐으로써
한쪽이 떨어져 없어지거나 금이 가서 예전처럼 완전한 모
습과 밝은 거울의 역할을 할 수 없거나, 부부 사이의 금실
이 좋지 않아 이별하게 되는 경우를 가리키는 말이다.

| 풀이 | 남북조(南北朝)시대 남조(南朝)의 마지막 왕조인
진(陳)이 망하게 되었을 때 태자사인(太子舍人)이었던 서덕
언(徐德言)은 수(隋)나라 대군이 양자강 북쪽 기슭에 도착
하자 만일의 경우를 생각해서 아내를 불러 이렇게 말했다.

"사태는 예측을 불허하오. 이 나라가 망하게 되면 그대
는 얼굴과 재주가 남달리 뛰어나므로 반드시 적의 수중으
로 끌려가 어느 귀한 집으로 들어가게 될 거요. 그렇게 되
면 우린 다시 만날 수 없겠지. 그러나 혹시 다시 만날 기
회가 있을지 누가 알겠소? 그럴 경우를 위해……."

그는 곁에 있던 거울을 둘로 딱 쪼개어 한쪽을 아내에
게 주며 다시 이렇게 말했다.

"이것을 소중히 간직하고 있다가 정월 보름날 시장에서
유심히 살피시오. 만일 내가 살아 있다면 그날 서울로 찾
아갈 테니."

두 사람은 깨어진 거울 반쪽씩을 각각 품속 깊숙이 간직하고 헤어졌다.

　얼마 안 있어 수나라 대군이 강을 건너자 진나라는 곧 망하고 앞서 말한 대로 서덕언의 아내는 적에게 붙잡혀 수나라 수도 장안(長安)으로 가게 되었다. 그녀는 진나라 마지막 황제였던 후주(後主)의 누이동생으로 낙창공주(樂昌公主)에 봉해져 있었다. 그리하여 그녀는 수문제(隋文帝) 양견(楊堅)의 오른팔로 건국 제일공신인 월국공(越國公) 양소(楊素)의 집으로 들어가게 되었다.

　한편 서덕언은 난리 속에 겨우 몸만 살아남아 밥을 얻어 먹으며 1년이 걸려 장안으로 올라왔다.

　약속한 정월 보름날, 시장으로 가 보니 깨진 반쪽 거울을 들고 소리 높이 외치는 사나이가 있었다.

　"자아, 거울을 사시오. 단돈 10금(十金)이오. 누구 살 사람 없소?"

　거저 주어도 싫다고 할 깨진 반쪽 거울을 10금이나 주고 살 사람이 어디 있겠는가? 지나가는 사람들은 미친놈이라면서 비웃기만 했다.

　그런데 한 사나이가 다가와서 말했다.

　"내가 사겠소."

　서덕언은 사나이를 자기 숙소로 데리고 가서 거울에 얽힌 사연을 이야기한 다음 품속에 간직하고 있던 거울을 꺼내어 사나이가 가지고 있는 다른 한쪽과 맞붙여 보았다. 거울은 둥글게 하나로 맞춰졌다. 서덕언은 다시 하나로 합쳐진 거울 뒤에 다음과 같은 시를 한 수 적었다.

鏡與人俱去   거울은 사람과 더불어 함께 가더니
鏡歸人不歸   거울만 돌아오고 사람은 돌아오지 않누나
無復姮娥影   다시 항아의 그림자는 없이
空留明月輝   헛되이 밝은 달빛만 멈추누나

심부름갔던 사나이가 가지고 돌아온 거울을 본 서덕언의 아내는 그뒤로 침식을 폐하고 울기만 할 뿐이었다. 이 사실을 알게 된 양소는 두 사람의 굳은 사랑에 감동하여 즉시 서덕언을 불러 그녀와 함께 고향으로 돌아가게 해주었다고 한다.

침식(寢食) : 잠자는 일과 먹는 일. 숙식.

破瓜之年 ❀ 파과지년

出典 : 손작(孫綽)의 〈정인 벽옥가(情人碧玉歌)〉

여자의 나이 16세를 말하는데 첫 경도(經度)가 있게 되는 나이란 의미도 있다. 또 남자의 64세를 가리키기도 한다.

碧玉破瓜時
郎爲情顚倒
感君不羞赧
廻身就郎抱

┃ 풀이 ┃ 푸른 구슬 참외를 깰 때
     님은 사랑을 못 견디어 넘어져 뒹굴었네
     님에게 감격하여 부끄러워 붉히지도 않고
     몸을 돌려 님의 품에 안겼네

이 시에 나오는 파과시(破瓜時)는 처녀를 바치던 때라고

도 풀이될 수 있고 또 사랑을 알게 된 열여섯의 나이로도 풀이될 수 있다. 또 전도(顚倒)란 말은 전란도봉(顚鸞倒鳳)의 뜻으로 남녀가 함께 정(情)을 나누는 것을 말한다.

과(瓜)란 글자를 쪼개 보면 팔(八)이 둘이 된다. 그래서 여자를 참외에 비유하고, 또 그것을 깨면 여덟이 둘이 되므로 '파과지년' 이 여자의 나이 열여섯을 가리키게 된 것이다.

또한 남자의 나이 예순넷을 가리켜 파과라고 말하는데, 그것은 여덟을 서로 곱하면 예순넷이 되기 때문이다.

破竹之勢 ❖ 파죽지세

대나무를 쪼개는 듯한 기세, 즉 강한 기세를 늦추지 않고 계속해서 거침없이 밀고 들어가는 형세를 말한다.

出典 : 〈진서(晋書)〉 두예전 (杜豫傳)

| 풀이 | 삼국 중 촉한(蜀漢)이 망하고 천하는 위(魏)의 뒤를 이은 진(晋)과 남방의 오(吳)와의 대립시기였다.

진(晋)의 무제(武帝) 함녕(咸寧) 5년, 진의 대군은 남하하여 오에 육박했다.

이듬해인 태강(太康) 원년 2월, 두예(杜預)는 왕준(王濬)의 군과 합류하여 무창(武昌)을 빼앗고 여기서 제장들을 모아 작전을 짰다. 한 사람이 나서며 말했다.

"지금은 봄도 제철에 접어들었습니다. 강물도 머지않아 범람할 때이니 무창에 오래 주둔하는 것은 불가능합니다.

두예(杜預) : 중국 진(晋)나라 때의 무장이자 학자. 자는 원개(元凱). 무제 때 오왕을 굴복시키고 당양현후(當陽縣侯)에 봉함을 받았다.

일단 군을 후퇴시켰다가 오는 겨울에 다시 진격하는 것이 좋다고 생각합니다."

이때 두예는 딱 잘라 대답했다.

"아니, 그렇지 않다. 지금 우리 군사의 사기는 충천하고 있다. 예를 들어 대를 쪼개는(破竹) 것과 같다. 두 마디, 세 마디만 쪼개면 다음에는 칼날을 대기만 해도 저절로 쪼개진다. 힘을 들일 필요도 없으리만큼 왕성한 기세를 타고 있는 이 기회를 놓쳐서는 안 된다."

이렇게 말하고 그는 곧 공격 준비를 했다. 드디어 3월에 두예의 군은 오(吳)의 수도 건업(建業)으로 쇄도하여 마침내 삽시에 공략했다. 오왕(吳王) 손호(孫皓)는 손을 뒤로 결박당하고 얼굴만을 내놓은 채 수레에 관을 싣고 사죄의 뜻을 표하면서 항복했다. 이리하여 진(晉)의 통일은 완성되었다.

손호(孫皓) : 오나라의 4대 군주. 손권(孫權)의 손자로 경제(景帝)의 뒤를 이어 오의 임금이 되었으나 정치를 잘못하여 진나라에 항복하니 58년 만에 나라가 망했다.

敗軍之將 不語兵 ❖ 패군지장 불어병

出典 : 〈사기(史記)〉 회음후 열전(淮陰侯列傳)

싸움에 진 장수는 병법을 말하지 않는다는 뜻으로, 실패를 한 자는 그 일에 대하여 구구히 변명을 하지 않는다는 말이다.

| 풀이 | 한신(韓信)이 배수의 진(背水之陣)을 치고 조군(趙軍)을 대파했을 때(기원전 204년)의 일이다. 위(魏)에서 조

(趙)로 향한 한신의 걱정거리는 정경(井陘)의 협도(狹道)였
었다. 무슨 일이 있더라도 뚫고 지나가야 할 통로이기는
했으나 너무나도 좁아서 대부대의 행진에는 불편했다. 대
열이 길어져 병력이 분산되었을 때, 조군에게 공격을 당
하면 한신의 지략을 가지고서도 막을 도리가 없었던 것이
다. 더구나 조에는 광무군 이좌거(李左車)라는 우수한 군
략가가 있었는데 그가 이 협도에 주둔하지 않을 리가 없
었다. 사실 광무군은 한신의 부대가 이 협도에 들어섰을
때, 일거에 격멸하도록 성안군 진여(陳余)에게 진언했다.
그런데 유학을 즐겨 정의의 싸움을 외치고 있던 성안군은
광무군의 진언을 듣지 않았다.

　그리하여 무사히 정경의 협도를 돌파한 한신은 아주 쉽
게 조군을 격파시킬 수가 있었으나, 이 싸움에서 한신은
광무군을 죽이지 말고 생포하라는 명령을 전군에 내렸다.
싸움이 끝나고 광무군이 한신 앞에 끌려나왔을 때, 한신
은 그를 두텁게 예우하면서 말했다.

　"앞으로 북쪽 연(燕)을 치고 다시 동쪽의 제를 치고자
생각하는데, 어떻게 하면 성공할 수가 있겠습니까?"

　"패군지장(敗軍之將)은 용(勇)을 말하지 말 것이며 망국
지대부(亡國之大夫)는 존(存)을 꾀하지 말라는 말을 들은
바가 있습니다. 지금 나는 싸움에 패해 당신의 포로가 되
어 있는 몸입니다. 그런데 어찌 대사(大事)를 꾀할 자격이
있겠습니까?"

　"아니, 그건 겸손의 말씀입니다. 나는 백리혜(百里傒)라

협도(狹道) : 좁은 길.

지략(智略) : 슬기로운 계략.
군략가(軍略家) : 군대의 운용에 관한 계략에 뛰어난 사람.

진언(進言) : 윗사람에게 자기의 의견을 말함.

존(存) : 나라를 보존하는 길.

는 현인이 우(虞)에 있었으나 우가 망하여 진으로 가자 진은 제후의 패자가 되었다는 말을 들은 바 있습니다. 우에 있었을 때의 백리혜는 우자(愚者)였고 진으로 가자 비로소 지자가 된 것은 아닙니다. 우는 그를 등용하지 않고 진은 그의 계모를 들었다는 차이밖에 없습니다. 성안군(成安君)이 만약 당신의 계모를 따랐다면 지금쯤은 내가 당신의 포로가 되었을 것입니다. 행인지 불행인지 당신의 계략이 실행되지 않았기 때문에 이렇듯 나는 당신에게 가르침을 청할 기회를 얻은 것입니다. 나는 진심으로 당신의 가르침을 따를 각오입니다. 부디 겸손해하지 마시고 높으신 의견을 말씀해 주십시오."

한신의 열의에 광무군은 마침내 연과 제를 토벌하는 술책을 말해 주었다. 그 술책에 따라 이윽고 한신은 연과 제를 멸망시켰다.

계모(計謀) : 계획과 모책. 계략.

술책(術策) : 꾀, 특히 남을 속이기 위한 꾀.

平地風波 ❖ 평지풍파

고요한 땅에 바람과 물결을 일으킨다는 뜻으로, 공연한 일을 만들어서 뜻밖에 분쟁을 일으키거나 사태를 어렵고 시끄럽게 만드는 경우를 가리키는 말이다.

| 풀이 | 당(唐)의 시인 유우석(劉禹錫)의 죽지사(竹枝詞) 9수(首) 중의 하나에 이런 것이 있다.

出典 : 유우석(劉禹錫)의 〈죽지사(竹枝詞)〉

유우석(劉禹錫) : 당나라의 시인. 자는 몽득(夢得).

구당의 시끄러운 열두 여울
사람들은 말하네, 길이 예부터 어렵다고
못내 안타까워하노라 인심이 물만도 못하여
생각이 부족하여 평지에 풍파를 일으키는 것을

瞿塘嘈嘈十二灘
人言道路古來難
長恨人心不如水
等閑平地起波瀾

　이 시는 파촉(巴蜀) 일대의 민요인데, 그 가사가 저속했
으므로 유우석이 그 곡조에 맞추어 다시 새롭게 가사를
쓴 것이라고 전한다.
　촉(蜀)으로 가는 도중에는 파동(巴東)의 삼협(三峽)이라
일컬어지는 험난한 곳이 있어서 나그네는 여기를 배로 거
슬러 올라가야 한다. 그 삼협의 하나인 구당협(瞿塘峽)에
는 열두 군데 여울물이 있어서 그 처절한 물소리는 간담
을 서늘케 한다. 그리하여 이 길은 예로부터 험난하다고
일컬어져 왔다. 그러나 이 물보다 더 무서운 것은 사람들
의 마음이어서 공연히 평지에 풍파를 일으켜 세상을 시끄
럽게 만들고 있다는 것이 이 시의 내용이다.

간담(肝膽): ① 간과 쓸개.
② 속마음을 달리 이르는
말.

炮烙之刑 ❖ 포락지형

　기름을 칠한 구리기둥을 숯불 위에 걸쳐 놓고 죄인을
건너게 하여 미끄러져 떨어지면 숯불에 타 죽게 되는 형
벌로, 잔인하고 가혹한 형벌의 대명사가 되어 있다.

出典 : 〈사기(史記)〉 은본기
(殷本紀)

은(殷)나라 주왕(紂王)은 유소씨(有蘇氏)의 나라를 정벌하여 얻은 달기(妲己)라는 요염한 여자에게 마음이 사로잡히게 되었다. 그러자 곧 그녀의 말은 그대로 주왕의 정령(政令)이 되었다. 그러니 정치는 달기의 마음을 사기 위한 도구가 되었고 그 결과 주왕은 달기와의 음락을 유지하기 위해 새로운 세법(稅法)을 계속 제정했다.

거교(鉅橋)의 창고는 징수한 곡식으로 가득 차고 훌륭한 견마(犬馬), 진기한 보물류는 속속 궁중으로 모여들었다. 광대한 사구(沙丘)의 이궁(離宮)은 더욱더 확대되고 수많은 조수(鳥獸)가 그 안에 놓아 길러졌다. 이런 상황 속에서 주지육림의 음락이 펼쳐진 것이다. 당연히 무거운 세금에 허덕이는 백성들로부터는 원성이 높았고, 그것을 배경으로 반기를 드는 제후도 생기게 되었다.

그러자 주왕은 형벌을 가중시켜 새로운 '포락지형(炮烙之刑)'을 제정했다. 이궁 뜰에 구리기둥을 숯불 위에 걸쳐놓고, 비방자들을 그 앞으로 끌고나와 기둥을 건너가라는 명령을 했다. 그런데 이 기둥에는 기름이 칠해져 있어 미끄러워서 도저히 건너갈 수가 없었다. 기둥에서 미끄러지면 아래에 놓인 숯불로 떨어져 타죽었다.

주왕과 달기는 이 광경을 보고 박장대소를 하며 즐거워했다고 한다.

정령(政令) : 정치상의 명령. 또는 법령.
음락(淫樂) : 과도한 환락.

이궁(離宮) : 임금이 거동할 때 머무르는 별궁.

박장대소(拍掌大笑) : 손뼉을 치며 한바탕 크게 웃음.

蒲柳之質 ❖ 포류지질

갯버들과 같은 성질이란 뜻으로, 갯버들처럼 연약한 체질을 일컫는 말이다.

出典 :〈세설신어(世說新語)〉언어편(言語篇)

| 풀이 | 동진(東晉)의 고열지는 간문제(簡文帝)와 동갑이었으나 머리가 하얗게 세었으므로 간문제가 물었다.

"경(卿)의 머리는 왜 그렇게 하얗게 세었소?"

"포류(蒲柳)의 모습을 한 자는 가을을 앞에 두고 잎이 떨어지오나, 송백지질은 서리를 겪고도 더욱 잎이 무성한 법입니다(蒲柳之姿 望秋而落 松栢之質 經霜彌茂)."

포류(蒲柳) : 갯버들.

'자신은 몸이 허약해서 폐하의 건강하심을 따를 수 없습니다.' 라는 뜻의 말로 〈논어〉자한편(子罕篇)의 "날씨가 추워진 다음에야 비로소 송백(松栢)이 다른 잎과는 달리 시들지 않음을 알 수 있다(歲寒然後 知松栢之後彫也)."는 말을 인용하여 황제의 건강한 모습에 비유하고, 자기는 갯버들과도 같기에 먼저 진다고 하였으니 군신(君臣)의 예절까지 갖춘 멋진 비유임에 틀림없다.

송백(松栢) : 소나무와 잣나무.

고열지는 몸이 허약해서 일찍부터 머리가 세었는지 모르지만 마음은 송백같이 곧아 권세에 아부하는 일이 없었다. 그래서 그의 벼슬은 그의 능력에 비해 낮은 상서우승(尙書右丞)이란 벼슬에 그치고 말았다. 그는 문인화(文人畵)의 시조로 유명한 고개지(顧愷之)의 아버지이기도 하다.

고개지(顧愷之) : 중국 동진의 화가. 자는 장강(長江). 박학 다재하며, 특히 화(畵)·재(才)·치(癡)의 3절(絕)이라 부르며, 인물·산수화에 뛰어남.

暴虎馮河 ◈ 포호빙하

出典 : 〈시경(詩經)〉 소아
(小雅) 소민편(小旻篇), 〈논
어(論語)〉 술이편(述而篇)

맨주먹으로 범을 잡고 걸어서 강을 건넌다는 뜻으로,
어떤 계획이나 준비 없이 그저 만용(蠻勇)만을 믿고 마구
행동하는 것을 가리킨다.

┃ 풀이 ┃ 〈시경〉의 소아(小雅) 소민편(小旻篇)에 나오는데,
이 시는 악정(惡政)을 개탄해서 지은 시이다. 포호빙하와
같은 무모한 짓은 하지 않지만 눈앞의 이해에만 정신이
팔려 앞으로 어떤 결과가 올지를 생각지 못하는 위정자의
안타까운 태도를 읊었다.

不敢暴虎
不敢馮河
人知其一
莫知其他

　　　맨손으로 호랑이를 잡을 수 없고
　　　걸어서는 황하를 건널 수 없네
　　　사람은 그 하나만을 알고
　　　그밖의 것은 알지 못한다

또 〈논어〉의 술이편(述而篇)을 보면 다음과 같은 내용이
들어 있다.

이느 날 공지기 안회(顔回)의 덕을 크게 칭찬하였다. 옆
에서 듣고 있던 자로(子路)는 안회만을 칭찬하는 것이 불
만이었다. 그래서 용기와 결단성이 있기로 알려진 자로는
전쟁은 자기만큼 해낼 사람이 없으리라고 자부하고 공자
에게 물었다.

삼군(三軍) : 큰 제후가 출

“선생님께서 삼군(三軍)을 움직여 전쟁을 하게 된다면

누구와 함께 행동하시겠습니까?"

공자는 자로의 그 같은 기분은 잘 알고 있었으나 경솔한 태도를 꾸짖었다.

"맨손으로 범을 잡고, 걸어서 황하를 건너다가 당하는 무모한 죽음에 후회가 없는 그런 무모한 사람과 나는 함께 하지 않을 것이다. 일을 하는 데 있어서 반드시 두려운 생각을 갖고 꾀를 써서 일을 성공시키는 사람과 함께 할 것이다(暴虎馮河 死而無悔者 吾不與也 必也臨事而懼 好謀而成者也)."

이렇듯 공자는 모든 일은 용기만으로 되는 것이 아니고, 용기 이전에 신중한 검토와 그에 대한 대책이 앞서야 한다는 것을 자로에게 타일렀다. 그러나 자로는 결국 그 '포호빙하' 하는 성질을 이기지 못하여 뒷날 난(亂)에 휩쓸리어 목숨을 잃고 말았다.

병시키는 상군(上軍)·중군·하군을 일컬음.

豹死留皮 人死留名 ❖ 표사유피 인사유명

표범은 죽어서 가죽을 남기고 사람은 죽어서 이름을 남긴다는 뜻. 짐승도 가죽을 남겨 세상에 이익을 주는데 하물며 사람은 더욱더 훌륭한 일을 해 좋은 이름을 남겨야 한다는 속담이다.

出典 : 〈오대사(五代史)〉 왕언장전(王彦章傳)

| 풀이 | 양(梁)의 용장으로 왕언장(王彦章)이라는 자가 있

었다. 젊었을 때부터 주전충의 부하가 되어 언제나 그의 곁에 있었다. 그가 두 자루의 철창을 휘두르며 적진에 뛰어들면 용마가 하늘을 나는 듯하여 그 앞을 막는 자가 없었다고 한다. 그래서 사람들은 그를 왕철창(王鐵槍)이라 불렀다.

이윽고 주전충은 양의 태조가 되나 내분은 계속되었다. 그때 산서(山西)에 자리잡고 있는 진왕(晉王) 이존욱(李存勗)은 위세가 강하여 북방에서 황제라 칭하며 국호도 당(唐)이라 정하고 그 군대를 점차 남하시키고 있었다. 덕승(德勝)을 경계로 하여 양군은 공방전을 계속했다.

이때 왕언장은 초토사(招討使)로 임명되어 덕승 남안에 있는 남성을 함락시키고, 다시 파죽지세로 양유(揚劉)까지 육박했으나 당의 대군이 도착하자 많은 군사를 잃고 퇴각했다.

그는 다시 반격할 기회를 노리고 있었으나 불시에 초토사를 파면당하고 말았다. 그는 평소 궁중에 있는 측근들을 미워하여 내가 승리를 하고 돌아가면 그놈들을 주벌(誅伐)하겠다고 말을 했었다. 그것이 화근이 되었던 것이다. 그러나 시기는 급박했다. 2개월 후 당제(唐帝)가 스스로 대군을 이끌고 침략해 왔을 때, 왕언장은 다시 기용되었다. 그는 고전을 면치 못하다가 상처를 입고 포로가 되었다. 당제는 그의 효용을 아껴 귀화하기를 권했으나 완강히 거절하며 말했다.

"아침에 양을 섬기다가 저녁에 당을 섬길 수는 없다."

그리하여 그는 살해되고 말았다. 당시 나이 61세로 언장(彦章)이 죽자 양은 곧 멸망하고 말았다.

왕언장은 글을 배우지 못하여 책을 읽지 못했다. 그래서 그는 언제나 속담을 인용해서 말했다. 그가 즐겨 입에 담은 말이 이 "표범은 죽어서 가죽을 남기고 사람은 죽어서 이름을 남긴다."라는 속담이었다. '짐승도 가죽을 남긴다. 사람도 사후 미명(美名)을 남겨야 한다.'라는 생각이 분분한 오대 난리 속에서 그는 마음의 지침으로 삼고 살았던 것이다.

미명(美名) : 훌륭하게 내세운 이름. 그럴듯한 명목이나 명분.
오대(五代) : 당(唐)과 송(宋)과의 사이 53년 동안에 흥망(興亡)한 다섯 왕조. 곧 후당·후량·후주(後周)·후진(後晉)·후한(後漢)을 일컬음. 후오대.

風聲鶴唳 ❀ 풍성학려

바람소리와 학의 울음소리란 뜻으로, 아무것도 아닌 소리에 공연히 놀라 겁을 먹는다는 말이다.

出典 :〈진서(晉書)〉사현전(謝玄傳)

| 풀이 | 동진(東晉) 효무제(孝武帝)의 태원(太元) 8년 진제(秦帝) 부견(符堅)은 스스로 병 60만, 기마 27만의 대군을 이끌고 장안을 떠나 밀물같이 진(晉)으로 육박해 들어갔다.

진(秦)은 현상(賢相) 왕맹(王猛)을 기용함으로써 급속히 발전하여 제일의 강국으로 부상하였다. 그 왕맹이 죽으면서 "진(晉)만은 건드리지 말아달라."는 유언을 남겼는데, 부견이 진을 공격한 것은 그후 8년이 지나서였다.

진(晉)은 재상 사안(謝安)의 동생 사석(謝石)을 정토대도

부견(符堅) : 중국 전진(前秦)의 제3대 황제. 자는 영고(永固), 이름은 문옥(文玉). 전연(前燕)과 전량(前凉)을 항복시킨 후 탁발부(拓跋部)를 합쳐 화북을 통일, 이어 동진(東晉)을 멸하고 천하를 통일하고자 장안(長安)을 출발하였으나, 비수강의 싸움에서 대패하여 나라는 분열되고, 자신은

잡혀 자살함. 372년에 중
순도(順道)를 시켜 고구려
에 불경과 불상을 보내어,
우리 나라에 처음으로 불교
를 전하였다.

사현(謝玄) : 중국 동진의
명장. 자는 환도(幻度). 사
안의 조카. 무제 때 적은 군
사를 이끌고 나가서 부견의
백만 대군을 비수강에서 물
리친 공으로 전장군(前將
軍)이 되고 강락현공(康樂
縣公)에 봉해졌다.

궤란(潰亂) : 싸움에 패하여
흩어져 도망침.

부지기수(不知其數) : 그 수
를 알지 못함. 매우 많음.

독(征討大都督)으로 삼고, 조카인 사현(謝玄)을 선봉도독으
로 삼아 8만의 군세로써 진(秦)의 대군을 맞이했다.

먼저 현(玄)의 참모 유뇌지(劉牢之)는 정병 5천을 이끌고
낙간(洛澗)에서 진(秦)의 선봉을 격파하고 장수의 목을 베
었다. 그러자 사현 등도 더욱 용감하게 전진했다.

부견이 수양(壽陽)의 성에 올라 진군(晉軍)을 바라보니
진영이 질서정연했다. 무심코 팔공산(八公山) 쪽으로 눈을
돌리니 산은 진군으로 가득 차 있었다. 깜짝 놀라 다시 보
니 그것은 풀과 나무였다. 순간 그는 불안을 느꼈다.

진군(秦軍)이 비수(淝水) 언덕에 진을 치고 있어 진군(晉
軍)은 건널 수가 없었다. 사현은 군사를 보내어 진(秦)의
진지를 조금 후방으로 퇴각시켜 진군(晉軍)을 건너게 한
뒤 승부를 결정하자고 청했다. 부견은 '우리 군을 약간 뒤
로 물러서게 했다가 적이 반쯤 건넜을 때 격멸해 버리리
라.'고 생각하고 그 제의를 수락했다.

그런데 진(秦)의 군세는 뒤로 물러서라는 신호를 받자
계속 퇴각하여 이제 정지시킬 수도 어찌할 수도 없게 되
어 버렸다. 그러자 사현의 군대가 강을 건너 추격해 들어
와 진군(秦軍)을 궤란 상태에 빠뜨리고 말았다. 진병(秦兵)
들은 앞선 자를 밀어젖히고 자기가 먼저 도망치고자 밀고
밀리면서 자기편끼리 밟고 밟혀 죽는 자가 부지기수였다.
잔뜩 겁을 먹은 진(秦)의 병사들은 바람소리와 학의 울음
소리를 듣기만 해도 진군(晉軍)이 추격해 오는 것으로 잘
못 알고 그저 도망갈 뿐이었다.

匹夫之勇 ❖ 필부지용

필부(匹夫)란 소인배와 같은 의미로 좁은 소견을 가지고 어떤 계획이나 방법도 없이 혈기만을 믿고 마구 날뛰는 행동을 말한다.

出典 : 〈맹자(孟子)〉 양혜왕 하(梁惠王下), 〈사기(史記)〉 회음후열전(淮陰侯列傳)

| 풀이 | 약육강식의 세태였던 전국시대, 맹자(孟子)가 양(梁)을 찾아갔을 때의 일이다.

양혜왕(梁惠王)이 맹자에게 물었다.

"이웃 나라와의 국교는 어떤 방법으로 해야 한다고 생각하십니까?"

"대국은 소국을 섬긴다는 기분으로, 겸허한 태도로 사귀지 않으면 안 됩니다. 이것은 인자(仁者)라야만 비로소 가능한 극히 어려운 일이나, 은(殷)의 탕왕(湯王)이나 주(周)의 문왕(文王)은 그것을 해냈습니다. 또 소국은 대국을 섬기지 않으면 안 됩니다. 이것도 쉬운 일이 아니어서 지자(智者)라야 비로소 가능합니다. 그러나 문왕의 조부 대왕은 그것을 실행했기에 주(周)가 뒷날 대국이 될 수 있었던 것입니다. 또 월왕 구천도 최후에 숙적인 오(吳)에게 승리를 얻을 수가 있었던 것입니다.

소가 대를 섬긴다는 것은 하늘의 도리로서 당연한 일입니다. 그것을 인식하면서 대국의 입장으로써 소국을 섬긴다는 것은 '하늘을 즐긴다.'고도 할 수 있겠습니다. 또 이 하늘의 도리에 거슬리지 않도록 대국을 섬기는 소국은 하

탕왕(湯王) : 중국 은나라의 초대 왕. 본명은 이(履) 또는 대을(大乙). 하(夏)의 걸왕(桀王)을 내쫓고 왕위에 올랐다. 박(亳)에 도읍하여 나라 이름을 상(商)이라 정하고 제도와 전례(典禮)를 잘 정비하였다.

보지(保持) : 어떤 상태를
온전하게 간직함.

늘을 두려워하는 것입니다. 하늘을 즐기는 자는 천하를 보전(保全)할 수가 있고, 하늘을 두려워하는 자는 나라를 보지(保持)할 수가 있습니다. 그래서 〈시경〉에도 '하늘의 위세를 두려워하여, 여기 이것을 보지한다.' 라는 말이 있는 것입니다."

"훌륭한 말씀입니다. 그러나 저로서는 좋지 않은 일인지는 모르나 용(勇)을 좋아하는 성격이라서……."

맹자는 대답했다.

소용(小勇) : ① 한 사람을
대적할 만한 조그마한 용
기. ② 젊은 혈기로 소소한
일에 내는 용기.

"왕께서는 소용(小勇)을 좋아해서는 안 됩니다. 검을 어루만지며 눈을 부릅뜨고 네 놈 같은 것은 내 적이 될 수 없다고 하는 것 등은 필부의 용맹으로, 기껏해야 한 사람을 상대하는 것밖에 안 됩니다. 부디 좀더 커다란 용기를 갖도록 하십시오(王請無好小勇 夫撫劍疾視曰 彼惡敢當我哉 此匹夫之勇 敵一人者也 王請大之)."

또 〈사기〉 회음후열전에도 한신이 항우를 평하는 글이 있다. "항왕의 대성질타(大聲叱吒)라면 모든 사람이 다 겁

대성질타(大聲叱吒) : 큰 목
소리로 노기를 띠고 꾸짖음.

을 먹고 주저앉아 버리나 그는 능력있는 장수를 쓰지 못하였은즉 결국 이것은 필부의 용맹에 지나지 않는다(項王 大聲叱吒 千人皆廢 然不能任屬賢將 此特匹夫之勇耳)."

邯鄲之夢 ❋ 한단지몽

한단이란 지방에서 꾼 꿈이란 뜻으로, 인생과 영화의 덧없음을 비유하는 말이다.

| 풀이 | 다음은 당(唐)나라 심기제의 소설 〈침중기〉의 줄거리이다.

당나라 현종(玄宗) 때의 일이다. 여옹(呂翁)이란 도사가 한단(邯鄲)이란 곳의 객사(客舍)에서 쉬고 있을 때 초라한 옷차림을 한 노생(盧生)이라는 젊은이가 다가와서 고생을 면치 못하는 자신의 처지에 대해 하소연을 늘어놓았다.

그러다가 노생은 졸음이 와 여옹으로부터 베개를 빌려서 잤는데, 그 베개는 도기(陶器)로 만든 것으로 양끝에 구멍이 뚫려 있었다. 잠들고 있는 동안에 그 구멍이 점점 커졌으므로 노생이 들어가 보니 그곳에는 대궐 같은 집이 있었다. 그 집에서 노생은 청하 최씨의 딸과 결혼을 하고 진사 시험에 합격하여 관리가 되었으며, 계속 출세하여 마침내 경조윤(京兆尹)이 되고 또 오랑캐를 토벌하여 어사대부(御史大夫) 겸 이부시랑(吏部侍郎)이 되었다.

그런데 그때의 재상에게 원한을 산 나머지 단주자사(端州刺史)로 좌천이 되기도 하였으나 그곳에 머무른 지 3년

出典 : 심기제(沈旣濟)의 〈침중기(枕中記)〉

객사(客舍) : 객지에서 묵는 집.

도기(陶器) : 질흙을 원료로 하여 빚어서 비교적 낮은 온도로 구운 도자기. 오지그릇. 질그릇.

좌천(左遷) : 어떤 사람을 지금보다 낮은 지위나 직위로 옮김, 또는 중앙에서 지방으로 옮김.

만에 다시 소환되어 호부상서(戶部尚書)가 된 노생은 그후 얼마 되지 않아 재상이 되고, 그후 10년 동안 천자를 잘 보필하고 선정을 베풀어 현상(賢相)이라고 명성이 자자하게 되었다.

이렇듯 그의 지위가 인신(人臣)의 극을 누리고 있을 때 그가 변방의 장수들과 결탁하여 모반을 꾀하고 있다는 터무니없는 참소가 들어와 포박을 당하자 그는 길게 탄식을 하며 처자(妻子)에게 말했다.

"내 고향 산동(山東)의 집에는 약간의 전답이 있었다. 농사만 짓고 살았더라면 그것으로 추위와 굶주림은 면할 수 있었을 터인데 무엇 때문에 애써서 녹(祿)을 구했단 말인가? 그것 때문에 지금 이 꼴이 되어 버렸으니 그 옛날 누더기를 입고 한단의 길을 걷던 일이 생각난다. 그때가 그리우나 이젠 어떻게 할 수도 없는 처지이니……."

노생은 칼을 들어 자결하려고 했으나 아내가 말리는 바람에 뜻을 이루지 못하고 기주(驥州)로 귀양을 가게 되었다.

수년 후 천자는 노생이 누명을 쓰고 있음을 알고 노생을 불러 중서령(中書令)에 임명했으며, 연국공(燕國公)에 봉하여 그 은총과 믿음이 대단하였다. 그의 다섯 아들은 모두 고관(高官)이 되고 천하의 이름있는 집안과 결혼을 하여 십여 명의 손자를 두었으며, 만년에 그는 무척 행복한 생활을 영위하였다. 그러나 점차 건강이 쇠약해져 마침내 죽고 말았다.

이윽고 노생은 크게 하품을 하며 잠에서 깨어났다. 그

현상(賢相) : 어진 재상. 현명한 재상

인신(人臣) : 신하.

결탁(結託) : (주로 부정적인 어떤 일을 꾸미려고) 서로 배가 맞아 한통속이 됨.

녹(祿) : 벼슬아치에게 연봉으로 주는 곡식 · 피륙 · 돈 따위를 통틀어 이르는 말. 녹봉(祿俸).

은총(恩寵) : 높은 사람에게서 받는 특별한 사랑.

모든 것은 한낱 헛된 꿈이었다.

여옹은 그런 그에게 웃음을 보이며 말했다.

"인생이란 다 그런 거라네."

노생은 잠시 묵묵히 있다가 이어 여옹에게 감사하며 말했다.

"영욕(榮辱)도 빈부(貧富)도 죽음도 모두 경험했습니다. 이것은 선생께서 제 욕심을 막아주신 것이라 생각되는군요. 잘 알았습니다."

노생은 여옹에게 공손히 절하고 한단의 길을 걸어갔다.

영욕(榮辱) : 영예와 치욕.

邯鄲之步 ✦ 한단지보

조나라의 수도인 한단의 걸음걸이를 배운다는 뜻으로, 자기 본분을 잊고 공연히 남의 흉내를 내다 보면 두 가지 모두를 제대로 할 수가 없어 이것도 저것도 아닌 것이 되고 만다는 말이다.

出典 : 〈장자(莊子)〉 추수편 (秋水篇)

| 풀이 | 장자의 선배인 위모(魏牟)와 명가(名家)인 공손용 (公孫龍)과의 문답 형식으로 된 이야기 가운데서 위모가 공손용을 보고 이렇게 말했다.

"당신은 수릉(壽陵)의 젊은이가 조나라의 수도 한단으로 걸음걸이를 배우러 갔던 이야기를 알고 계시겠지요. 그 젊은 사람은 아직 조나라 걸음걸이를 다 배우기도 전에

명가(名家) : 춘추전국시대 궤변을 일삼던 한 학파.

수릉(壽陵) : 연(燕)의 수도.

원래 걷고 있던 걸음걸이마저 잊고 설설 기면서 겨우 고향으로 돌아갔다고 하지 않습니까?"

조나라는 큰 나라요 연나라는 작은 나라이다. 한단은 대도시요 수릉은 작은 도시이다. 그 작은 도시 청년이 대도시를 동경한 나머지 격(格)에 맞지 않는 걸음걸이를 배우려다가 자기가 본래 걷던 걸음걸이마저 잊고 엉금엉금 기는 시늉을 하며 돌아갔다는 이야기이다.

격(格) : 환경과 사정에 자연스럽게 어울리는 체재(體裁)와 품위.

偕老同穴 ❖ 해로동혈

出典 : 〈시경(詩經)〉

살아서는 같이 늙고 죽어서는 한 무덤에 묻힌다는 뜻으로, 생사를 같이하는 부부의 사랑의 맹세를 가리키는 말이다.

| 풀이 | '해로' 란 말은 패풍(邶風)의 〈격고(擊鼓)〉와 용풍(鄘風)의 〈군자해로(君子偕老)〉와 위풍(衛風)의 〈맹(氓)〉에서 볼 수 있고 동혈이란 말은 왕풍(王風)의 〈대거(大車)〉에 나온다.

위풍의 〈맹〉에 있는 해로를 소개하면 다음과 같다.

〈맹〉이란 시는 행상을 온 남자를 따라가 그의 아내가 되었으나 고생 끝에 결국은 버림을 받은 여자의 한탄으로 이루어진 시이다. 여섯 장으로 된 마지막 장에서 이렇게 읊고 있다.

행상(行商) : 돌아다니며 물건을 팖.

그대와 함께 늙고자 했더니   及爾偕老
늙어서는 나를 원망하게 만드누나   老使我怨
강에도 언덕이 있고   淇則有岸
못에도 둔덕이 있는데   隰則有泮
총각 시절의 즐거움은   總角之宴
말과 웃음이 평화로웠네   言笑宴宴
마음놓고 믿고 맹세하여   信誓旦旦
이렇게 뒤집힐 줄은 생각지 못했네 不思其反
뒤집히리라 생각지 않았으면   反是不思
역시 하는 수 없네   亦已焉哉

　왕풍의 〈대거〉란 시는 이루기 어려운 사랑 속에서 여자
가 진정을 맹세하는 노래로 보아도 좋은 시이다. 3장으로
된 마지막 장에 '동혈'이란 말이 나온다.

살아서는 방을 달리해도   穀則異室
죽으면 무덤을 같이하리라   死則同穴
나를 참되지 않다지만   謂予不信
저 해를 두고 맹세하리   有如皦日

　설명이 필요없는 시이다. 유여교일(有如皦日)은 자기 마
음이 맑은 해처럼 분명하다고 해석되기도 한다. 해를 두
고 맹세할 때도 흔히 쓰는 말로, 만일 거짓이 있으면 저
해처럼 없어지고 만다는 뜻으로 풀이되기도 한다.

行不由徑 ❖ 행불유경

出典 : 〈논어〉 옹야편(雍也篇)

길을 갈 때는 지름길을 택하지 않는다는 뜻으로, 어떤 일을 할 때 급하다고 편법을 쓰지 말고 정당한 방법으로 하라는 말이다.

자유(子游) : 공자 문하(門下)의 십철(十哲)의 한 사람. 본명은 언언(言偃). 자유는 그의 자. 자하(子夏)와 더불어 문학에 뛰어났다.

| 풀이 | 제자인 자유(子游)가 무성(武城)이라는 작은 고을의 책임 관리가 되었다.

공자가 물었다.

"네가 하는 일을 잘 도울 좋은 사람을 얻었느냐?"

자유가 대답하였다.

"예, 담대멸명(澹臺滅明)이라고 하는 사람을 얻었습니다. 그는 지름길이나 사잇길로는 다니는 법이 없고 오로지 큰길로만 다닙니다〔行不由徑〕. 또 공적인 일이 아니고는 결코 제 방에 들어온 적이 없습니다."

담대멸명은 노(魯)나라 무성 사람으로 자를 자우(子羽)라고 하는데, 자기가 맡은 일에 매우 정직하고 충실하였다. 그는 자유에게 사적인 부탁을 하거나 남이 모르는 비밀을 은밀히 속삭이거나 하지 않는 참으로 공명정대한 사람이었다.

나중에 공자는 담대멸명도 제자로 삼았다.

螢雪之功 ❖ 형설지공

눈빛과 반딧불의 힘을 빌려 공부하여서 얻은 공이란 뜻으로, 가난과 어려운 역경을 딛고 일어서서 고학(苦學)한 성과를 말한다.

出典 : 이한(李瀚)의 〈몽구(蒙求)〉

| 풀이 | 손강(孫康)은 집이 가난해서 기름 살 돈이 없었다. 그래서 그는 항상 눈빛[雪光]으로 글을 읽었다. 그는 젊었을 때부터 청렴결백하여 친구를 사귀어도 무턱대고 사귀는 일이 없었으므로 훗날에는 어사대부(御史大夫)라는 벼슬에까지 올랐다.

진(晋)나라의 차윤(車胤) 또한 집이 가난해서 기름을 구할 수가 없었다. 여름이면 비단 주머니에 수십 마리의 반디를 잡아서 그 빛으로 밤을 새우며 글을 읽었다. 그래서 마침내 이부상서(吏部尚書)에까지 올랐다.

이런 이야기로 인해 어려운 처지에서 공부하는 것을 '형설'이니 '형설지공'이니 말하고, 공부하는 서재를 반딧불 창에 눈으로 된 책상이란 뜻의 '형창설안(螢窓雪案)'이라고 한다.

손강(孫康) : 3~4세기 중국 진(晋)나라의 학자.

차윤(車胤) : 중국 동진(東晋)의 정치가. 자는 무자(武子).

狐假虎威 ❖ 호가호위

여우가 호랑이의 위엄을 빌려 제 위엄으로 삼는다는 말

出典 : 〈전국책(戰國策)〉 초

로, 실력이나 능력이 없는 사람이 남의 권세를 빌려 위세를 부리는 것을 비유한 말이다.

| 풀이 | 위(魏)나라 출신인 강을(江乙)이란 변사가 초선왕(楚宣王) 밑에서 벼슬을 하게 되었다. 그런데 초나라에는 삼려(三閭)라고 불리는 세 세도가가 모든 실권을 잡고 있었다.

이 시기는 그 중 하나인 소해휼(昭奚恤)이란 사람이 정권(政權)과 군권(軍權)을 모두 쥐고 있었는데, 강을은 소해휼을 넘어뜨리기 위해 기회만 있으면 그를 모함했다.

하루는 초선왕이 여러 신하들이 있는 자리에서 이렇게 물었다.

"초나라 북쪽에 있는 모든 나라들이 소해휼을 무척 두려워하고 있다는데 그 말이 사실인가?"

"호랑이는 모든 짐승을 찾아서 잡아먹습니다. 한번은 여우를 붙잡았는데 여우가 호랑이를 보고 이렇게 말했습니다. '그대는 감히 나를 잡아먹지 못하리라. 옥황상제께서는 나를 백수(百獸)의 왕으로 만들었다. 만일 그대가 나를 잡아먹으면 이것은 하늘의 뜻을 거역하는 것이 된다. 만일 내 말이 믿어지지 않거든 내가 그대를 위해 앞장서서 갈 터이니 그대는 내 뒤를 따라오며 보라. 나를 보고 감히 달아나지 않는 짐승은 한 마리도 없을 것이다.' 그러자 호랑이는 그렇게 하기로 하고 여우를 앞세우고 같이 가게 되었습니다. 그런데 정말 모든 짐승들은 그들을 보기가 무섭게 달아났습니다. 호랑이는 여우가 무서워서 달

삼려(三閭) : 초나라의 왕가인 소(昭)·굴(屈)·경(景)의 세 집안.

백수(百獸) : 온갖 짐승.

아나는 줄로만 알았습니다. 그러나 사실은 여우 뒤에 있는 호랑이가 무서워 도망쳤던 것입니다. 만사는 다 비슷합니다. 북쪽 나라들이 어찌 소해휼 따위를 두려워하겠습니까? 지금 대왕께서는 천 리나 되는 땅과 완전무장을 한 백만 명의 군대를 소해휼 한 사람에게만 완전히 맡겨두고 계십니다. 그러므로 사실은 대왕의 무장한 군대를 무서워하고 있는 것입니다. 마치 모든 짐승들이 여우 뒤에 있는 호랑이를 무서워하듯 말입니다."

재미있고도 묘한 비유였다. 소해휼은 왕을 등에 업고 왕 이상의 위세를 부리는 여우 같은 약은 놈이 되고, 선왕은 자기가 어떤 위치에 있는가를 자각하지 못한 채 소해휼이 훌륭해서 모든 제후들이 초나라를 두려워하는 줄로 알고 있는 어리석은 호랑이가 되고 만 셈이었다.

자각(自覺) : 스스로 깨달음. 자기 자신이 놓여 있는 일정한 상황을 매개로 하여 자기의 위치·능력·가치·의무·사명 등을 스스로 의식하는 일.

浩然之氣 ❖ 호연지기

호연(浩然)은 넓고 큰 모양을 일컫는 말로, 호연지기란 천지간에 가득 찬 크고 넓은 정기(正氣), 곧 무엇에도 구애를 받지 않는 떳떳하고도 유연한 기운이라고 할 수 있다.

出典 : 〈맹자(孟子)〉 공손추 장구 상(公孫丑章句上)

| 풀이 | 맹자는 제자인 공손추와 부동심(不動心)에 대해 논한 끝에 이런 질문을 받았다.

"감히 묻자옵건대 선생님께서는 어떤 점에 뛰어나다고

부동심(不動心) : 마음이 외계의 충동을 받아도 흔들리거나 움직이지 않음. 확고한 마음.

생각하십니까?"

"나는 말[言]을 알며 나의 호연지기를 기르고 있다."

"그럼 무엇을 호연지기라고 합니까?"

"말로 정의를 내리기는 어렵다. 그 기운은 지극히 크고 지극히 강하니 곧게 길러서 방해만 안하면 곧 하늘과 땅 사이에 가득 차는 것이다. 또 그 기운은 의(義)와 도(道)를 짝하는 것이니 이것이 없으면 주리게 된다. 이것은 의가 모여서 생기는 것이나 의가 돌발적으로 엄습하여 호연지기를 만드는 것은 아니다. 행동이 의에 부합되지 않고 마음을 만족시켜 주지 못하면 호연지기는 주리게 되지. 그래서 나는 '고자가 일찍이 의를 알지 못한다.'고 한 것이니 의가 사람의 마음 밖에 있는 것이라고 생각했기 때문이다(難言也 其爲氣也 至大至剛 以直養而無害 則塞于天地之間 其爲氣也 配義與道 無是餒也 是集義所生者 非義襲而取之也 行有不慊於心則餒矣 我故曰 告子未嘗知義 以其外之也)."

엄습(掩襲) : 갑자기 습격함.

胡蝶之夢 ❖ 호접지몽

出典 : 〈장자(莊子)〉 제물편(齊物篇)

장주(莊周) : 장자의 본명.
물아일체(物我一體) : 자연물과 자아가 하나가 된 상태. 대상물에 완전히 몰입된 경지.

나비가 되어서 훨훨 날아다니는 꿈 속에서 장주(莊周)가 나비인지 나비가 장주인지 구별을 못하였다는 뜻으로, 피아(彼我)의 구별을 잊는 것이나 물아일체(物我一體)의 경지를 비유하는 데 쓰이며 때때로 인생의 무상함을 비유하여 말하기도 한다.

| 풀이 | "언제였는지 장주(莊周)는 꿈 속에서 나비가 되었다. 훨훨 나는 것이 분명히 나비였다. 즐겁고 스스로의 뜻대로라 장주인 줄을 알지 못했다. 그러다가 조금 뒤에 문득 깨어 보니 분명히 장주였다. 장주가 꿈에 나비가 된 것인지 나비가 꿈에 장주가 된 것인지를 알지 못하겠다. 장주와 나비는 반드시 구분이 있을 것이니 이를 사물의 변화라고 한다(昔者 莊周夢爲胡蝶 栩栩然胡蝶也 自喻適志與 不知周也 俄然覺則蘧蘧然周也 不知周之夢爲胡蝶與 胡蝶之 夢爲 周與 周與胡蝶 則必有分矣 此之謂物化)."

이것은 유명한 장주의 호접몽(蝴蝶夢)이다. 속인(俗人)은 꿈과 현실과 나와 나비를 구분하지만, 참된 도를 터득하면 피차의 구별이 없고 모든 것이 하나로 통한다. 따라서 시(是)와 비(非), 가(可)와 불가(不可), 아름다움과 추함, 크고 작음, 길고 짧음 등의 모든 가치의 대립이 하나로 보이게 되면 꿈도 현실이요 인간도 나비로 물화(物化)되는 것이다. 이런 경지에서라야만 참다운 우주의 신비, 실존의 진리, 참된 도를 터득할 수 있다는 뜻이다.

속인(俗人) : 세속의 사람. 속되어 학문이나 풍류를 모르는 사람.

물화(物化) : ① 물건의 변화. ② 천명(天命)을 다하고 죽는 일.

紅一點 ❖ 홍일점

푸른 잎 가운데 한 송이의 붉은 꽃이라는 뜻으로 여럿 속에서 오직 하나가 이채를 띠는 것으로, 주로 남자들 사이에 끼여 있는 단 한 사람의 여성을 가리킨다.

出典 : 왕안석(王安石)의 〈석류시(石榴詩)〉

왕안석(王安石) : 송대의 정
치가 · 학자. 자는 개보(介
甫). 시문에 능하여 당송팔
대가의 한 사람으로 꼽힘.

萬綠叢中紅一點
動人春色不須多

| 풀이 | 송대(宋代)의 유명한 정치가이자 문학가였던 왕
안석의 〈석류시(石榴詩)〉에 다음과 같은 구절이 있다.

　　모두가 푸른빛 일색인 가운데 단 하나의 붉은빛
　　사람들의 마음에 봄의 정취를 일으키는 데는 꼭 그것이 많을
필요는 없으리

가득한 녹색 속에 홀로 붉게 핀 한 송이 석류꽃의 아름
다움이 춘색(春色) 제일이라고 칭찬하고 있다.

또 임재시화(任齋詩話)에는 다음과 같은 말이 있다.

"청주의 추관(推官)인 유부(劉俘)가 일찍이 말하길 시를
생각하는 데 있어서 그 자리 위에 만일 일점홍(一點紅)이
있으면 한 말 정도의 작은 그릇이라도 천의 종(鐘)과 같이
뚜렷하게 두드러질 것이다(靑州推官劉俘嘗云 今詩座上若有一
點紅 斗筲之器成千鐘)."

춘색(春色) : 봄빛. 봄기운.
또는 봄의 정취.

추관(推官) : 죄를 다스릴
때 심문하는 관원.

和光同塵 ❖ 화광동진

出典 : 〈노자(老子)〉 제4장,
제56장

빛을 부드럽게 하여 더러움과 함께 한다는 뜻, 즉 자신
이 가지고 있는 지혜와 덕을 감추어 밖으로 드러내지 않으
며 여러 사람들과 어울려 참된 자신을 보여준다는 말이다.

| 풀이 | "그 날카로움을 꺾고 그 얽힘을 풀고 그 빛을 부

드럽게 하고 그 더러움을 함께 한다(挫其銳 解其紛 和其光
同其塵)."

〈노자〉 제4장에 나오는데, 지성의 날카로운 칼날을 꺾
어 이(異)를 내세우지 말고 분쟁의 근원을 잘라 버리되 스
스로를 현(賢)이라 하고, 덕이라고 하는 빛을 부드럽게 조
화시켜 속진(俗塵)에 섞이라는 말이다.

"아는 자는 말하지 않고, 말하는 자는 알지 못한다. 그
통하는 구멍을 막고 그 문을 닫고 그 날카로움을 꺾고 그
얽힘을 풀고, 그 빛을 부드럽게 하고 그 더러움을 함께 한
다. 이것을 현동(玄同)이라고 말한다(知者不言 言者不知 塞
其兌 閉其門 挫其銳 解其紛 和其光 同其塵)."

〈노자〉 제56장에 나오는데, 태(兌)란 이목구비(耳目口
鼻), 문이란 마음을 가리킨다. 이 장은 옳다거나 옳지 않다
거나 하여 새삼스럽게 이의를 내세워 자기를 주장하는 것
은 무지한 인간이 하는 짓으로, 진실한 지자가 되려면 지
각이나 욕망을 버리고 자아를 버려 자기의 지혜나 덕의
빛을 자랑 말고 그 빛을 부드럽게 하여 감추고 세상 사람
들과 함께 섞일 것을 권하고 있다.

이 두 장은 노자가 주장한 도(道), 즉 자연의 이법과 합
체하여 그것을 체득한 인간 혹은 그것을 체득하는 방법을
말하려고 하는 것이다.

속진(俗塵) : 속세의 티끌.
세상의 여러 가지 번잡한
사물.

畫龍點睛 ❖ 화룡점정

出典: 〈수형기(水衡記)〉

안목(眼目): ① 사물을 보고 분별하는 견식. ② 주안점.

장승요(張僧繇): 양나라 무제(武帝)를 섬긴 궁정 화가. 도교와 불교 인물화에 우수하여 사원 벽화를 많이 그렸다.

용을 그리고 마지막으로 눈동자를 그려 넣는다는 뜻으로 사물의 안목(眼目)이 되는 곳이나, 최후의 손질을 해서 완성시키는 것을 가리키는 말이다.

| 풀이 | 남북조시대의 양(梁)나라 사람 장승요(張僧繇)는 우군장군(右軍將軍), 오흥태수(吳興太守) 등으로 지내 관인(官人)으로서도 뜻을 얻은 편이지만 일반적으로는 화가로서 널리 알려져 있다.

어느 날, 장승요는 금릉(金陵)에 있는 안락사(安樂寺)에서 용을 그려 달라는 부탁을 받고 절의 벽에다 두 마리의 용을 그렸다.

먹구름을 헤치고 막 승천(昇天)하려고 하는 용의 모습에는 비늘 하나하나에도, 날카롭게 뻗치고 있는 발톱에도 강한 생명력이 나타나 있어 이것을 보고 감탄하지 않는 자가 없었다.

그런데 이상하게도 용의 눈에 눈동자가 그려져 있지 않았다. 사람들이 보고 그 까닭을 묻자 장승요는 이렇게 대답했다.

"눈동자를 그려 넣으면 용은 벽을 박차고 하늘로 날아가 버릴 거요."

사람들은 정말 그럴 수가 있겠느냐며 장승요의 말을 아무도 믿으려 하지 않았다.

그래서 견디다 못한 그는 쌍룡 중 하나에 눈동자를 그려 넣기로 했다. 흠뻑 먹물을 먹은 붓이 용의 눈에 내려졌다. 그러자 갑자기 벽 속에서 뇌광(雷光)이 빛나고 요란스런 뇌성이 울리더니 비늘을 번쩍이며 괴룡이 벽에서 튀어나와 하늘로 날아가 버렸다. 그리고 벽에는 눈동자를 그려 넣지 않은 한 마리만이 남아 있었다고 한다.

華胥之夢 ❖ 화서지몽

꿈에 화서국(華胥國)에서 놀았다는 뜻으로, 무심코 꾼 꿈에서 큰 뜻을 깨달았다는 고사인데 선몽(善夢)이나 길몽(吉夢)을 일컫는다.

出典 : 〈열자(列子)〉 황제편(黃帝篇)

| 풀이 | 황제(黃帝)는 즉위한 지 15년이 지난 뒤에 천하 백성들이 다 자기에게 복종하는 것을 보고 만족해했다. 그래서 자기 몸을 보양(保養)하고자 하는 생각으로 이목구비(耳目口鼻)를 즐겁게 하기에만 힘썼다. 그러나 몸은 보양되지 않고 오히려 살결은 검고 여위었으며 감정은 조화를 상실했다.

다음 15년 동안 황제는 천하가 잘 다스려지지 않는 것에 신경을 써서 전력을 기울여 백성을 잘 다스리고자 노력했다. 그랬더니 심신은 더욱 쇠약해졌다.

그래서 무엇인가 잘못이 있음을 깨달은 황제는 정치에

황제(黃帝) : 중국의 전설상의 제왕. 복희씨(伏羲氏) · 신농씨(神農氏)와 더불어 삼황(三皇)이라 일컬어짐. 기원 전 2700년경 천하를 통일하여 문자 · 수레 · 배 등을 만들고, 도량형 · 역법(曆法) · 음악 · 잠업(蠶業) 등 많은 문물과 제도를 확립하여, 인류에게 문화 생활을 전해 주었다 함.

서 떠나 석 달 동안 오로지 심신수양에만 힘썼다.

　그러던 어느 날 황제는 낮잠을 자다가 화서씨의 나라에서 노니는 꿈을 꾸었다. 그 화서씨의 나라에는 군주니 수령이니 하는 지배자도 없고 백성들은 욕심이 없어서 자연 그대로 살아가고 있었다.

　사람들은 생을 즐길 줄도 죽음을 두려워할 줄도 모르므로 젊어서 죽는 법이 없고, 나를 위하고 남을 얕보는 법도 모르므로 애정이란 생각도 없고, 이해득실(利害得失)이라는 관념도 없었다. 사랑하고 미워하는 것도, 겁내거나 싫어하는 일도 없고, 물에 빠져도 익사하지 않으며 불에 뛰어들어도 타죽지 않고, 칼로 찌르고 채찍으로 때려도 상하지 않으며, 꼬집고 할퀴어도 아픈지 가려운지 몰랐다.

　아무것도 없는 곳에서도 물건 위를 밟듯이 걷고, 허공에서 잠을 자도 침대와 같이 편하며, 구름이나 안개도 그 시각을 가로막지 않고 뇌정(雷霆)도 그 청각을 어지럽게 하지 않았다. 물건의 미추(美醜)도 그 마음을 동요시키지 않고 험준한 산곡(山谷)도 그 보행을 어렵게 하지 않아 형체를 초월한 정신적 자유에 충만되어 있었다.

　황제는 삼시 후 꿈에서 깨어나 번개같이 깨닫는 바가 있었다. 그래서 세 사람의 근시(近侍)를 곁으로 불러 꿈이야기를 하고 이렇게 말했다.

　"나는 지난 3개월 동안 방안에 들어박혀 오로지 심신수양에만 힘을 써서 내 몸을 기르고 물(物)을 다스리는 방법을 공부했으나 끝내 좋은 생각이 떠오르지 않았소. 그런

뇌정(雷霆) : 천둥.

미추(美醜) : 아름다움과 추함.

산곡(山谷) : 산골짜기.

근시(近侍) : 임금을 가까이 모시는 신하.

403

데 피곤해서 잠이 들었을 때 꾼 꿈이 이것으로, 비로소 나는 꿈속에서 그 도(道)란 것을 터득한 듯하구려."

그후 무심결에 도의 극치를 터득한 황제는 천하를 잘 다스리니, 마치 꿈에서 본 화서씨의 나라와 같이 잘되었다고 한다.

畫虎類狗 ❖ 화호유구

범을 그리려다가 강아지를 그린다는 뜻으로, 능력이 없는 사람이 큰일을 도모하다가 도리어 잘못됨을 비유하는 말이다.

出典 : 〈후한서〉 마원전(馬援傳)

| 풀이 | 후한(後漢) 광무제(光武帝) 때 사람인 복파장군(伏波將軍) 마원(馬援)은 용맹이 뛰어나 많은 무공을 세웠다. 그에게는 마엄(馬嚴)과 마돈(馬敦)이라는 조카가 있었는데, 그들은 남의 흉보기를 즐기고, 협객으로 자처하며 건달들과 어울리는 등 사람됨이 경솔하였다.

징측(徵側)과 징이(徵貳)의 난을 토벌하러 나간 마원의 귀에 조카들에 대한 좋지 않은 이야기가 들려왔다. 마원은 틈을 내어 조카들에게 교훈의 편지를 보냈다.

"남의 약점을 들었을 때 부모님의 이름을 들었을 때와 같이 귀로 들을지라도 입밖에 내지 않기를 바란다. 남의 흉을 보는 것은 내가 가장 싫어하는 일이다……. 용백고

마원(馬援) : 중국 후한의 무장. 광무제 때 강족(羌族)을 평정, 교지(交趾)의 난을 진압하고 흉노 오환(烏丸)을 쳐서 공을 세웠다.

중후(重厚) : 몸가짐이 정중
하고 견실함.

호협(豪俠) : 호방하고 의협
심이 강함.

경박(輕薄) : 사람됨이 진중
하지 못하고 가벼움.

(龍伯高)는 사람됨이 중후하여 불필요한 말을 입밖에 내지 않으니, 너희들이 그를 좇아 배우기를 바란다. 두계량(杜季良)은 호협하여 남과 동고동락할 수 있는 사람이다. 나도 그를 존경하지만 너희들이 그를 좇아 배우는 것을 원치 않는다. 용백고를 좇아 배운다면, 비록 그와 같이 되지는 못하더라도 착실하고 정직한 인물은 될 것이니, 이른바 고니를 그리려다가 오리를 그린 격이 되어 그럭저럭 같은 새라고는 할 수 있다. 그런데 두계량을 제대로 좇아 배우지 못하면 세상에 둘도 없는 경박한 인물로 그칠 것이니, 이른바 호랑이를 그리려다 강아지를 그린 격이 될 것이기 때문이다(所謂畫虎 不成反類狗者也)."

換骨奪胎 ◈ 환골탈태

出典 : 혜홍(惠洪)의 〈냉제
야하(冷濟夜話)〉

뼈를 바꿔놓고 태를 달리 쓴다는 뜻으로, 용모가 몰라볼 정도로 아름다워지거나 시나 문장이 다른 사람의 손을 거쳐 완전히 새로운 뜻과 미(美)를 지니게 되는 것을 말한다.

도연명(陶淵明) : 중국 진
(晋)나라의 시인. 이름은 잠
(潛). 연명은 자. 자연미를
노래한 시가 많으며 중국의
서경시(絞景詩)는 이때부터
발달하였음.

| 풀이 | 황산곡이 이렇게 말했다.

"시의 뜻은 무궁한데 사람의 재주는 한계가 있다. 한계가 있는 재주로 무궁한 뜻을 좇는다는 것은 도연명(陶淵明)과 두자미(杜子美)라 할지라도 할 수가 없다. 그러나 그 뜻을 바꾸지 않고 그 말을 만드는 것을 일컬어 환골법(換

骨法)이라 하고 그 뜻을 본받아 형용하는 것을 일컬어 탈태법(奪胎法)이라고 한다.

　나는 성인의 지혜가 죄인의 목에 거는 큰 칼과 발에 거는 차꼬가 되지 않고, 또 이른바 인(仁)이니 의(義)니 하는 것이 차꼬와 수갑의 빗장이 되지 않는 예를 알지 못한다. 효도로 유명한 증삼(曾參)과 강직하기로 유명한 사유(史鰌)가 폭군인 걸(桀)과 가장 큰 도둑인 척(跖)의 효시(嚆矢)가 아니란 것을 어떻게 알 수 있겠는가? 그러므로 성(聖)을 끊고 지(知)를 버려야 천하가 크게 다스려진다고 말하는 것이다."

　여기서 환골탈태라는 말이 나왔다. 환골탈태의 문장법은 남이 애써 지은 글을 표절하는 것과는 다르다. 그것을 이용하여 보다 뜻이 살고 보다 절실한 표현을 얻게 되는 것을 말하는 것이다.

차꼬 : 중죄인을 가두어 둘 때 쓰던 형구의 한 가지. 두 개의 긴 나무토막으로 두 발목을 고정시켜 자물쇠로 채우게 되어 있음.

嚆矢 ❖ 효시

　소리나는 화살이란 뜻으로, 옛날 중국에서는 이 우는 화살을 적진에 쏘아 보내는 방법으로써 개전(開戰) 신호를 삼았다. 그래서 모든 사물의 시초나 선례(先例)를 가리키는 말로 쓰이게 되었다.

出典 : 〈장자(莊子)〉 재유편 (在宥篇)

| 풀이 | 장자의 말에 이 효시라는 말이 나타나 있다. '지금 세상은 사형을 당한 자가 서로 팔을 베고 누웠고, 항쇄

항쇄족쇄(項鎖足鎖) : 목에 씌우는 칼과 발에 채우는 차꼬. 죄인을 단단히 잡죔을 이르는 말.

족쇄(項鎖足鎖)를 찬 자는 서로 밀며, 죽음을 당하는 자들은 서로 바라만 본다. 그런데도 유학자나 묵자학파들은 그 질곡 사이에서 다리를 벌려 서로 팔을 휘두르니 아, 심하도다. 그 부끄러움이 없고 염치를 모름이 이토록 심하구나! 나는 성인의 지혜야말로 항쇄족쇄가 되고 인의(仁義)가 질곡의 구멍과 쐐기가 되지 않는다는 것을 모르겠으니 어찌 효도로 유명한 증삼이나 강직하기로 유명한 사유가 폭군인 걸이나 가장 큰 도둑인 척의 효시(嚆矢)가 반드시 되지 않는다고 말할 수 있겠는가? 그러므로 성인을 추방하고 지혜를 포기해야 천하는 크고 밝게 다스려질 수가 있는 것이다(今世殊死者 相枕也 桁楊者 相推也 刑戮者 相望也 而儒墨乃始離跂攘臂乎桎梏之間 意甚矣哉 其無愧而不知恥也 甚矣 吾未知聖知之不爲桁楊接槢也 仁義之不爲桎梏鑿枘也 焉知曾史之不爲桀跖嚆矢也 故曰 絶聖棄知而天下大治).'

동양 고전으로 미래를 읽는다 005

고사성어

초판 발행 _ 1990년 11월 12일
중판 발행 _ 2010년 2월 10일

편   자 _ 한국고전신서편찬회
펴낸이 _ 지윤환
펴낸곳 _ 홍신문화사

출판 등록 _ 1972년 12월 5일(제6-0620호)
주소 _ 서울시 동대문구 용두 2동 730-4(4층)
대표 전화 _ (02) 953-0476
팩스 _ (02) 953-0605

ISBN 978-89-7055-755-7 03710